デジタル技術で魅せる文化財

―奈文研とＩＣＴ―

奈良文化財研究所 編

はじめに

松村 恵司
奈良文化財研究所 所長

本日は奈良文化財研究所の東京講演会におこしいただきまして、誠にありがとうございます。皆様から「奈文研」の略称で親しまれております奈良文化財研究所は、文化財の宝庫「奈良」の地で、文化財を実物に即して総合的・学際的に研究するために一九五二年（昭和二十七）に設立されました。今年（二〇一七）で六十五歳になります。この東京講演会は、日ごろ、関西を中心に活動している奈文研の調査・研究活動の成果を、広く東日本の皆様にご紹介することを目的に二〇一〇年から始めた企画です。今年で九回目を迎えますが、毎回、切り口をかえて文化財研究の魅力や面白さをお伝えしたいと考えています。

今年のテーマは「デジタル技術で魅せる文化財―奈文研とＩＣＴ―」と題して、日々急速な進歩を遂げているデジタル技術を文化財の調査・研究にどう応用し使いこなしていくのか、奈文研の実践例をご紹介したいと考えております。

奈文研の主たる調査研究業務は、遺跡や遺物、古文書、文化財建造物など「古いもの」を対象としていますが、そこから得られたデータの整理・蓄積、公開・活用には、最先端のデジタル技術を利用しています。記録類の恒久的な保存、効率的で迅速な情報処理、効果的な情報発信などにいまやデジタル技術は欠かすことができません。

なかでも、目下最大の懸案事項になっているのが『全国遺跡報告総覧』です。これまでに全国で刊行された発掘調査報告書は十数万冊に及ぶと推定されますが、誰もその全容を把握できてはいません。こうした発掘調査報告書を順次、全文電子化し、ウェブ上で一般に公開しようというのが『全国遺跡報告総覧』です。いまのところ公開できているのは二万冊弱ほどですが、膨大な発掘遺跡情報の検索と閲覧が、どこでも誰でも瞬時に可能になるという画期的な事業です。

文化庁の統計によると、昭和五十一年から平成二十七年度までのあいだにおこなわれた開発に伴う発掘調査件数は、二十八万一七一八件に達します。また、昭和四十八年から平成二十七年度までに投じられた開発に伴う発掘調査費用は、実に二兆八六三〇億円にのぼります。これだけの膨大な費用と時間、労力をかけて実施され、蓄積され続けてきた埋蔵文化財の発掘調査成果を、デジタル技術を使うことで、広く一般に公開・活用することが可能な時代になりました。これによって埋蔵文化財が真の意味で国民共有の財産となることでしょう。まだまだ先行きは遠いのですが、十数万冊の報告書をすべて全文電子化できるように、文化庁や全国の地方公共団体の協力を求めながら事業を進めているところです。さらに、考古学のビッグデータの解析が進むことで、考古学研究は新たな次元へと展開することが期待されます。

また、最近では発掘調査をしても、手で計測することは続けていますが、デジタル技術を応用した三次元計測が急速に普及しております。そうした文化財に関する情報の取得方法や蓄え方、それらの見せ方に急激な変化が起こっています。

本日は、『全国遺跡報告総覧』事業の内容や、最近の三次元計測の方法をご紹介するとともに、奈文研の誇る充実した文化財関係データベースの概要、長期にわたって多くの方にご利用いただいている『木簡データベース』の新たな展開、壁画古墳で有名な「高松塚古墳」のデジタルデータによる築造過程の復元や、地震や火山噴火の予知・予測を目指した災害痕跡データベースの構築など、奈文研が現在取り組んでいる最新の研究を詳しく解説したいと思います。少し専門的で硬い話になるかもしれませんが、最後までお付き合いくださるよう、よろしくお願い申し上げます。

もくじ

第1章 奈文研のデータベース

森本　晋　企画調整部長

もりもと・すすむ

一九五八年　三重県生まれ
一九八三年　京都大学大学院文学研究科修士課程修了
一九八六年　京都大学大学院文学研究科博士後期課程研究指導認定退学
同　　年　ベルギー国立リエージュ大学大学院博士課程先史学専攻
一九八八年　奈良国立文化財研究所入所
一九九三年　埋蔵文化財センター主任研究官
二〇〇六年　企画調整部文化財情報研究室長
二〇一六年　現職

はじめに

本日は六つの講演があります。各種デジタルの最新技術の紹介はあとの五人に任せて、私はデジタル技術を使った奈良文化財研究所（以下、奈文研）の歩みを振り返りながらイントロダクションになるようなことをお話しさせていただきます。

一　遺跡の調査と遺跡情報の発生

考古学の世界で遺跡から一番多くの情報が取り出されるのは、なんといっても発掘調査の時点です。遺跡は長いあいだ埋もれています。古墳のように表面にでているものでなければ、見てすぐにわかるような特徴は持っていません。発掘調査によって遺構が検出されたり、遺物が出土することで、一度に大量の情報が得られます（図1）。そこで、発掘調査では、遺構・遺物の検出状況と出土場所、出土状況などが記録にとどめられます。それらの記録を集めて保管することは、遺構や遺物の保管とともに重要な課題です。

発掘調査が終わると、多くの場合、遺跡は壊されますが、平城宮跡のように公園にされたり、保存遺構としてとどめられる遺跡がごくわ

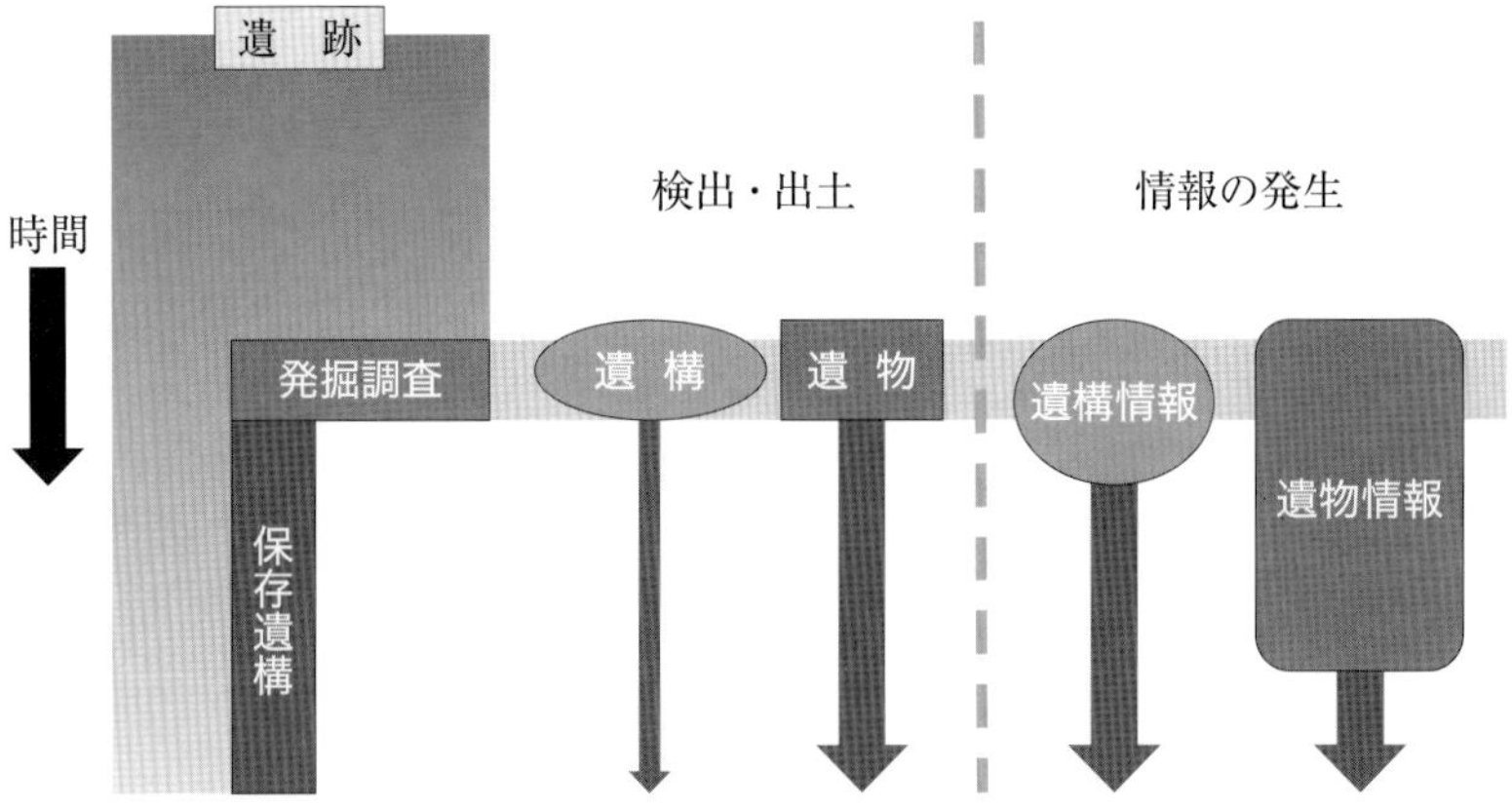

図1　遺跡の調査と遺跡情報の発生

図2　平城宮内の発掘調査風景

ずかあります。それに対し、遺物は多くの場合、研究施設に持ち帰って整理され、発掘調査報告書を作成後、博物館に展示して一般の方にご覧いただける機会があります。地面についている遺構と、地面から離して動かすことができる遺物とでは取扱いが違っています。

情報の点からすると、遺構の情報は発掘調査の最中でないとわからないことがほとんどです。一度しか目にすることができない情報をたくさん含んでいます。一方、遺物は残されることが多いので、出土状況などを除けば、あとからでもある程度、情報を採取することができます。

二　コンピュータ導入前史

平城宮跡では広い面積にわたって発掘調査が行われています（図2）。発掘調査が終盤にさしかかると、柱穴や井戸などの遺構を検出した状態で掃除して全体の写真を撮ります（図３）。遺構の検出位置は、多くの場合、適切な図面や写真で記録されます。図４にはいくつかの柱穴が重なって写っています。ご存じのように、古い柱穴を壊している穴が新しいことは、あとから写真を見ただけでは判断しづらいこともあるため、発掘調査中に、どちらが新しいかを判断し、どちらが古く、どちらが新しいかがわかるような写真、図面を残すようにしています。

発掘調査の最中にまったく記録をとらないわけではありません。奈文研では、発掘調査中に日々、遺構カードに記録しています。図５左は初期段階で使用していた少し小さな遺構カード、図５右は一九七四年以降から使っている遺構カードです。どちらも、ある特徴を持っています。カードの周りに穴が開いていることです。これはコンピュータの利用がさかんになる少し前に情報を整理するときに使った、パンチカード

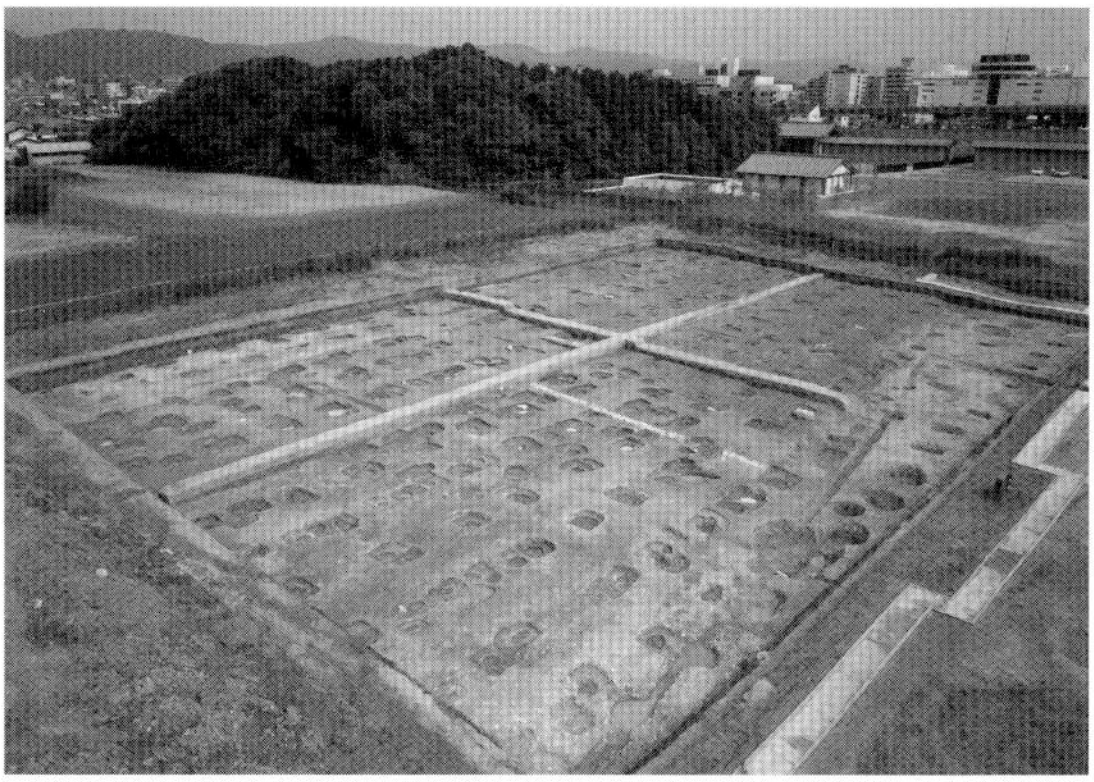

図３　遺構の全体写真

図４　遺構の拡大写真

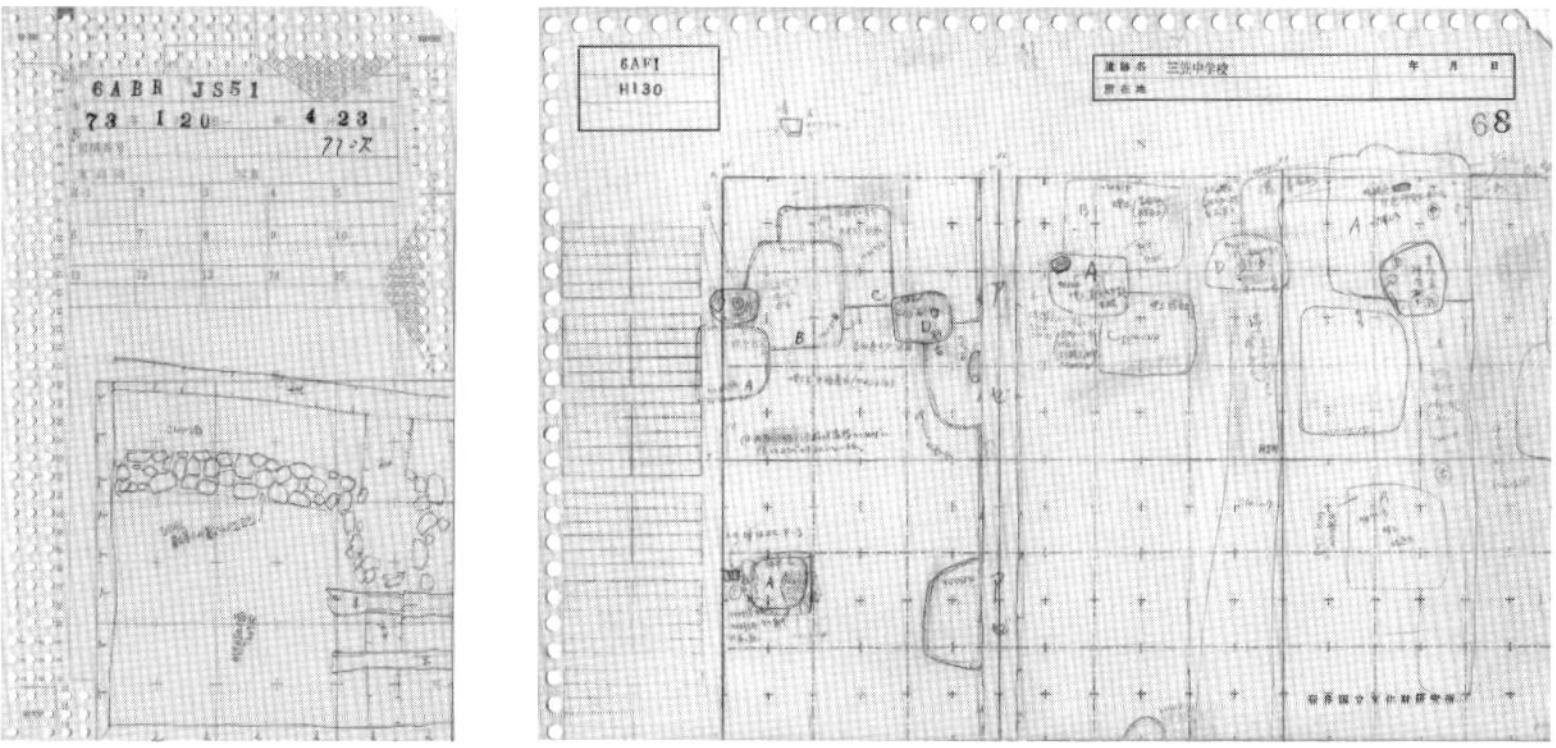

1974年まで　　　　1974年から

図5　遺構カードの例①

（発掘調査の最中に遺構を簡略に記録する）

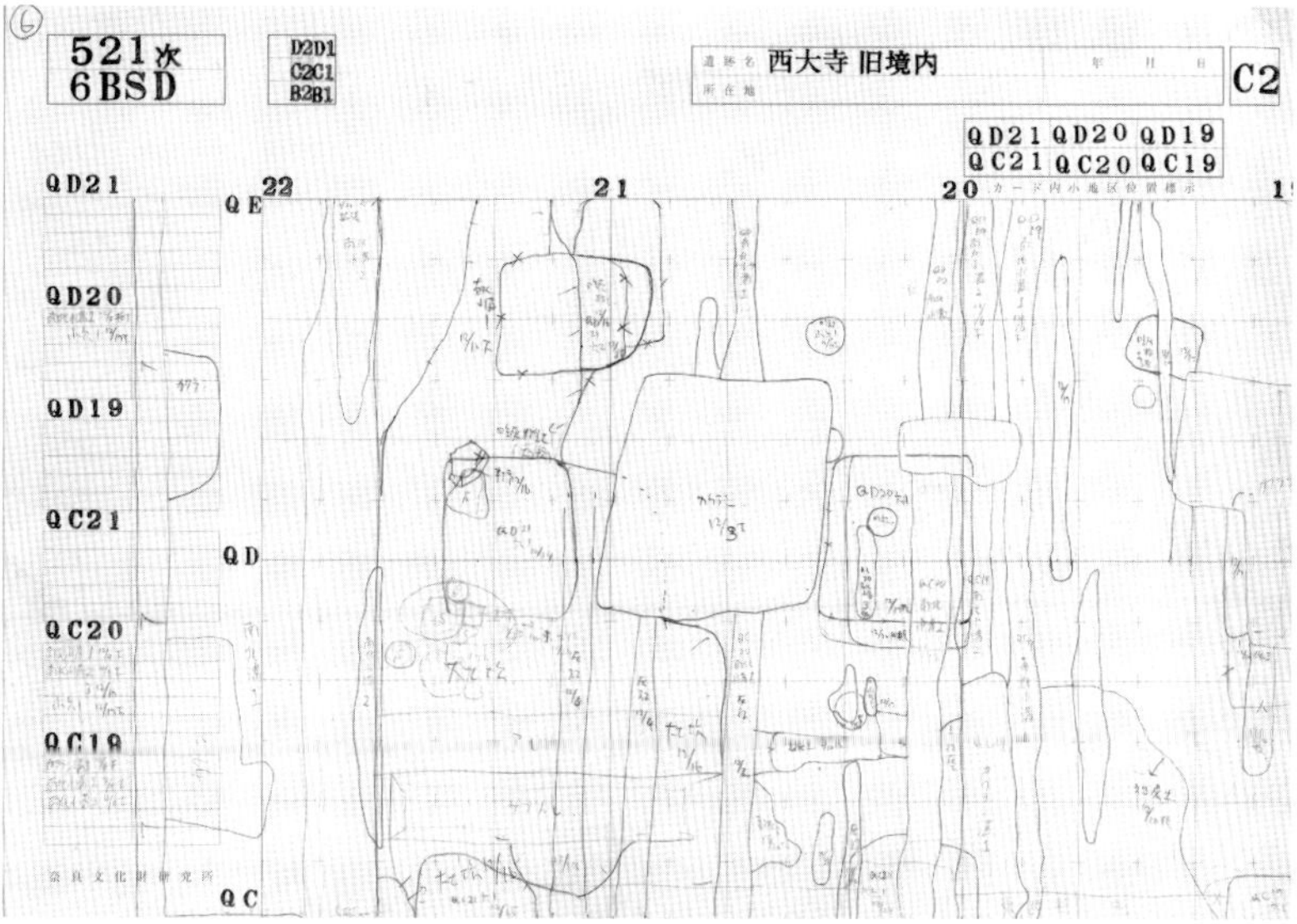

現　在

図6　遺構カードの例②

と呼ばれるものと同じです。このパンチカードを当初から遺構カードとして活用していました。

現在使っている一番新しい遺構カードには穴がありません（図6）。したがって、現在では遺構カードをそのままパンチカードとしては利用していません。コンピュータの発達によって情報の整理がデジタル技術で行えるようになったことからパンチカードは廃れました。パンチカードだと、穴にバーベキューのときに使う串のようなものを刺してふるい落とすことで検索するため、一度に百枚ほどしか検索できません。いまにして思えば頼りないシステムでした。

三　遺構カードの記載内容

発掘調査中にとっている記録とはどのようなものでしょうか。情報が最終的に確定する前に、何を記録しているのでしょうか。

発掘調査前、発掘位置が何地区にあたるのか正確に割り当てて番号をつけていきます。奈文研では、三メートル×三メートルの大きさの地区を設定しています。そして、遺構カードには、発掘調査中に検出された穴のおおよその位置を、長いものさしのようなものを使って測って記入し、その穴に、たとえば穴1といった仮の番号をつけていきます。この作業は必須です。ほとんどの場合、発掘して遺物が出土すると、その日のうちに整理室に持ち帰ります。持ち帰るとき遺物に出土場所を記載したラベルをつけます（図7）。したがって、遺構や遺物が見つかるたびに毎日遺構カードを更新して番号をつけていくことになります。

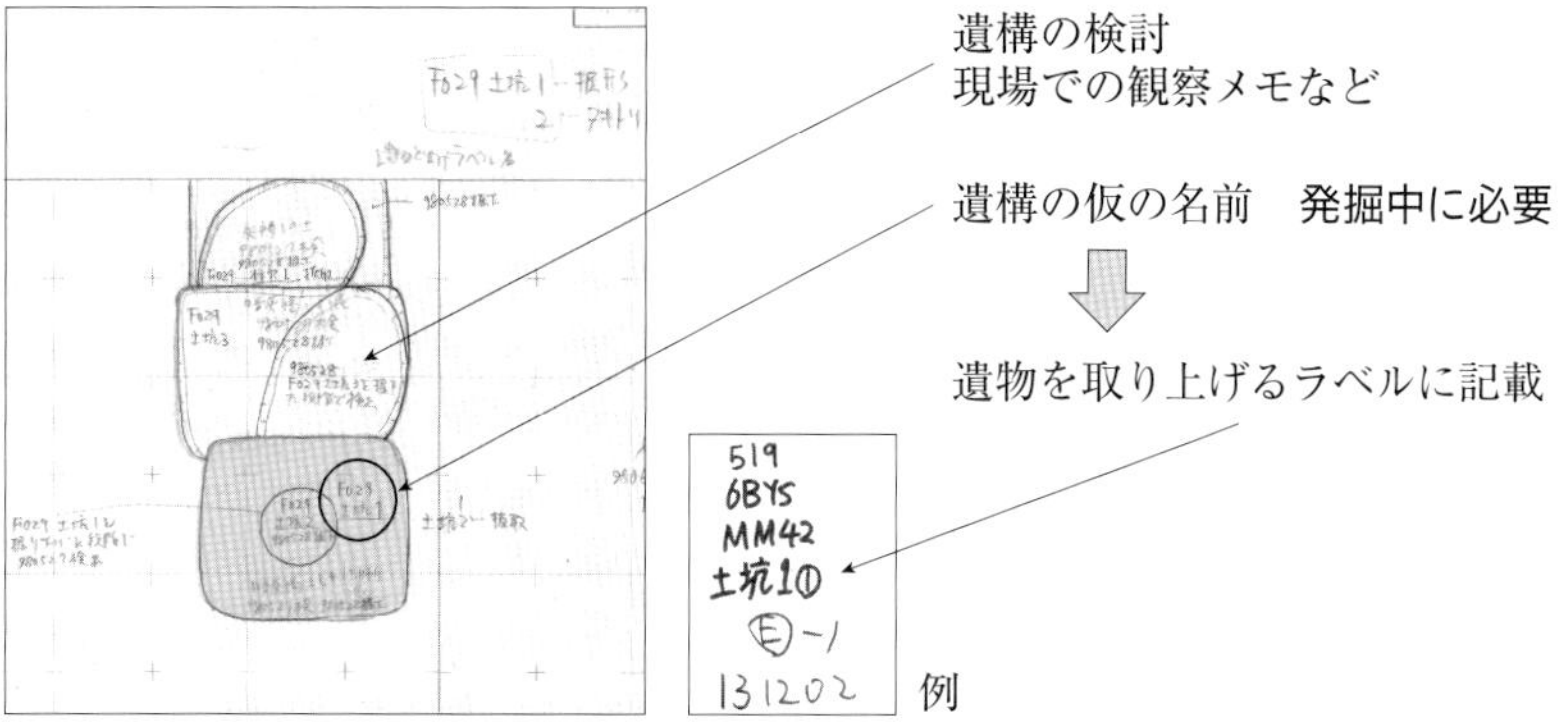

図7　遺構カードの例③　記載内容

それだけではなく、出土場所の土が硬かったとか、非常に粘りけのある土であったとか、発掘調査の最中でないとわからない観察メモなども遺構カードに記載していきます。

そして、発掘調査報告書をつくる段階でいろいろな遺構の情報を整理しますが、最終的な図面、写真だけでは情報不足です。まして、平城宮跡のような大規模な遺跡では、長期にわたり計画的な発掘調査が行われており、発掘調査が始まってから報告書が刊行されるまでに十年、二十年かかることもあります。発掘調査を行っていない人が整理作業を担当することもあるため、発掘調査中でないと得られない情報を、どこかに記録しておかないと、あとで活用できなくなります。

最終的な図面の例を**図8**に示します。それはアナログ的な伝統的な方法、手で実測して、方眼紙の座標に従った区画のなかに鉛筆で記録したものです。これを遺構カードの情報と比べると(**図9**)、ほぼ似た形状のものが記載されていることがわかります。最終的な実測図には、発掘調査の途中でないとわからないようなメモは書き込まれていません。

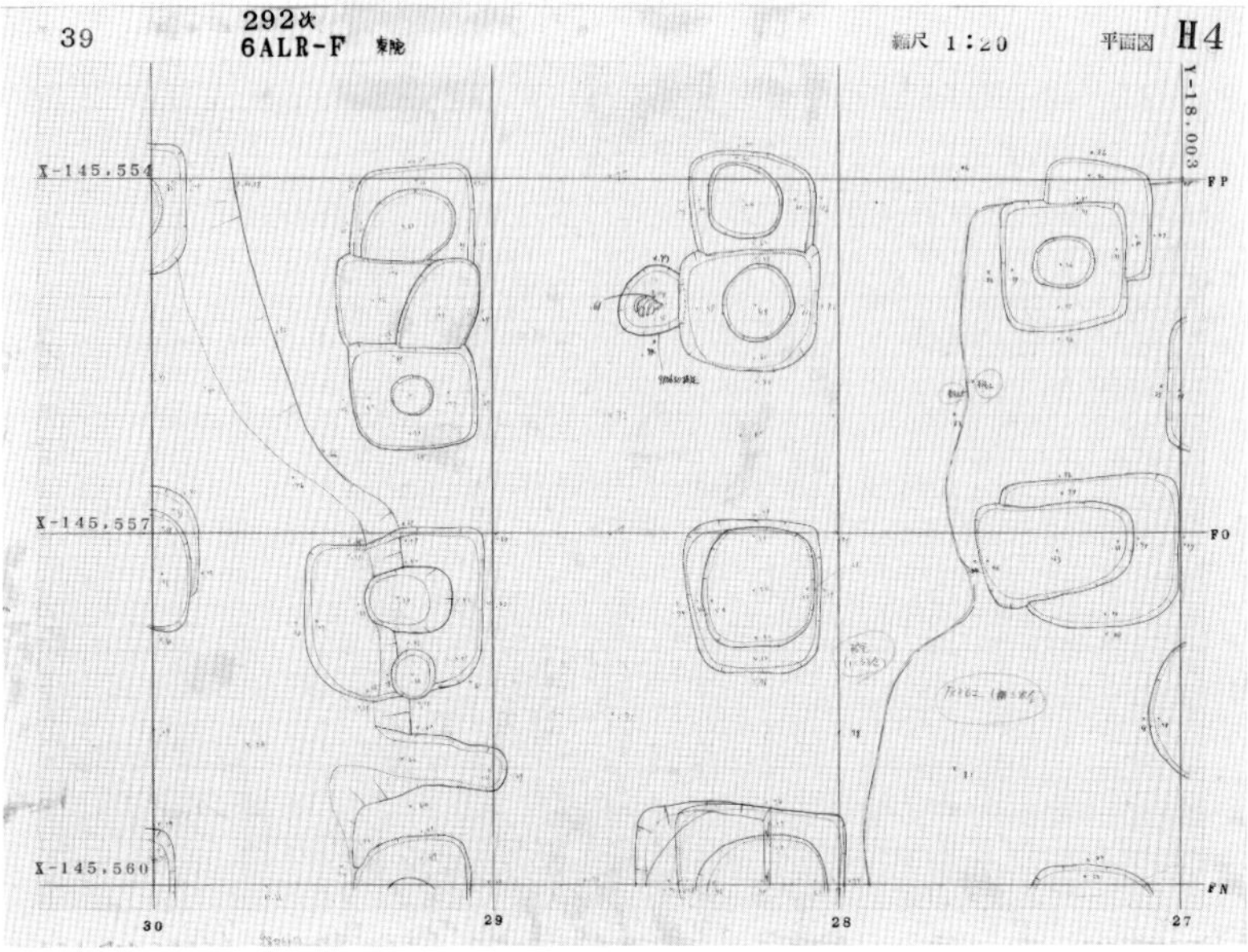

図8　遺構実測図の例

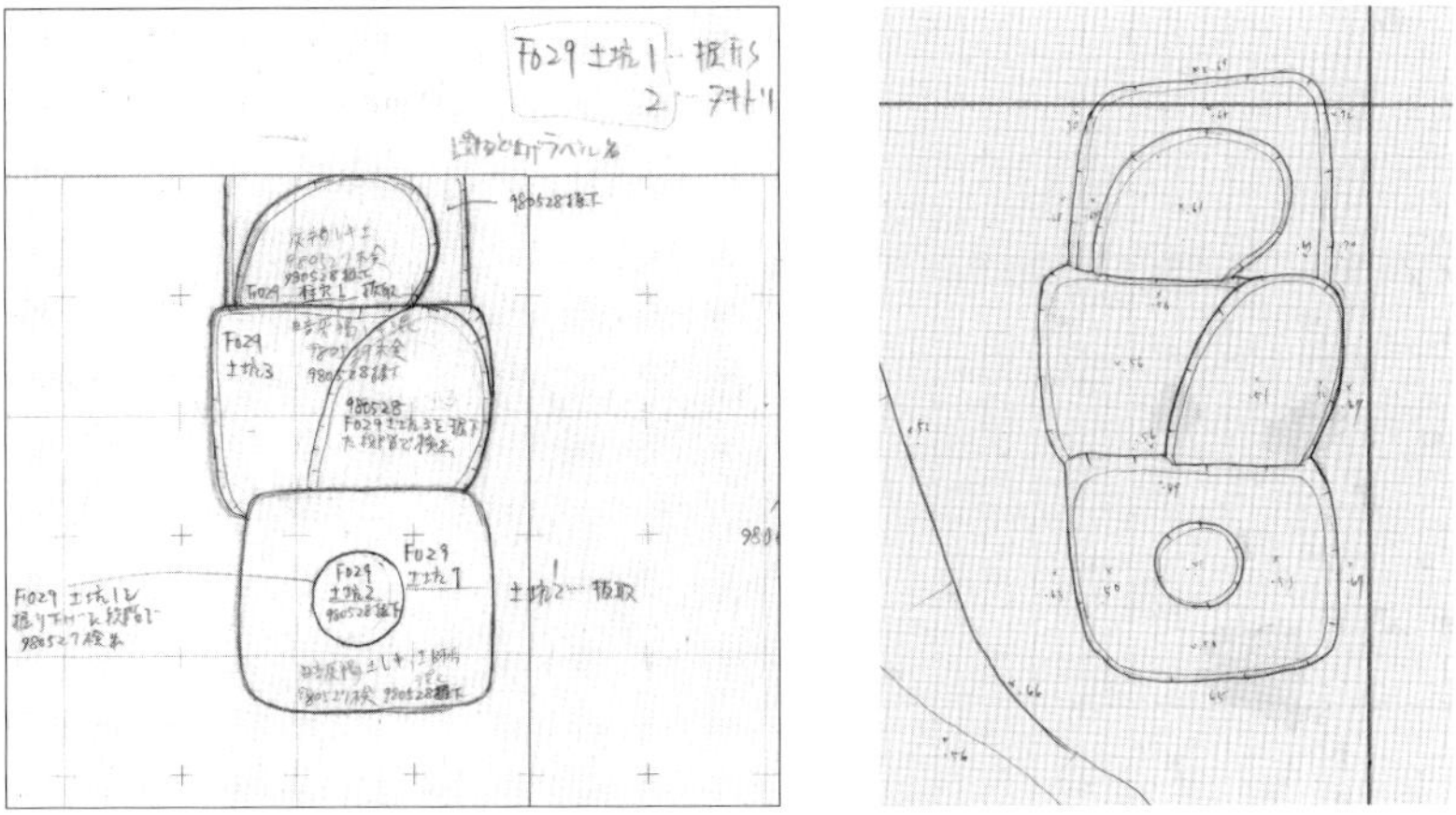

図9　遺構カード（左）と遺構実測図（右）

四　記録の利活用

このような記録類の活用法を私たちは考えています。遺構や遺物などの調査者は、それを観察して記録を作成します。記録には、図面類、写真、メモ書きや報告書の文章のような文字で書かれたもの、三次元計測や分析などの計測値などの四種類があります（図10）。これらの記録をどんどん蓄積していきます。もちろん発掘調査は一度しかできない行為であるため、発掘調査時の記録も永久に保管すべきですが、それを蓄積していくだけではなかなか活用できません。記録を作成し、整理し、保管保存していく流れは非常に重要で、この流れをかえることはありません。しかし、記録をうまく活用したり、わかりやすくかみくだいて公開できるものは公開していく場合、これまでの伝統的な方法だけではうまくいきません。

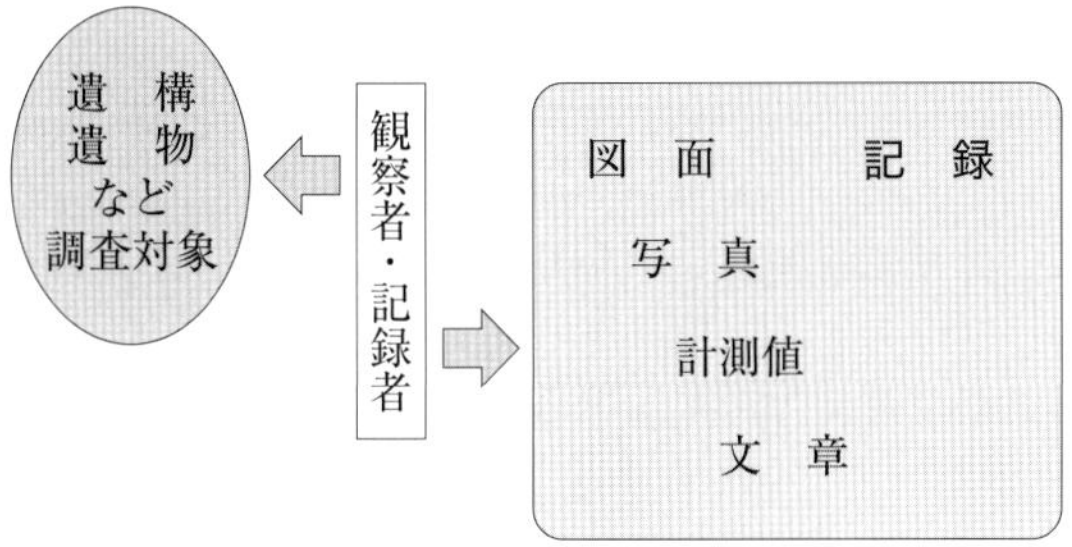

図10　観察と記録の作成

発掘調査のデータは膨大にあります。全国で一年間に一万件近い発掘調査が行われ、それに見合うだけの発掘調査報告書が刊行されています。それらを活用するためには、デジタルデータが有利です。フィルム保存のためにデジタルを活用することも確かにあります。フィルムで撮ったものを、だんだん傷んでくるのでデジタルにして、ある時点の状況に抑えることも実際にあります。ただし、デジタルデータとフィルムのどちらが丈夫かは、一概にはいえません。デジタルデータのほうが長く使えるという保証がないことが現在問題になっています。

ではなぜ、デジタルデータにするのでしょうか。パンチカードのような遺構カードでは、せいぜい百枚程度しか検索できません。年間一万件の発掘調査のデータのなかから自分の望むデータをどうやって検索するか、並べ替えて整理・分析するかが問題になります。デジタル化は再活用のために必要です（図11）。奈文研の六十年を越える歴史のなかでは、手作業で行っていた並べ替えをデジタル技術で肩代わりし、さらに有効に活用していくことが基本的な姿勢となっています。

五　奈文研データベースの歩み

コンピュータは、いまでこそ皆さんがお持ちのスマホにもはいっているように大変身近なものとなっていますが、少し時代を遡ると、とても高価で、会社に一台あるかどうか、どこかの計算センターで計算してもらう時代でした。私が入所した三十年ほど前に、奈文研は初めてコンピュータでデータベースを構築し始めましたが、自前のコンピュータがなかったため、大阪府吹田市にある国立民族学博物館の大型コンピュータを電話回線にモデムという装置をつないで接続して利用していました。

その後大型の科学研究費がとれたことから奈文研にもそれなりのコンピュータを設置しましたが

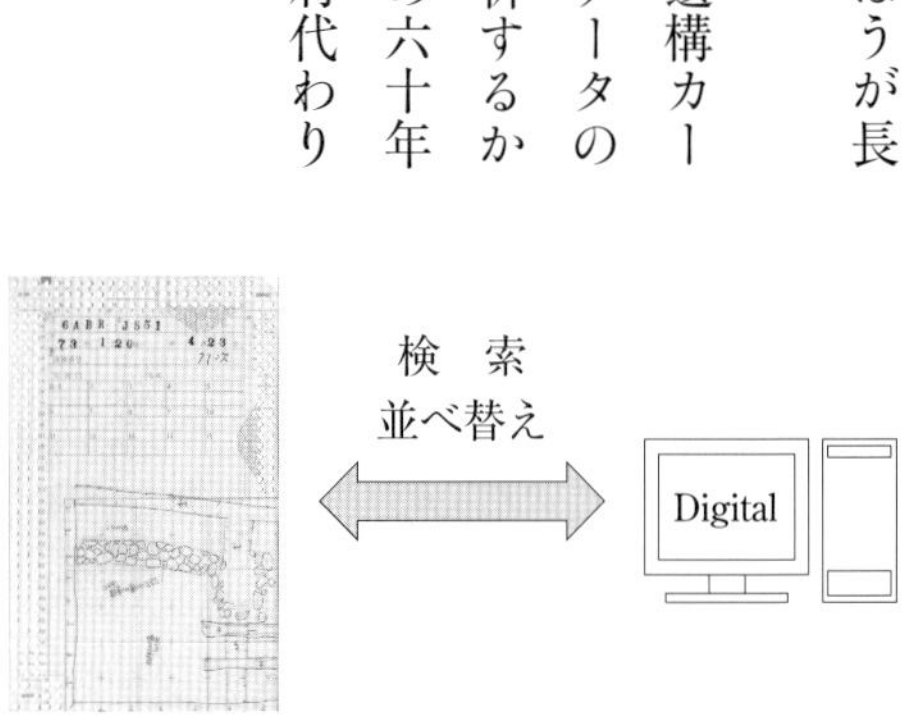

図11　デジタルデータの利点

（図12）、所内でもまだインターネットがなかった時代ですから、研究室から内線電話回線を経由して接続して使っていました。コンピュータという資源は高額であったために、みんなでそれを分かち合って利用しようという形態が普通でした。このコンピュータを利用して実現しようとしたのは、情報を検索して表示・プリントする機能です。

日本で最初のパソコンがでたのは一九七八年ころです。その後、パソコンの性能が向上し、だんだん入手できるような価格になるとともに、各整理室、各研究室に一台ずつ設置し、日々の業務に必要なデータをそこで管理するようになりました。奈文研では、遺物は種類別に整理・分析していますので、木製品を整理している部屋に一台、瓦を整理している部屋に一台といった使い方をしていたのです。この段階では、大型コンピュータとつなぐことはあっても、パソコンどうしはつながっていません。多くの情報が一つの研究室内で完結している状態でした。

パソコンがだんだん買えるようになり、部屋に二台、三台という状況になり（図13）、情報を複数のパソコンから共同で利用したいという要請がふえ、サーバーとクラ

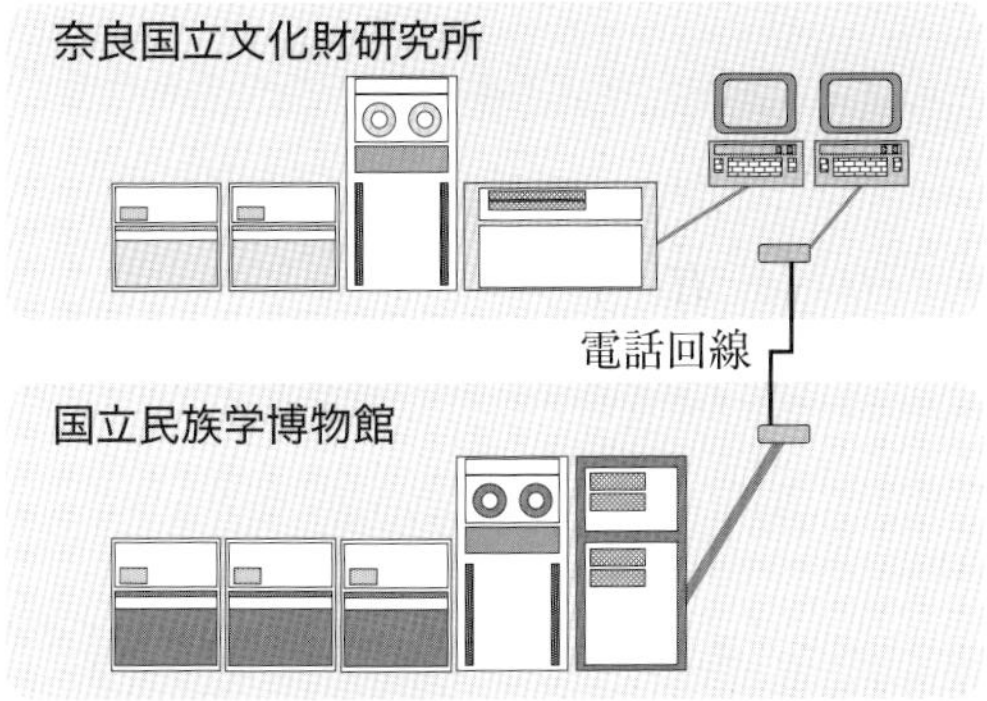

図12　奈文研データベースの歩み
（汎用機時代　国立民族学博物館との接続・奈文研への導入）

イアントという組合せで活用が図られるようになっていきました。しだいにネットワーク接続が一般化し、インターネットの普及によって対外的な接続も高度化が進行しました。

現代では、パソコンは名前のとおりパーソナルなものとして一人一台、複数台使う研究員もいます。利用者側のパソコンでは、特別なソフトを用意する必要がなく、ブラウザからデータベースにアクセスするのが一般的になっています。

奈文研は業務として日々分析・整理を行っているため、さまざまな遺物、遺構に関する情報をたくさん所蔵しています。それらの情報のうちインターネット接続が普及する前から、整理が進んだものから順次、データベースとして公開しています。現在、アクセス可能なものの一覧を**図14**に示しますが、十四件ほど公開しています。

ちなみに、奈文研のホームページの右に、「公開刊行物のご案内、一覧」があり（**図15**）、そのなかで『埋蔵文化財ニュース』二〇一四年発行の一五六号の項を選んでいただくと（**図16**）、奈文研が公開しているデータベースの詳しい内容や使い方を説明するページが表示されます。これは無料で閲覧することができます。本日説明できるデータベースはごくわずかですので、それ以外はホームページを参照していただければと思います。

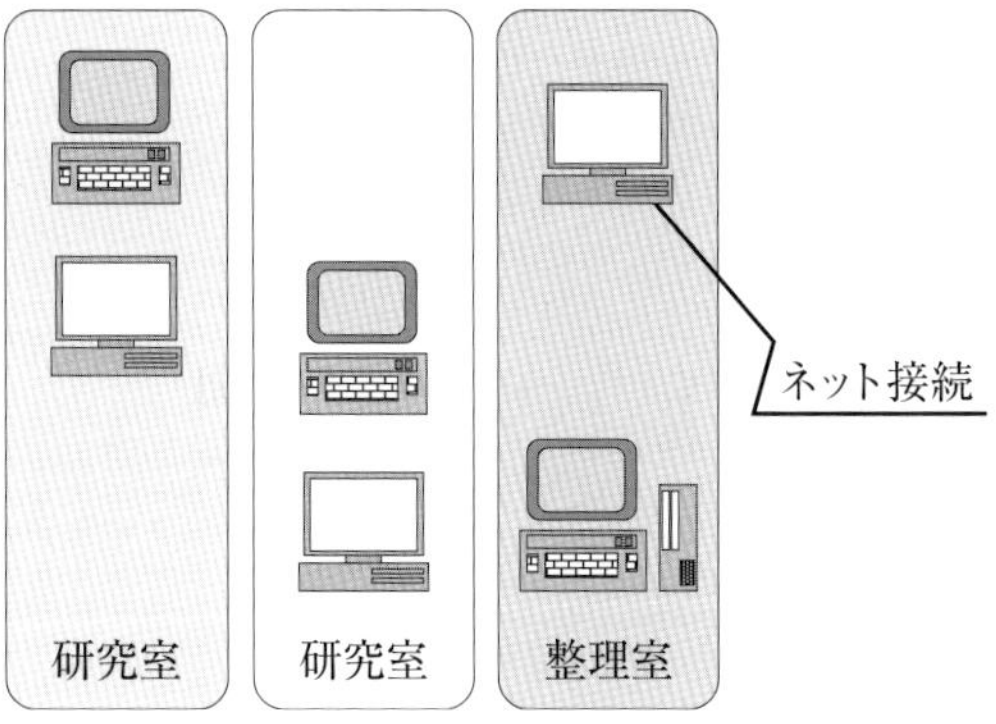

図13　奈文研データベースの歩み
（パソコン各部屋複数台時代）

図14　奈文研ホームページ〈https://www.nabunken.go.jp/〉データベース一覧

六　データベースの種類と特質

文化財のデータベースは、古いデータを捨てたりはせずに、順次蓄積していくタイプのデータベースであり、即時性はそれほど要求されないものの総量がふえ続けるという特質があります。

内容からみると、公開しているデータベースは、①遺物関係、②遺跡・遺構関係、③文献関係の三つに大別されます。どの種類でも奈文研が作成しているデータベースは、長い年月をかけて成長しているものが多くなっています。そして、遺物関係のデータベースのなかで大きなウエイトを占めているのが木簡のデータベースです。木簡のデータベースは、奈文研として初期、国立民族学博物館と電話回線で接続して利用していた時代から作成してきました。それだけ重要な情報だということです。これについてはのちほど渡辺副所長から詳しいお話があると思いますが、それは奈文研のデータベースの顔のような状態です。当初、三種類の『木簡データベース』を公開し

図15　公開刊行物閲覧ページの選択

図16　公開データベースに関する説明
（『埋蔵文化財ニュース』156号）

ていたので、『木簡データベース』三姉妹と私は勝手によんでいましたが、その後いろいろと親戚が現れ、現在では多数の『木簡データベース』を公開しています。

七　木簡データベース

奈文研のデータベースのトップにある『木簡データベース』をクリックすると、説明があり（図17）、説明の一番下にある「検索」をクリックすると、そのまま『木簡データベース』にはいっていきます（図18）。

ところで、データベースには二つの方向性があります。一つは、はいっているデータの項目分けを非常に細かく見せ、そのなかから選ぶ方向です。もう一つは、なにも項目分けを見せず、いきなり検索する方向です。いわゆる全文検索です。グーグルなどインター

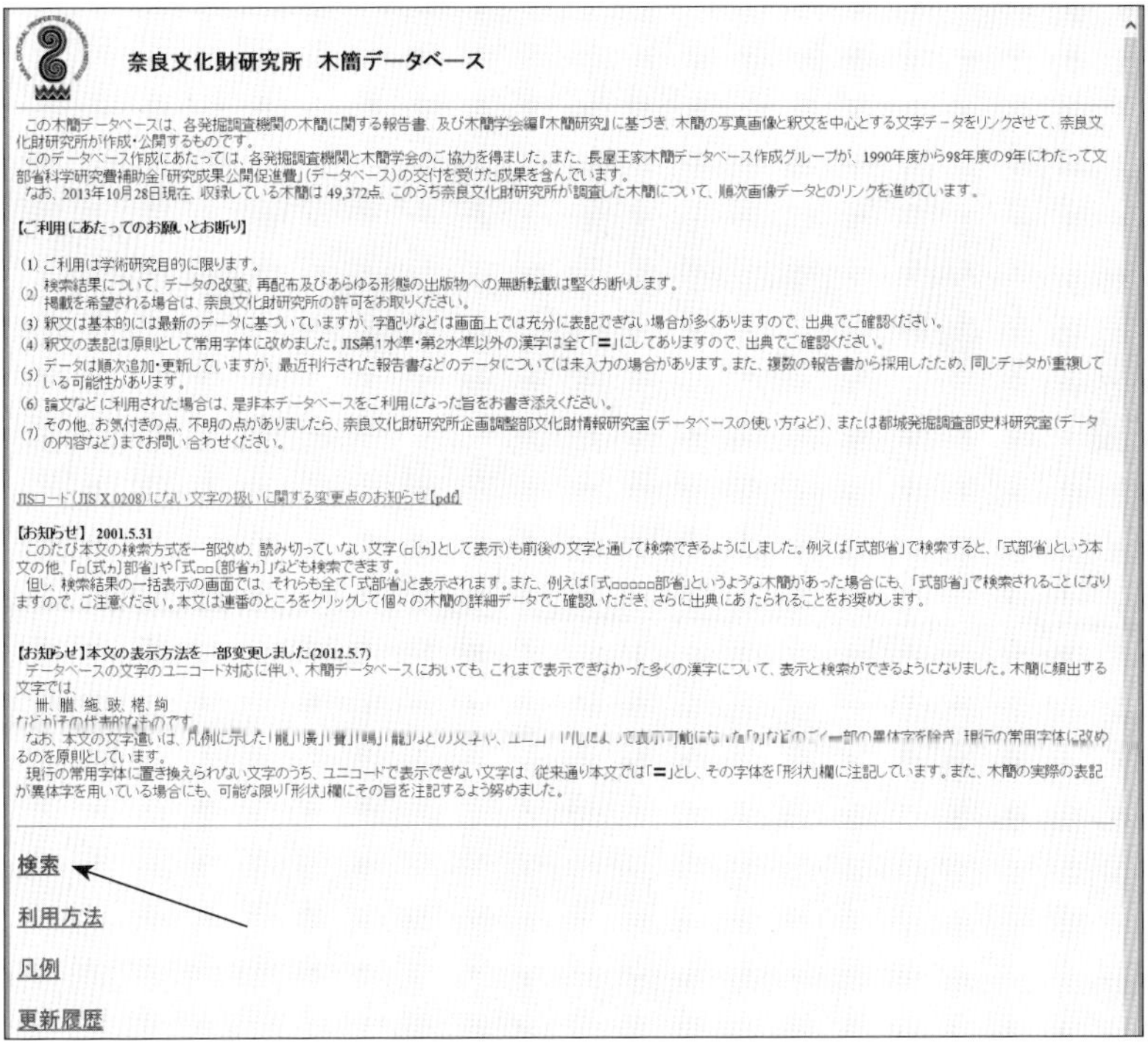

図17　木簡データベースのトップ画面

ネット検索では多くなっています。

『木簡データベース』ではどちらも選べます。たとえば「吉備」と入力して検索すると、**図19**のような出力が最初にでるようにつくられています。

　コンピュータの利用が文字にかぎられていた三十年ほど前は、いかに検索結果をわかりやすく提示するかが課題でした。コンピュータの速度も遅く、表示能力もかぎられていた時代に、どうしたら利用者が一番ほしい情報を、わかりやすく

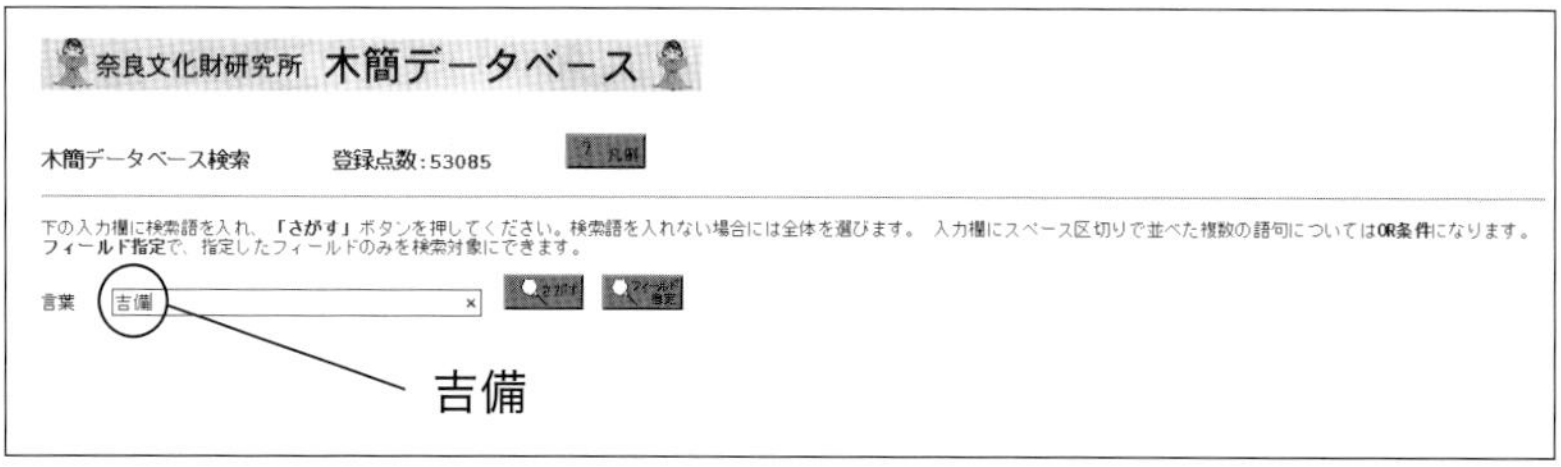

図18　木簡データベースの検索「吉備」

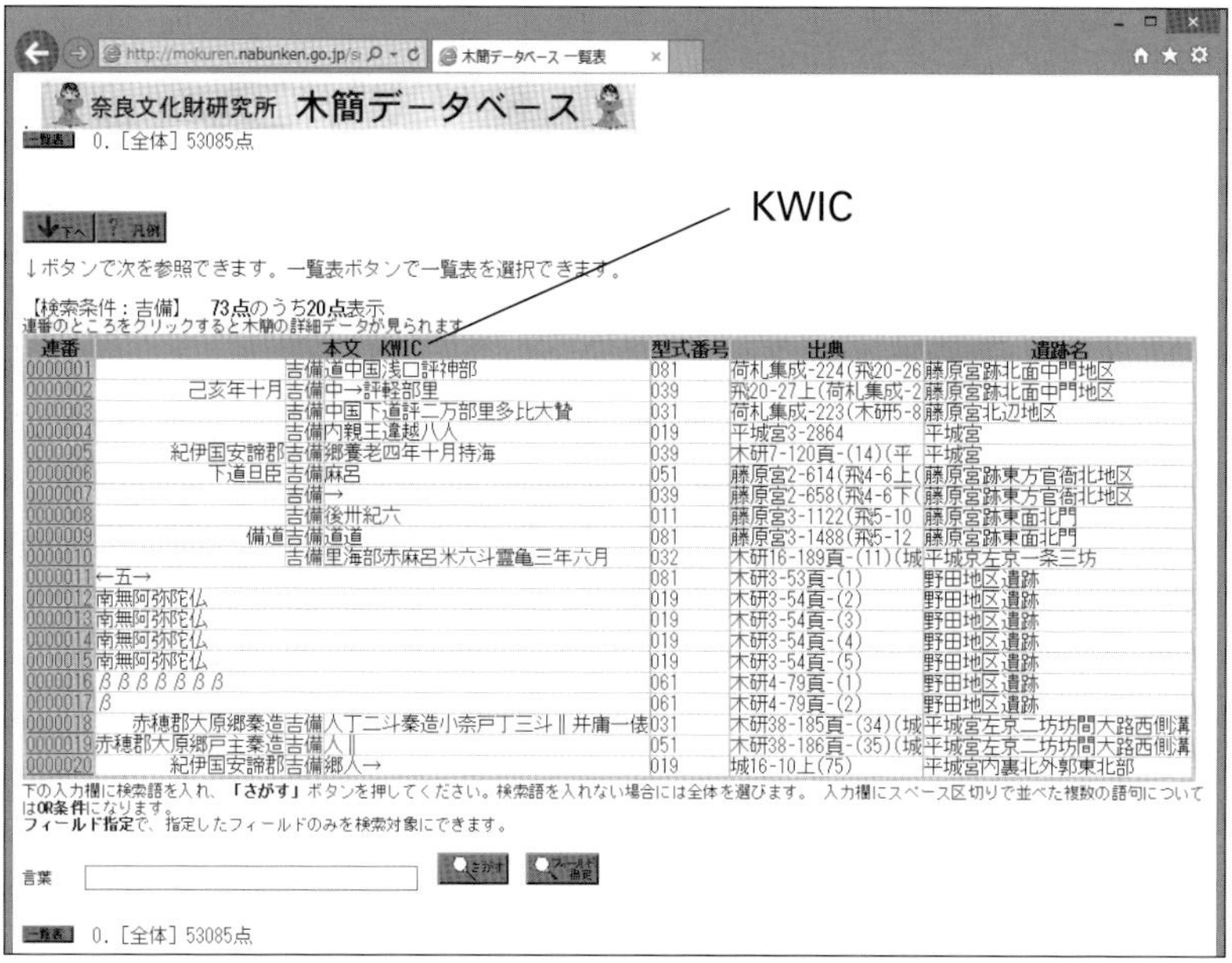

図19　木簡データベースの検索結果「吉備」

提示できるかということで開発された技術の一つに、その文字が文脈のなかでどのように使われているかを示すクイック（ＫＷＩＣ）という索引の表示機能があります。奈文研の『木簡データベース』は現在もクイックを使っています。「吉備」という検索語彙を中心として、その前後の文章を示すことにより、どのような文脈のなかで「吉備」という用語が使われているかがわかります。**図20**を見ると、「吉備郷」「吉備内親王」として「吉備」が使われている例もあることがわかります。地名と人名は相互に関係しているので、きれいに分かれるわけではありませんが、吉備だけでは、人名なのか地名なのかわからないときも、クイックによりわかりやすく表示されます。

　これはデータベースの使い方としては非常に古い方法です。データベース機能を実現しているハードウエアやソフトウエアは、時代とともに新しいものに置き換わってきていますが、最新技術だけが役に立つわけではありません。検索・表示機能や必要なものは古い技術でも重要であれば現在でも利用できるようにしていることを紹介しました。

八　遺物のデータベース

遺跡を発掘すると、木簡など有機物が残るような環境だと昔の動物の骨

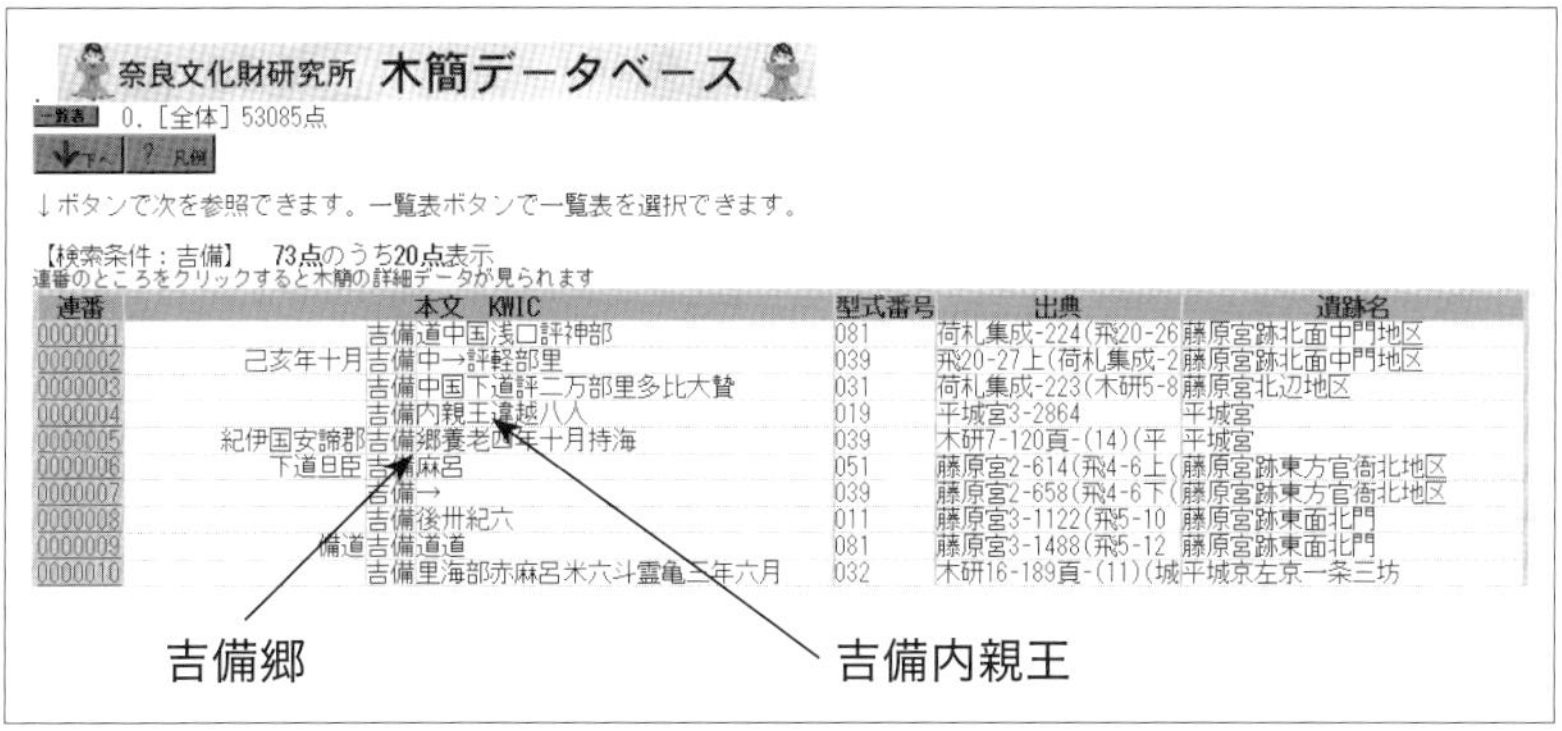

連番	本文　KWIC		型式番号	出典	遺跡名
0000001		吉備道中国浅口評神部	081	荷札集成-224(飛20-26	藤原宮跡北面中門地区
0000002	己亥年十月	吉備中→評軽部里	039	飛20-27上(荷札集成-2	藤原宮跡北面中門地区
0000003		吉備中国下道評二万部里多比大贄	031	荷札集成-223(木研5-8	藤原宮北辺地区
0000004		吉備内親王違越八人	019	平城宮3-2864	平城宮
0000005	紀伊国安諦郡	吉備郷養老四年十月持海	039	木研7-120頁-(14)(平	平城宮
0000006	下道旦臣	吉備麻呂	051	藤原宮2-614(飛4-6上(	藤原宮跡東方官衙北地区
0000007		吉備→	039	藤原宮2-658(飛4-6下(	藤原宮跡東方官衙北地区
0000008		吉備後卅紀六	011	藤原宮3-1122(飛5-10	藤原宮跡東面北門
0000009	備道	吉備道道	081	藤原宮3-1488(飛5-12	藤原宮跡東面北門
0000010		吉備里海部赤麻呂米六斗霊亀三年六月	032	木研16-189頁-(11)(城	平城京左京一条三坊

図20　検索結果のKWIC表示

や人骨が出土することがあります。動物の骨は脆弱で壊れやすいため、その保管・整理が簡単ではありません。そして、小さな破片だと、どんな動物の、どこの骨かわからないことがあります。もう一つの問題は、動物の骨に詳しい研究者が少ないということです。特に絶滅しているような動物についてです。先日話題になったニホンカワウソのような動物だと、標本もないので、遺跡からあやしい骨が出土しても同定することができません。骨を同定するためには比較のための標本が必要です。

そこで、それに対応するものとして『3D Bone Atlas Database』という三次元的な骨の情報を提示するデータベースを公開しています（**図21**）。ここで公開している動物種はまだまだ少なく、カワウソははいっていませんが、たとえば、「ウマ」を選ぶと、ウマの骨格図が表示されます（**図22**）。出土した頭蓋骨や歯はウマかなあ、といった当たりをつけないと選べませんが、ウマを選んで表示された図のある部分をクリックすると、ウマの頭蓋骨写真のような、

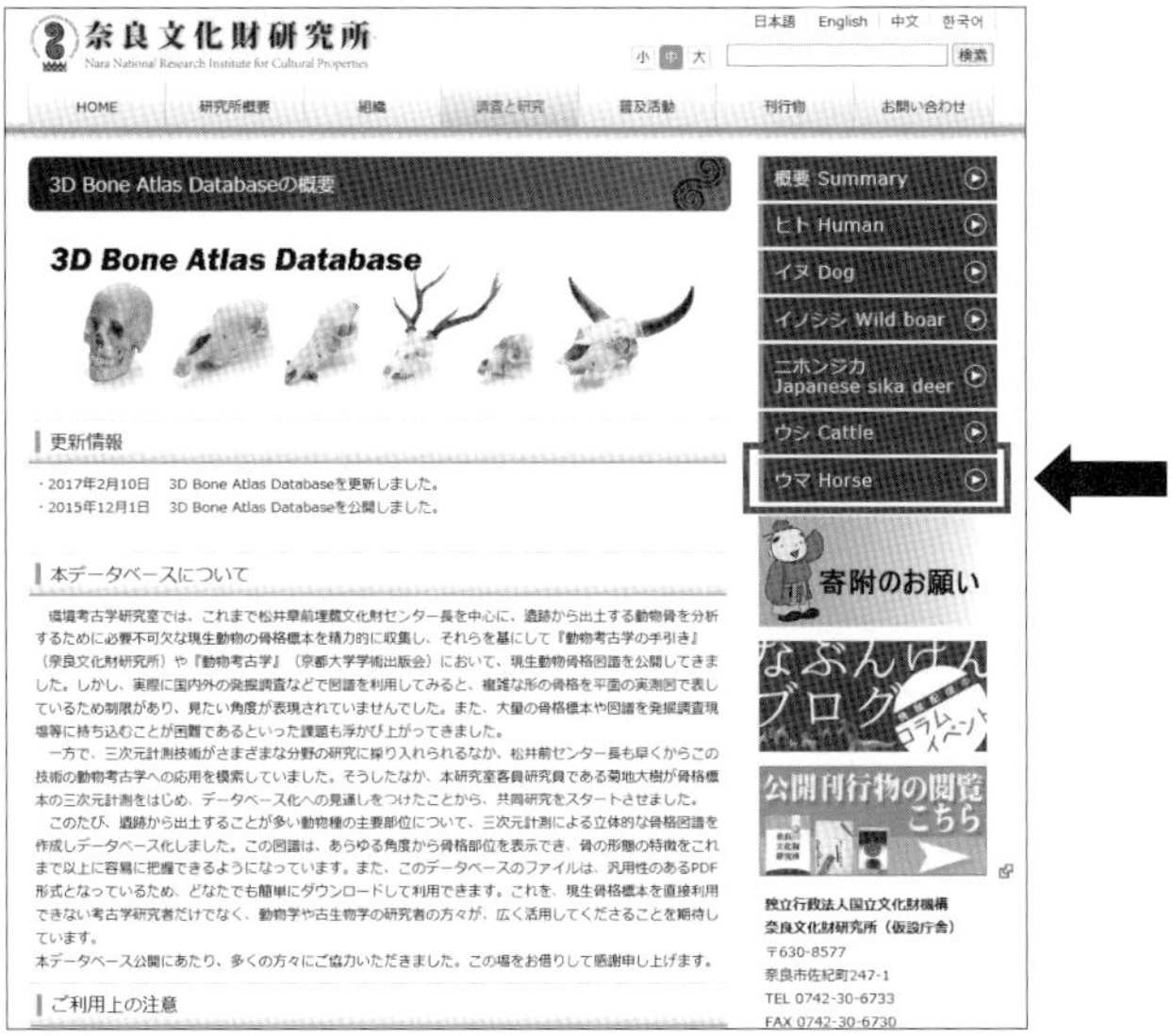

図21　骨の三次元図データベースのトップ画面

三次元計測して作成した画像が表示されます（図23）。使われる方のパソコン環境によって一概にはいえませんが、条件が整っていれば、その画像を任意の向きに回転させることができます。条件が整っていない場合、一度ダウンロードしたものを回転させることができるようになっています。新しい資料提示方法といえます。

　これまでも奈文研では動物骨を本などで紹介してきました。たとえば、『埋蔵文化財ニュース』一一五号では、ウシとウマの骨について写真と図面を紹介しています（図24）。従来は、図面と照らし合わせ、出土した骨がウマかウシ

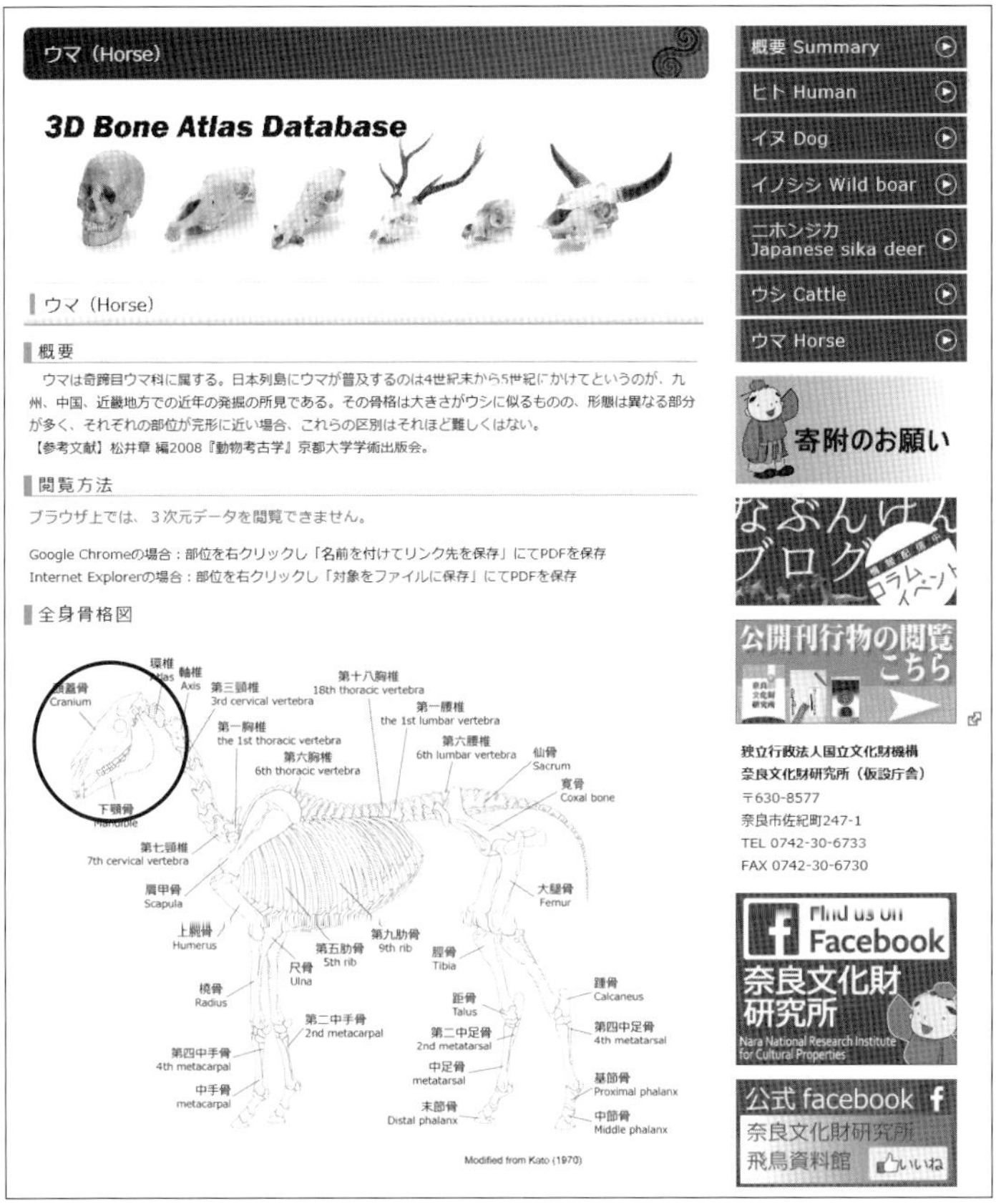

図22　骨の三次元図データベース「ウマ」

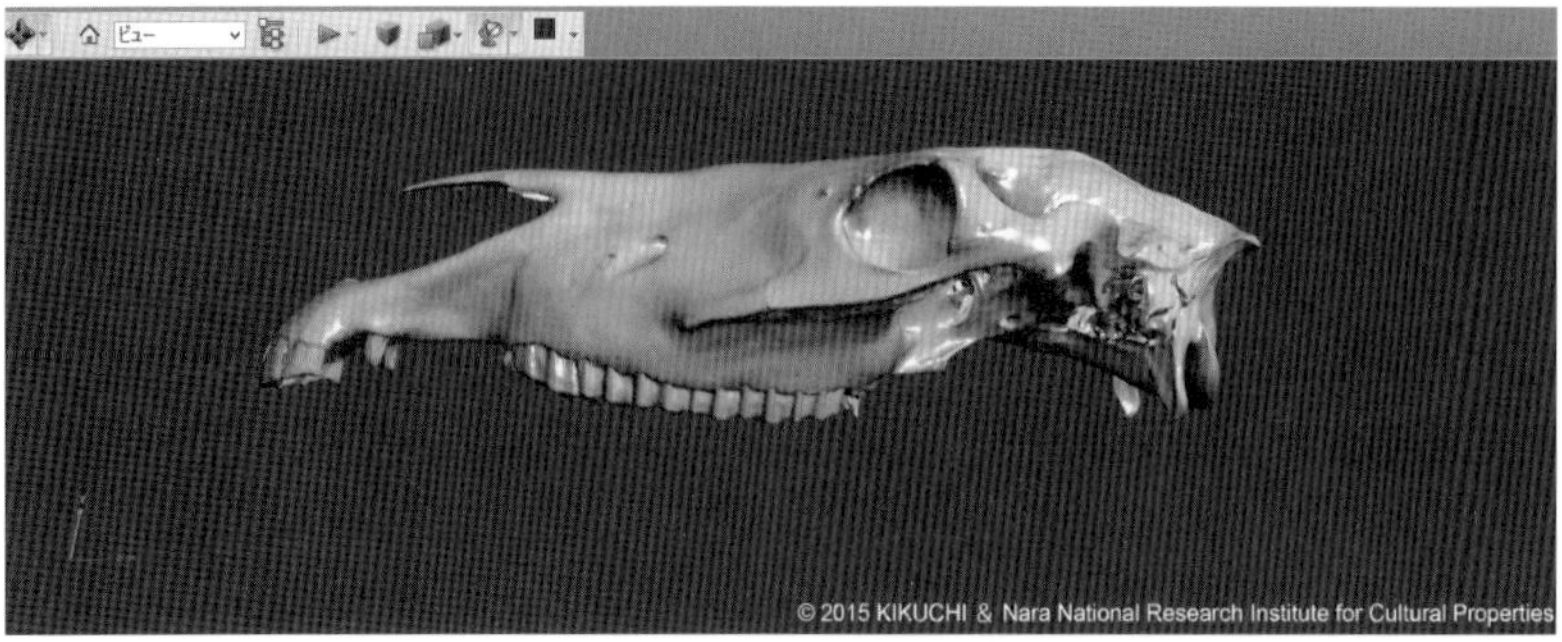

図23　ウマの頭蓋骨

かを判断していました。動物骨の専門家が少ないこともあって、非常に役に立っていていろいろ使っていただいています。『埋蔵文化財ニュース』のなかでは売れ行きのよい号の一つでした。

ここだけの話ですが、私の知り合いの警察の鑑識の人が欲しいといっていました。警察としては人骨か人骨でないかは大きな問題ですから、このようなものを利用されていたと聞いています。

図25は、私が回転させていろいろな方向から見たものです。紙に書かれた図面や写真では、任意の角度からながめることはできません。一部の骨しか出土しない場合、このような機能が重要です。

動物骨の三次元データベースはまだ発展途上です。いろいろな種類に対応させ、またオスとメスの違い、子どもと親の違いなどがあって、充実させていくのは大変ですが、充実に努めています。

奈文研では、遺物のデータベースとしてはほかに、陶硯《とうけん》や和同《わどう》開珎《かいちん》のデータベースを公開しています。

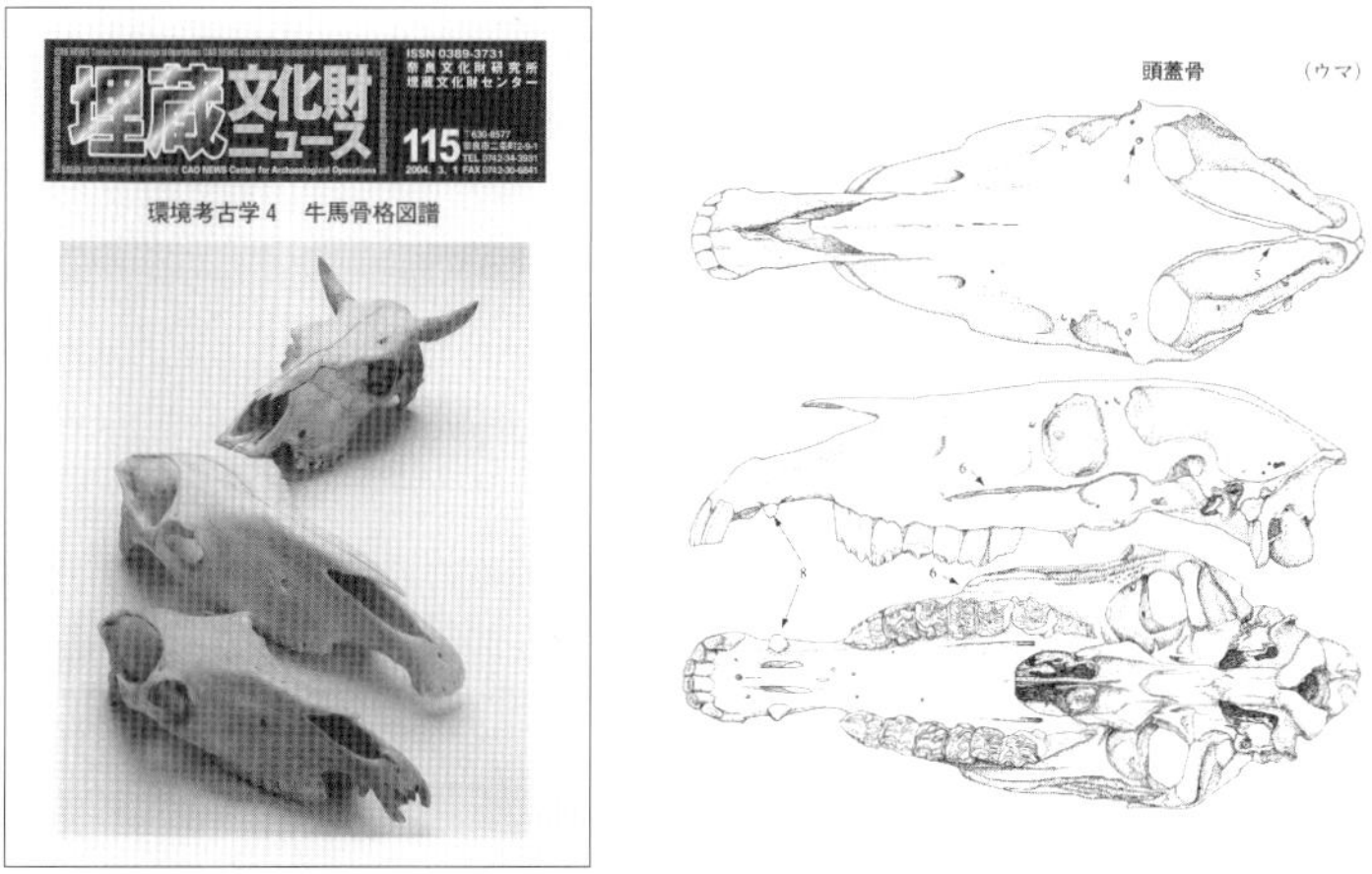

図24　『埋蔵文化財ニュース』での説明

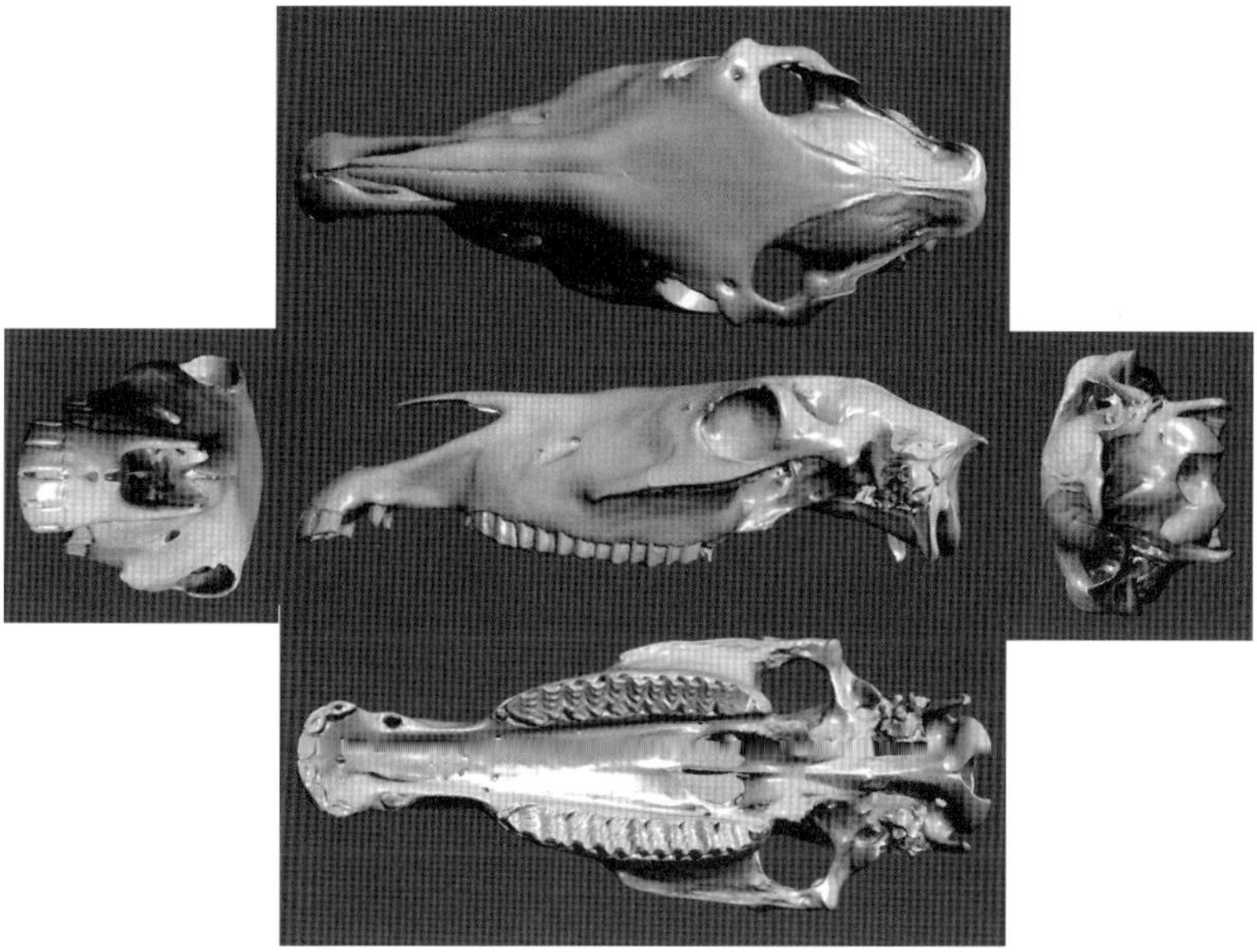

図25　ウマの頭蓋骨展開図

九　遺跡のデータベース

『遺跡データベース』は（図26）、登録件数が四十八万七七五件になっています。じつは、遺跡一般を広く網羅的に扱っているものはありません。遺跡が何件あるか、いろいろな統計があり、六十万件という人もいれば、七十万件という人もいます。

かなり前、文化庁が全国都道府県の遺跡地図をつくったときは十九万件でした。その後もふえていますが、全国の遺跡地図はつくられていないため、いまのところ全国をカバーしている遺跡データベースは奈文研のものだけです。ただし、都道府県によって遺跡に対する報告の熱意が違うため、詳しいデータがでている県の遺跡はたくさん載っています。実際の遺跡の分布とへだたりがあります。この点は、利用される場合、注意していただきたいと思います。

この『遺跡データベース』は包括的に構築されているので、知りたい情報、たとえば、「三角縁《さんかくぶち》神獣鏡《しんじゅうきょう》」と入力すると、検索結果として図27に示すような遺跡から出土していることがわかります。ただし、三角縁神獣鏡が実際に出土していても、遺跡地図にでてこない、つまり『遺跡データベース』にはいっていない遺跡があるため、一一三件は三角縁神獣鏡が出土したすべての遺跡を示しているわけではありません。

もう一つの特徴は、一つの古墳について、その古墳にまつわる遺構、遺物、文献の情報をぎっしりとつめこんでいることです。図28は、久津川車塚古墳の例です。大きな古墳ですから何度も発掘調査が行われているため、発掘調査するたびに報告書のデータを追加していくことで包括的なデータ

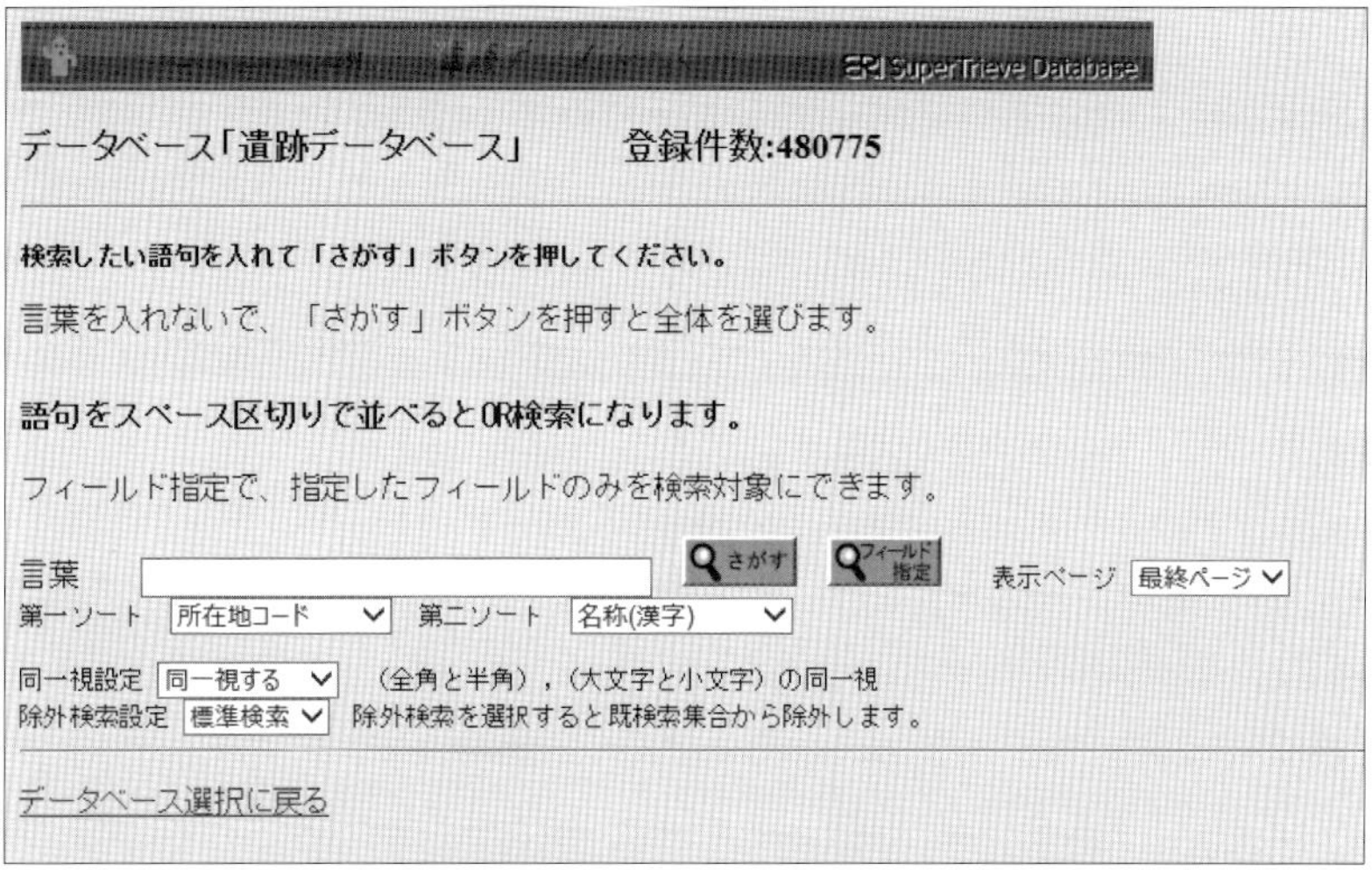

図26　遺跡データベースの検索語入力画面

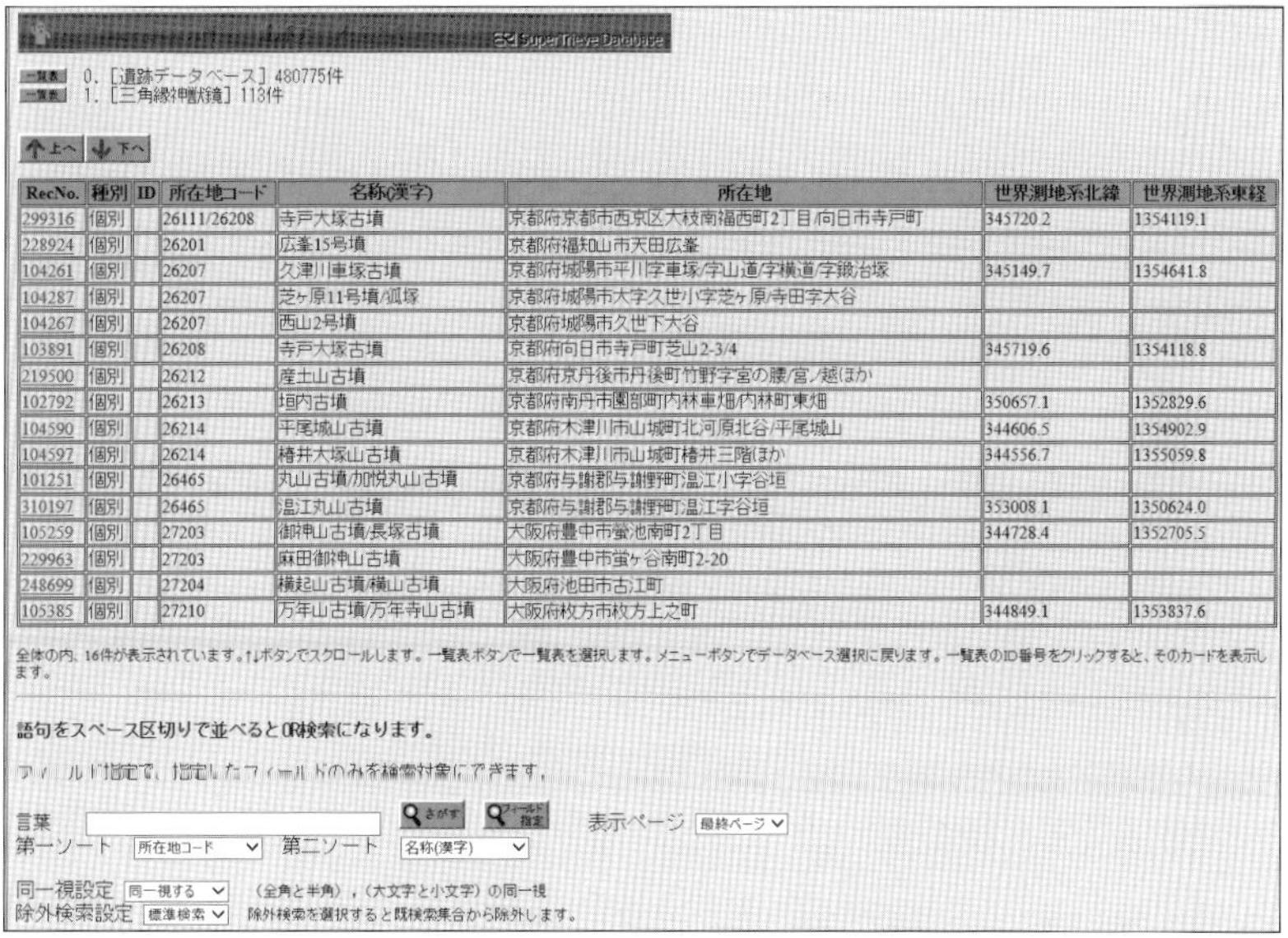

RecNo.	種別	ID	所在地コード	名称(漢字)	所在地	世界測地系北緯	世界測地系東経
299316	個別		26111/26208	寺戸大塚古墳	京都府京都市西京区大枝南福西町2丁目/向日市寺戸町	345720.2	1354119.1
228924	個別		26201	広峯15号墳	京都府福知山市天田広峯		
104261	個別		26207	久津川車塚古墳	京都府城陽市平川字車塚/字山道/字横道/字鍛冶塚	345149.7	1354641.8
104287	個別		26207	芝ヶ原11号墳/狐塚	京都府城陽市大字久世小字芝ヶ原/寺田字大谷		
104267	個別		26207	西山2号墳	京都府城陽市久世下大谷		
103891	個別		26208	寺戸大塚古墳	京都府向日市寺戸町芝山2-3/4	345719.6	1354118.8
219500	個別		26212	産土山古墳	京都府京丹後市丹後町竹野字宮の腰/宮ノ越ほか		
102792	個別		26213	垣内古墳	京都府南丹市園部町内林東畑/内林町東畑	350657.1	1352829.6
104590	個別		26214	平尾城山古墳	京都府木津川市山城町北河原北谷/平尾城山	344606.5	1354902.9
104597	個別		26214	椿井大塚山古墳	京都府木津川市山城町椿井三階ほか	344556.7	1355059.8
101251	個別		26465	丸山古墳/加悦丸山古墳	京都府与謝郡与謝野町温江小字谷垣		
310197	個別		26465	温江丸山古墳	京都府与謝郡与謝野町温江字谷垣	353008.1	1350624.0
105259	個別		27203	御神山古墳/長塚古墳	大阪府豊中市螢池南町2丁目	344728.4	1352705.5
229963	個別		27203	麻田御神山古墳	大阪府豊中市蛍ヶ谷南町2-20		
248699	個別		27204	横起山古墳/横山古墳	大阪府池田市古江町		
105385	個別		27210	万年山古墳/万年寺山古墳	大阪府枚方市枚方上之町	344849.1	1353837.6

図27　遺跡データベースの検索結果

を提供できるようにしています。

もちろん、このデータベースだけですべてが完結するわけではありません。ここで見つけた文献の元にあたっていただくことになります。これまでだと図書館や奈文研にきていただいて本の実物を見ていましたが、今後は、のちほど発表される『全国遺跡報告総覧』などを利用して、同じパソコン画面で実物の本を見ることができるような環境が整いつつあります。

その他、特定の種類の遺跡に特化したデータベースを複数作成しています。たとえば、『発掘庭園データベース』には、日本語版のほかに英語版もあり、日英対訳の用語集もあわせて公開しています。また、規模の大きなデータベースとして『地方官衙関係遺跡データベース』、『古代寺院遺跡データベース』を提供しています。この二つでは、検出された遺構や遺物に関する詳細な情報を細かく項目分けして検索が可能です。

データベースの項目立ては、専門性の高いデータベース

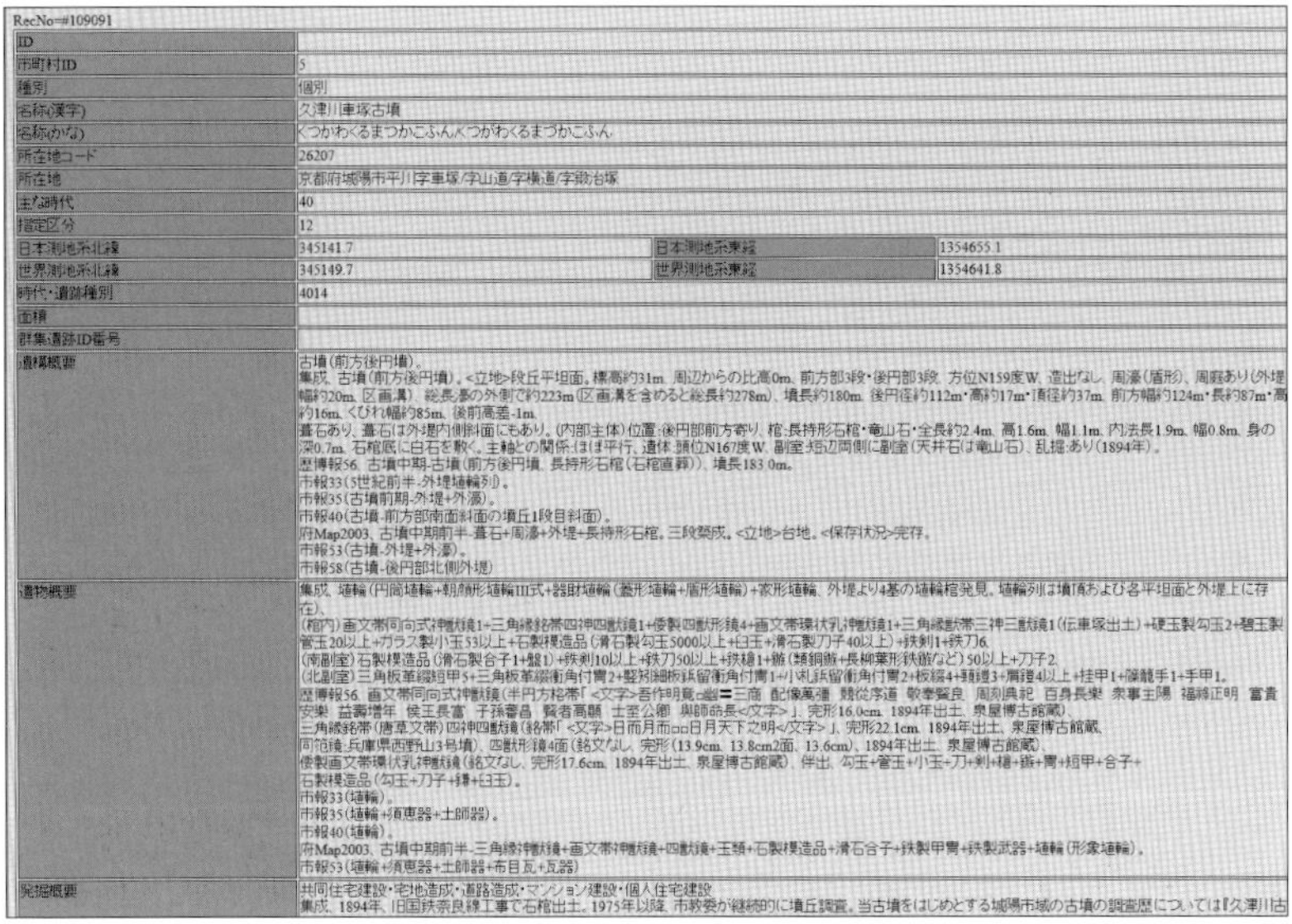

RecNo=#109091

ID			
市町村ID	5		
種別	個別		
名称(漢字)	久津川車塚古墳		
名称(かな)	くつかわくるまつかこふん/くつがわくるまづかこふん		
所在地コード	26207		
所在地	京都府城陽市平川字車塚/字山道/字横道/字鍛治塚		
主な時代	40		
指定区分	12		
日本測地系北緯	345141.7	日本測地系東経	1354655.1
世界測地系北緯	345149.7	世界測地系東経	1354641.8
時代・遺跡種別	4014		
面積			
群集遺跡ID番号			
遺構概要	古墳(前方後円墳)。 集成、古墳(前方後円墳)。<立地>段丘平坦面。標高約31m、周辺からの比高0m、前方部3段・後円部3段、方位N159度W、造出なし、周濠(盾形)、周庭あり(外堤幅約20m、区画溝)、総長濠の外側で約223m(区画溝を含めると総長約278m)、墳長約180m、後円径約112m・高約17m・頂径約37m、前方幅約124m・長約87m・高約16m、くびれ幅約85m、後前高差-1m。 葺石あり、葺石は外堤内側斜面にもあり。(内部主体)位置:後円部前方寄り、棺:長持形石棺・竜山石・全長約2.4m、高1.6m、幅1.1m、内法長1.9m、幅0.8m、身の深0.7m、石棺底に白石を敷く。主軸との関係:ほぼ平行、遺体:頭位N167度W、副室:短辺両側に副室(天井石は竜山石)、乱掘:あり(1894年)。 歴博報56、古墳中期-古墳(前方後円墳、長持形石棺(石棺直葬))、墳長183.0m。 市報33(5世紀前半-外堤埴輪列)。 市報35(古墳前期-外堤+外濠)。 市報40(古墳-前方部南面斜面の墳丘1段目斜面)。 府Map2003、古墳中期前半-葺石+周濠+外堤+長持形石棺。三段築成。<立地>台地。<保存状況>完存。 市報53(古墳-外堤+外濠)。 市報58(古墳-後円部北側外堤)		
遺物概要	集成、埴輪(円筒埴輪+朝顔形埴輪III式+器財埴輪(蓋形埴輪+盾形埴輪)+家形埴輪、外堤より4基の埴輪棺発見。埴輪列は墳頂および各平坦面と外堤上に存在)、 (棺内)画文帯同向式神獣鏡1+三角縁銘帯四神四獣鏡1+倭製四獣形鏡4+画文帯環状乳神獣鏡1+三角縁獣帯三神三獣鏡1(伝車塚出土)+硬玉製勾玉2+碧玉製管玉20以上+ガラス製小玉53以上+石製模造品(滑石製勾玉5000以上+臼玉+滑石製刀子40以上)+鉄剣1+鉄刀6. (南副室)石製模造品(滑石製合子1+盤1)+鉄剣10以上+鉄刀50以上+鉄槍1+鏃(類銅鏃+長柳葉形鉄鏃など)50以上+刀子2. (北副室)三角板革綴短甲5+三角板革綴衝角付冑2+竪矧細板鋲留衝角付冑1+小札鋲留衝角付冑2+板錣4+頸鎧3+肩鎧4以上+挂甲1+篠籠手1+手甲1。 歴博報56、画文帯同向式神獣鏡(半円方格帯「<文字>吾作明竟□幽〓三商　配像萬彊　競従序道　敬奉賢良　周刻典祀　百身長楽　衆事主陽　福禄正明　富貴安楽　益壽増年　侯王長富　子孫審昌　賢者高顯　士至公卿　與師命長</文字>」、完形16.0cm、1894年出土、泉屋博古館蔵)、 三角縁銘帯(唐草文帯)四神四獣鏡(銘帯「<文字>日而月而□□日月天下之明</文字>」、完形22.1cm、1894年出土、泉屋博古館蔵、 同笵鏡:兵庫県西野山3号墳)、四獣形鏡4面(銘文なし、完形(13.9cm、13.8cm2面、13.6cm)、1894年出土、泉屋博古館蔵)、 倭製画文帯環状乳神獣鏡(銘文なし、完形17.6cm、1894年出土、泉屋博古館蔵)、伴出、勾玉+管玉+小玉+刀+剣+槍+鏃+冑+短甲+合子+ 石製模造品(勾玉+刀子+鎌+臼玉)。 市報33(埴輪)。 市報35(埴輪+須恵器+土師器)。 市報40(埴輪)。 府Map2003、古墳中期前半-三角縁神獣鏡+画文帯神獣鏡+四獣鏡+玉類+石製模造品+滑石合子+鉄製甲冑+鉄製武器+埴輪(形象埴輪)。 市報53(埴輪+須恵器+土師器+布目瓦+瓦器)		
発掘概要	共同住宅建設・宅地造成・道路造成・マンション建設・個人住宅建設 集成、1894年、旧国鉄奈良線工事で石棺出土。1975年以降、市教委が継続的に墳丘調査。当古墳をはじめとする城陽市域の古墳の調査歴については『久津川古		

図28　遺跡データベース詳細表示

ではより細かくし、広範囲のデータを扱うデータベースでは単純化すると使い勝手がよい場合が多いようです。

十　文献のデータベース

文献のデータベースには、図書や雑誌を単位とするものと、論文を単位とするものがあります。また、現物に到達するための手がかりにしてもらうための、所蔵図書目録があります。もう一つ、『全国遺跡報告総覧』があります。発掘調査後、遺跡を壊してしまいます。一度しか出合えない情報、一度しか採集できない情報をまとめたものが発掘調査報告書です。それは研究者を含めて広く世間に問うものですが、そういったものに関する情報がどれだけあるかが問題です。大学図書館に収められている報告書は、国立情報学研究所が構築している『サイニーブックス（CiNii Books）』という巨大なデータベースで検索することができます。また、奈文研が所蔵している報告書は、奈文研の『所蔵図書データベース』を参照すれば見ることができます。

目録のデータはそれでよいとして、もう少し中身を知りたい方は、『報告書抄録データベース』を参照していただくことになります。この『報告書抄録データベース』は、現段階から古いものに向かってデータを作成しているところで、初期の昭和四十年代のデータははいっていません。新しいものが中心になりますが、報告書に書かれている要約を知ることができます。

報告書そのものをすべて見たい、どんな図面、写真があるか知りたいときは、『全国遺跡報告総覧』（図29）が利用できます。これも作成作業が始まったばかりで、全体で十数万冊あるといわれている発掘調査報告書がすべて、いつの日かはいるものと期待していますが、それにはまだ時間がかかりますので、さきほどの目録データや抄録データを参照しつつ遺跡について調べていただくことになります。

十一　灰色文献の解消へ

どうしてこのようなことが必要になるのでしょうか。文献・図書の分類はいろいろ考えられます。たとえば、白色文献、灰色文献、黒色文献の三種類に分けることができます（図30）。白色文献は普通に書店で買うことができるような本、あるいは図書館にいって誰でも閲覧することができる文献です。黒色文献は、誰も見ることができないものです。世の中には、自分たちのサークルのなかだけでつくって、ほかの人には絶対に見せない、売らないものが存在します。もちろん図書館には収蔵されません。

そして、その中間に灰色文献があります。なんとかという本には載っていると聞いているが、ど

図29　全国遺跡報告総覧

こにあるかわからないといったものが灰色文献です。文献の情報には一部到達できる、いわば靴の上から足をかくような、わかりかけているのだがわからないというものです。こういったものが発掘調査報告書に多くあります。文献情報の分け方はいろいろありますが、発掘調査報告書としては、灰色のものがたくさんあるので、これをなんとかしたいということです。

　発掘調査報告書そのものだけではなく、考古学に関する論文が必要になることがあります。たとえば、邪馬台国について知りたい、三角縁神獣鏡について知りたい、詳しい説を読みたいと思うと、どうしても論文までいきつくことになります。考古学の関連論文までいれると、一般の本、論文集などに載っているものがありますし、考古学専門の雑誌としてでているものが一番多いのですが、そのほか発掘調査報告書のなかに、論考として長大なものが書かれていることもあります（図31）。論文情報にも、白色文献もあれば灰色文献もあります。それらにどうやって到達するか。

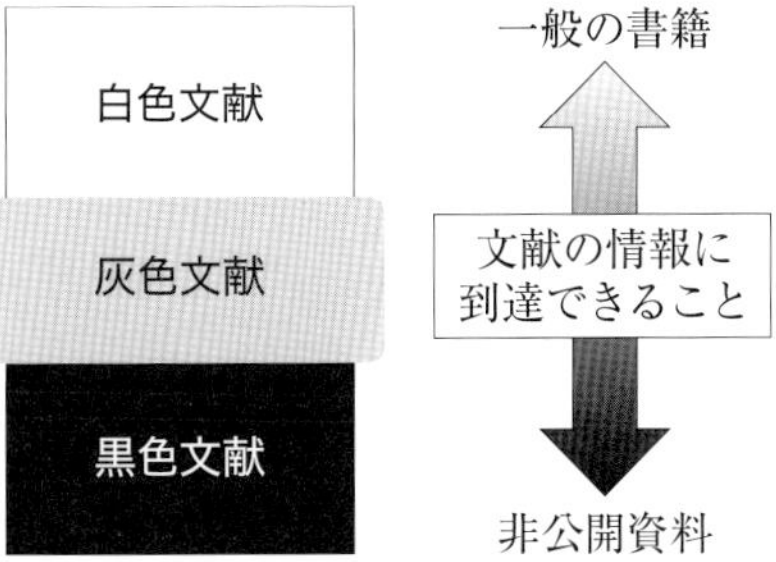

図30　灰色文献の位置付け

　考古学関連論文の誰が、どこに、なんという題で書いたかという目録情報を見るのに一番役に立つのは、さきほどの『サイニー』です。『サイニー』には、大学図書のデータベース『サイニーブックス』と、日本の論文の目録情報を網羅している『サイニーアーティクル（CiNii Articles）』があります。国立情報学研究所があらゆる分野の

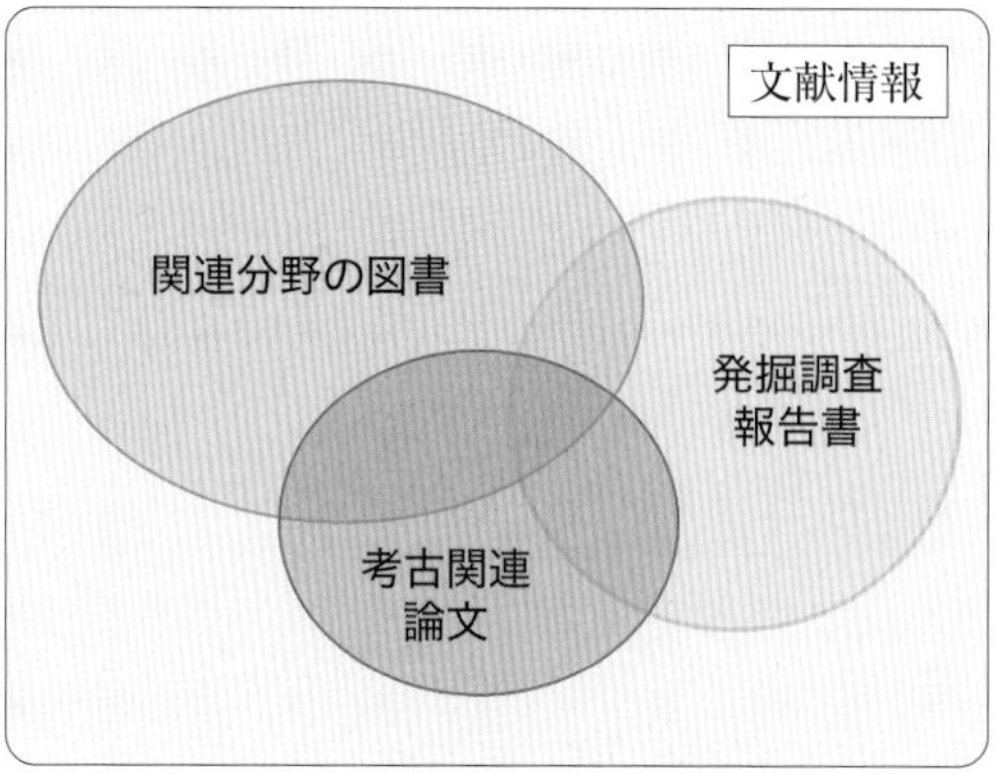

図31　考古学関係文献のあり方

CiNii Articles	国立情報学研究所　提供 日本の論文の目録情報 19,700,000件
日本考古学協会	考古学系雑誌の 文献（論文）データベース 11,069件
奈文研	考古関連雑誌論文 情報補完データベース 92,158件

図32　考古学関連論文の目録情報

すべての学術論文の一覧表をつくっています（図32）。便利というか怖いというか……。一九七〇万件とうたっています。一九七〇万件というと、見出しを二十四時間見ていくだけでも四五〇年ほどかかるくらいのデータ量です。

それに対して、考古学で御飯を食べている人はだいたい一万人というごく狭い世界です。そのなかで、いっとき、日本考古学協会が考古学系雑誌の文献（論文）データベースを作成しました。残念なことにある程度の作業が進んだところで中断していますが、そこに一万一〇六九件のデータがはいっています。

『サイニー』もあり、日本考古学協会がつくったデータベースがあるからそれでよいのではと思っていたのですが、奈文研が所蔵している考古学に関する雑誌のなかで、昔のガリ版刷りしたような小規模の雑誌を見つけ、試しに検索してみたところ、『サイニーアーティクル』に載っていませんでした。なんじゃこれ、ということになり、そういった灰色文献に陽をあてるには自分でつくるしかないなということで、奈文研として『考古関連雑誌論文情報補完データベース』を作成しました（**図33**）。これは、『サイニー』やほかのデータベースでは見つけられないような雑誌に関する情報を示したいということです。

図33の画面で検索すると、**図34**のような目録情報だけですが結果が表示されます。ここで示している

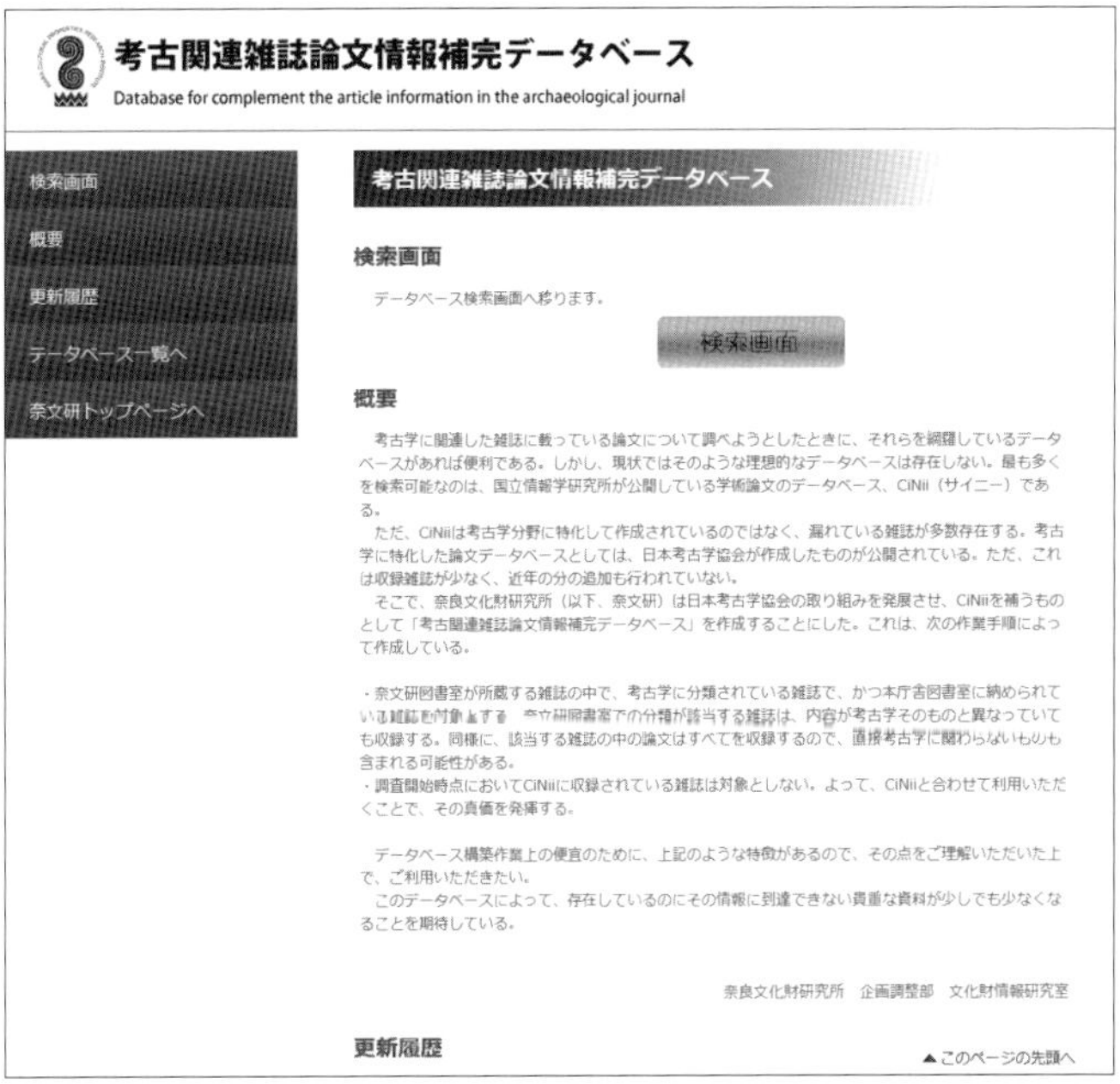

図33　考古関連雑誌論文情報補完データベースのトップ画面

のは、『ふれいく』という雑誌です。「ふれいく」というのは石器の名前ですが、平仮名で「ふれいく」と書かれた雑誌は、とてもメジャーとはいえません。あまり人が知らない雑誌なので『サイニーアーティクル』には載っていません。でも、奈文研にはなぜか一号と三号だけが収蔵されています。世間の方からすると、その雑誌は灰色文献です。

ただし、『ふれいく』の二号の実物は奈文研にないので、私からは二号は黒色文献になっています。

もちろんこのデータベースでは「ふれいく」という雑誌の名前から検索するだけでなく、本文の用語で検索することができますので、ご利用いただけます。

十二　遺跡報告内論考データベース

発掘調査報告書のなかに埋もれている考古学の論文がいくつかあります。発掘調査報告書は事実報告だけのものが多いのですが、その遺跡が重要であったり、重要な遺物が出土した場合、その遺物は全国のほかの遺跡からの出土例があるか熱心に調べられ、その集成図とともに考察が載っていることがよくあります。どこにあるかを調べるためには、実際に本を見なけ

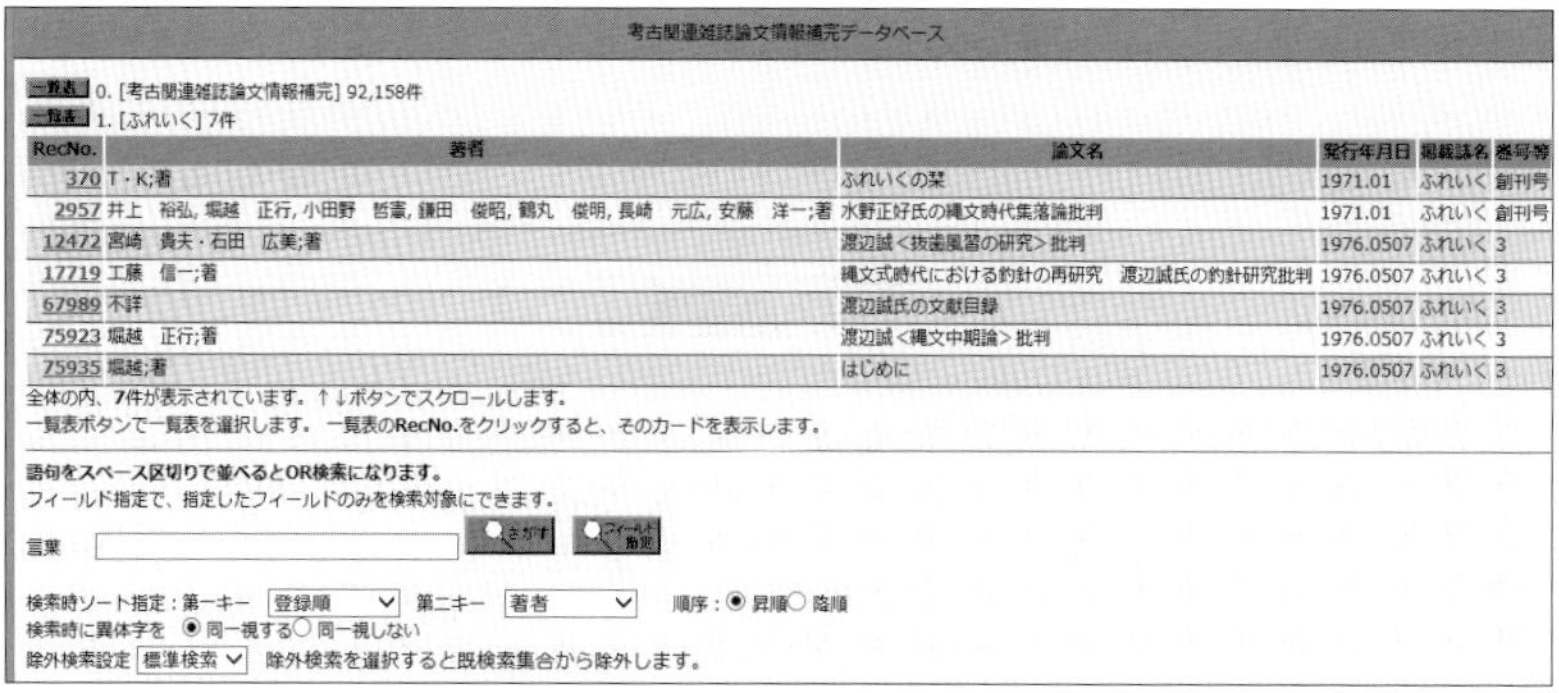

図34　考古関連雑誌論文情報補完データベース一覧表示

ればならないという大変な行為ですので、ゆくゆくは『全国遺跡報告総覧』から調べられるようになればなあと思っています。

全国遺跡報告書は、いま話題のビッグデータです。整理がついていない巨大なデータのなかから自分に興味ある分野をひっぱってくることで、もともとの対象の整理が進んでいないので、たとえば、報告書全体がデータベースになっていても、なにかで検索すると、関係のないところがたくさんひっかかります。グーグルで検索したのと同じような状態です。自分がほしくない情報もたくさん拾ってしまうのが、ビッグデータの一つの問題です。

では、報告書に記載されている考古学に関する論文のようなもの「論考」とよびますが、そういった論考を拾い上げる方法はないかと探していたところ、さきほどの『考古関連雑誌論文情報補完データベース』と同じように世間にはありません。そこで自分で作成した『遺跡報告内論考データベース』を最近、公開しています。見た目は（**図35**）、さきほどのデータベースと同じようになっています。たとえば、「石庖丁」で検索すると、**図35**に示すだけヒットします。それらの報告書に石庖丁に関する論考が載っています。石庖丁が出土した遺跡は大量にあって、それは報告総覧で検索すればよいのですが、論考が載っているのはこれだけです。しかも、石庖丁の「庖丁」という字は、「庖丁」と「包丁」の二種類ありますが、奈文研が推

遺跡報告内論考データベース

一覧表 0. [遺跡報告内論考] 12,868件
一覧表 1. [石庖丁] 15件

RecNo.	著者	論考名	掲載書名
1284	高瀬　克範	岩寺洞（Amsa-dong）遺跡出土石庖丁の使用痕分析　韓半島出土石庖丁の機能・用途に関する一分析例	財団法人岩手県文化振興事業団埋蔵文化財センター紀要XXI
1786	山田　しょう	仙台市郡山遺跡（第85次調査B区）出土石庖丁の使用痕分析	平成2年度郡山遺跡
1813	須藤　隆，阿子島　香	下ノ内浦遺跡SK2土壙出土の石包丁	仙台市高速鉄道関係遺跡調査概報III
2502	坂本　和也	福島県浜通り地方の石包丁集成	双葉・陳場沢弥生遺跡の研究
2504	内藤　龍三，鯨岡　勝成	双葉町内出土の石包丁と化石との関係	双葉・陳場沢弥生遺跡の研究
3398	麻生　敏隆	弥生時代の石製農具　石鎌と石包丁	群馬県埋蔵文化財調査事業団研究紀要7
4982	石渡　典子	石包丁状石器について	長倉宮ノ前遺跡
6739	沢田　敦	水上遺跡大型磨製石庖丁の使用痕分析	水上遺跡
7350	松尾　実	石川県における磨製石庖丁研究についての現状と若干の考察	石川県埋蔵文化財情報　12
7691	宮沢　公雄	石包丁について	堀ノ内遺跡
8983	加藤　安信	伊勢湾周辺地域の磨製石包丁、若しくはその象徴性	愛知県埋蔵文化財センター年報　平成5年度
10511	中川　義郎	150-OS出土の鎌形状石製穂摘具（石包丁）に関する一考察　予察・弥生時代の左手不浄感	亀井遺跡発掘調査概要
10949	石神　幸子	「剥片石器から大型石庖丁へ」の予察	南遺跡群　旧石器・縄文・弥生時代前期編

図35　遺跡報告内論考データベース

奨している難しいほうの文字で検索しなくても、簡単な「石包丁」の論文もヒットします。いろいろな検索のしかたをしても情報にたどり着けるように工夫して公開しているところです。

おわりに—文化財情報の継承

私たちが、技術の進歩やシステムの変遷を越えて真に引き継いでいかなくてはならないものは、データです。

新しい技術によって記憶装置の記録密度が高まることで、事故が発生したときに被害範囲も大きくなるといったことも起こりえます。遺構情報のように、取得する機会が一度きりしかない情報も少なくありません。遺跡が存在したことの唯一の証が遺跡情報であるのであれば、情報の保全と確実な継承は非常に重要です。

文化財に関する記録の整理・活用と管理・継承のためにさらにデータベースの整備を進め、その成果を公開していきたいと考えています。

本日はごく一部しか紹介することができませんでしたが、奈文研ではいろいろなデータベースを公開していますので、ご活用していただくとともに、こういった点を改良してほしい、こういった情報があるのであれば公開してほしいといったご要望がありましたら、是非、奈文研までお寄せいただければと思います。

本日はご清聴ありがとうございました。

第2章
全国遺跡報告総覧と考古学ビッグデータ

高田 祐一
企画調整部 文化財情報研究室研究員

たかた・ゆういち
一九八三年 兵庫県生まれ
二〇〇七年 関西学院大学大学院文学研究科修士課程修了（歴史学）
（株）日本総合研究所等を経て
二〇一三年 奈良文化財研究所 特別研究員
二〇一五年 現職
現在の専門分野は、日本近世史・情報歴史学

はじめに

まず、『全国遺跡報告総覧』（以下、遺跡総覧）を一回でも使ったことがある人は、挙手をお願いします。

三分の一ほどおられるようです。使ったことがある方は、より理解を深めていただき、使ったことがない方は、スマホでも使えますし、自宅に帰られてインターネットでつなげば使えますので、これを機に積極的にご活用いただければと思います。

私の話の柱は、大きく三点です。まず、①考古学・歴史学における情報の特性や現状について確認します。それをもとに、②遺跡総覧が生まれた理由と、なにができるかを紹介し、最後に、③将来構想として考古学ビッグデータの展望についてお話しします。

一　考古学における発掘調査報告書の特性

社会的に情報革命が進んでいるとよくいわれます。二〇一七年五月、グーグル傘下のDeepMind社が開発した囲碁人工知能（ＡＩ）「AlphaGO」が世界最強といわれる棋士に三戦全勝しました。当時、数年後には破るであろうといわれていましたが、前倒しで達成されました。自動車業界においても自動運転技術が年々発展するなど、人工知能分野は進化の一途をたどっています。また、情報化社会といわれる現代においては日々大量のデジタルデータが生成されており、ビッグデータの社会的な利活用の可能性が指摘されています。

これらＩＴ技術に共通して重要な要素は、データであるといえます。機械学習の技術では、最初に教科書的なデータを教師として教えることが必要ですが、データから規則性を発見し、自動で判断することで、作業時間の短縮などにつなげることができます。機械学習では、アルゴリズム等も重要ですが、データの質や量が非常に重要で、判断の精度などに影響します。そのため、データが国家戦略としても非常に重要になっています。

考古学や歴史学の特性

考古学や歴史学はそもそも蓄積型の学問です。類例、前例のデータ蓄積が重要です。たとえば、なにか遺物が出土しても、ほかの場所からそのような遺物が出土している類例や過去の体系的な整理など調査研究成果がないと解釈できません。もし仮にその場で解釈できなくても、類例が集積されることによって、将来的に解釈できるようになるかもしれないという世界です。とにかく調査事例や研究成果の積み重ねによって深化していくという性格を持っています。

発掘の話でいうと、調査によってなんらかのデータが得られたとして、それを丁寧に解釈し咀嚼しながら調査・研究し、知見を蓄積していきます。そして、出土したものが一体何であるかを認識するためには、そのもの自体を言語化しなければ、類例調査のための検索用語にできないという問題があります。調査・研究と知見の蓄積は、車の両輪です。ですので、考古学や歴史学に関しては、情報・データが増加するほど基本的にはよいと考えられます。

さて、発掘調査は、基本的には発掘作業をして、出土した遺物を整理し、発掘調査報告書（以下、報告書）を作成するまで、と位置づけられています。報告書は年間約千七百冊発行されています。残念ながら遺跡を開発等によって破壊せざるを得ない場合に発掘を行います。その調査成果をまとめた報告書は代替の効かない唯一の重要な資料ですから、永久に保管され、有効に活用されるべき資料です。

情報爆発の弊害

報告書は戦前から発行されていますが、これまでに何冊発行されたか、誰も把握していません。奈良文化財研究所（以下、奈文研）は文化財に関係する図書を三十二万冊所蔵しています。独自に調べたところ、古い文献については国会図書館より多く所蔵しています。奈文研は、日本最大級の文化財専門図書館といえるでしょう。奈文研が所蔵する図書の大半は報告書ですので、所蔵しているものは、これまでに刊行された半分もしくは六割ほどと推計すると、おそらく十数万から最大二十万冊ほど報告書が発行されていることになります。年報や紀要、概報などを報告書に含めるか含めないかでかなり振れ幅があるので整理が必要ですが、とにかく、報告書の数は誰も把握できていません。それでは管理上問題があるので、現在、奈文研では全国の報告書の総目録を作成中です。

データが蓄積されるほどよいのですが、実際には情報爆発の弊害が起こっています。多すぎて管理できないという問題です。この点について、奈文研の岩本圭輔さんが一九七七年の『奈良文化財研究所年報』「埋蔵文化財関係用語の収集と整理」で、「資料の全貌は、もはや誰にも把握しきれない。このため現在、研究、文化財・保護の仕事に携わる者が、過去の資料の蓄積を適切に選択して利用するのは、大変に難しいという状況にあり、将来この傾向がさらに甚だしくなることは目にみえている」と予見されています。現在は二〇一七年ですので、途方もない資料が蓄積されているといえます。このような背景のもと、『全国遺跡報告総覧』が誕生してきました。

二　全国遺跡報告総覧の概要

遺跡総覧とは、埋蔵文化財の報告書を全文電子化して、インターネット上で全文検索・閲覧できるようにした「報告書のインデックス」です。

経緯を説明します。まず、国立情報学研究所の最先端学術情報基盤整備委託事業として、二〇〇八年度に島根大学附属図書館を中心とした中国地方の国立五大学で構築がスタートしました（全国遺跡資料リポジトリ・プロジェクト）。大学図書館の司書にとって、大学教員や学生に研究情報を提供することが使命です。しかし、報告書は、一冊あたり三百部ほどしか印刷されないため、すべての全国の図書館に配布はできません。全員が手にすることは難しい図書になります。そのため、報告書は、司書や利用者にとって入手困難な灰色文献です。情報を提供したいができないもどかしい存在です。そこで、大学図書館が中心となって報告書を全文電子化して、大学などに設置したリポジトリ・サーバーにアーカイブし、ウェブ上で無償公開する取り組みを進めたのです。当初は中国地方の国立五大学でスタートしましたが、最終年度（二〇一二年）には二十一大学まで拡大しました。

貴重な学術資料でありながら流通範囲がかぎられ一般には利用しづらい報告書をインターネット上で公開することで、必要とする人が誰でも手軽に調査・研究や教育に利用できる環境に貢献し効果がありました。しかし、継続する体力がなくなりつつあった大学やより一層の発展のために、今後どうするかが課題でした。奈文研は当初から抄録のデータなどで支援していたことから、二〇一五年度に発展的継続として奈文研に統合されました。ですので、全国遺跡報告総覧プロジェクトは、奈文研が単独でやっている事業ではなく、現在

代表機関：奈良文化財研究所

事務局：島根大学附属図書館

報告書登録の発行機関数：382

◇大学図書館　参加府県（連携大学）

宮城県（東北大学）／山形県（山形大学）／秋田県（秋田大学）／茨城県（筑波大学）／富山県（富山大学）／新潟県（信州大学）／長野県（信州大学）／山梨県（信州大学）／滋賀県（滋賀大学）／大阪府（大阪大学）／兵庫県（神戸大学）／奈良県（奈良女子大学）／鳥取県（鳥取大学）／島根県（島根大学）／岡山県（岡山大学）／広島県（広島大学）／山口県（山口大学）／徳島県（徳島大学）／香川県（香川大学）／愛媛県（愛媛大学）／高知県（高知大学）／福岡県（九州大学）／宮崎県（宮崎大学）／鹿児島県（鹿児島大学総合研究博物館）

◇直接参加モデル 自治体・法人調査組織・博物館・大学・学会等

北海道 七飯町／北海道 厚沢部町／北海道 奥尻町／青森県 青森市／岩手県（財）岩手県文化振興事業団埋蔵文化財センター／岩手県 陸前高田市／岩手県 洋野町／宮城県 東北歴史博物館／宮城県 気仙沼市／宮城県 多賀城市／宮城県 松島町／宮城県 七ヶ浜町／秋田県 秋田市／秋田県 秋田市秋田城跡歴史資料館／山形県 酒田市／山形県 南陽市／茨城県 県教育委員会／茨城県 財団法人茨城県教育財団／茨城県 土浦市／茨城県 笠間市／茨城県 ひたちなか市／茨城県 常陸大宮市／茨城県 筑西市／茨城県 稲敷市／茨城県 行方市／茨城県 城里町／茨城県 美浦村／茨城県 八千代町／栃木県 小山市／群馬県 前橋市／群馬県 高崎市／埼玉県 熊谷市／埼玉県 深谷市／埼玉県 ときがわ町／千葉県 木更津市／神奈川県 海老名市／神奈川県 神奈川県考古学会／新潟県 長岡市／新潟県 魚沼市／富山県 魚津市／富山県 上市町／石川県 小松市／石川県 野々市市／山梨県 甲府市／山梨県 南アルプス市／山梨県 北杜市／山梨県 甲州市／長野県 飯田市／長野県 佐久市／長野県 富士見町／長野県 辰野町／長野県 坂城町／長野県 明治大学／岐阜県 岐阜県文化財保護センター／岐阜県 岐阜市／岐阜県 飛騨市／岐阜県 下呂市／岐阜県 海津市／静岡県 静岡県埋蔵文化財センター／静岡県 浜松市／静岡県 熱海市／静岡県 磐田市／静岡県 伊豆の国市／愛知県 愛知県埋蔵文化財センター／愛知県 常滑市／愛知県 東海市／愛知県 弥富市／三重県 三重県埋蔵文化財センター／三重県 三重県立斎宮歴史博物館／三重県 桑名市／三重県 鈴鹿市／三重県 いなべ市／三重県 志摩市／三重県 明和町／三重県 三重大学／京都府 京都市／京都府 木津川市／京都府 京都橘大学／大阪府 茨木市／大阪府 東大阪市／大阪府 四條畷市／兵庫県 兵庫県教育委員会／兵庫県 神戸市／兵庫県 芦屋市／兵庫県 加古川市／兵庫県 朝来市／兵庫県 神戸深江生活文化史料館／奈良県 大和高田市／奈良県 天理市／奈良県 橿原市／奈良県 御所市／奈良県 王寺町／奈良県 吉野町／奈良県 大淀町／鳥取県 県教育委員会／鳥取県 公益財団法人鳥取県教育文化財団／鳥取県 鳥取県埋蔵文化財センター／鳥取県 鳥取市／鳥取県 公益財団法人鳥取市文化財団／鳥取県 米子市／鳥取県 一般財団法人 米子市文化財団／鳥取県 境港市／　略

図1　全国遺跡報告総覧プロジェクト

でも島根大学附属図書館をはじめ全国二十一大学と、自治体の方々と共同で進めています（図1）（二〇一七年九月時点）。

機能の概要

まず、遺跡総覧は無償で利用できます。利用制限はいっさいありませんので、是非、積極的にご活用ください。

最大の機能は、報告書の文章に対し全文検索が可能であるということです。特定のキーワードで検索すると、報告書のテキストを一回で検索することができます。二〇一七年九月十七日時点で、報告書類二万六二四件の登録があります。文字数に換算すると十五億文字、二五〇万ページです。それをたったの三秒で全文検索することができます。これまでだと書庫にこもって、指につばをつけ、一ページずつ見ながら探しだす作業が必要でした。これが三秒でできるので、類例調査などに非常に有効です。

発行機関、編著者ごと、発行年ごとに絞り込みができるので、たとえば、まずキーワード検索をして、そこから地域で絞るといった使い方も可能です。

奈文研のホームページを見ていただくと、『全国遺跡報告総覧』ができますので、そこをクリックすると使うことができます（http://sitereports.nabunken.go.jp/）。画面の左側にあるテキストボックスに気になる用語を入力すると、その用語が載っている報告書の検索結果が表示されます（図2）。

1. 簡易検索　全文、タイトルなどすべてのデータを対象にして検索。結果部分はマーカー表示。

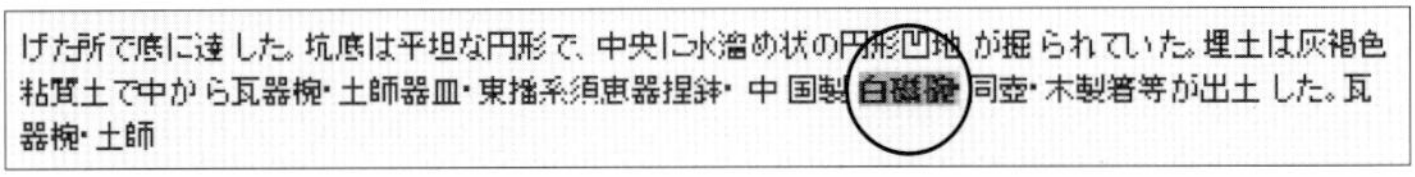

2. 詳細検索

タイトル等の条件で検索可能

3. 新着一覧

登録された報告書の新着一覧

4. 発行機関一覧

県域ごとに発行機関の一覧を表示

図2　トップ画面　簡易検索によって全データを検索

そこで、ある報告書が見たい場合はダウンロードボタンを押すと（図3）、PDF形式でダウンロードすることができます。そのPDFをiPadやタブレットにいれると、山の奥などインターネットが届かない場所にいっても閲覧することができます。

　たとえば、静岡県熱海市内にある江戸城の石垣の石切《いしきり》場《ば》の遺跡確認調査報告書のPDFが遺跡総覧で公開されています。普段、報告書を皆さんは見ることがなく、見

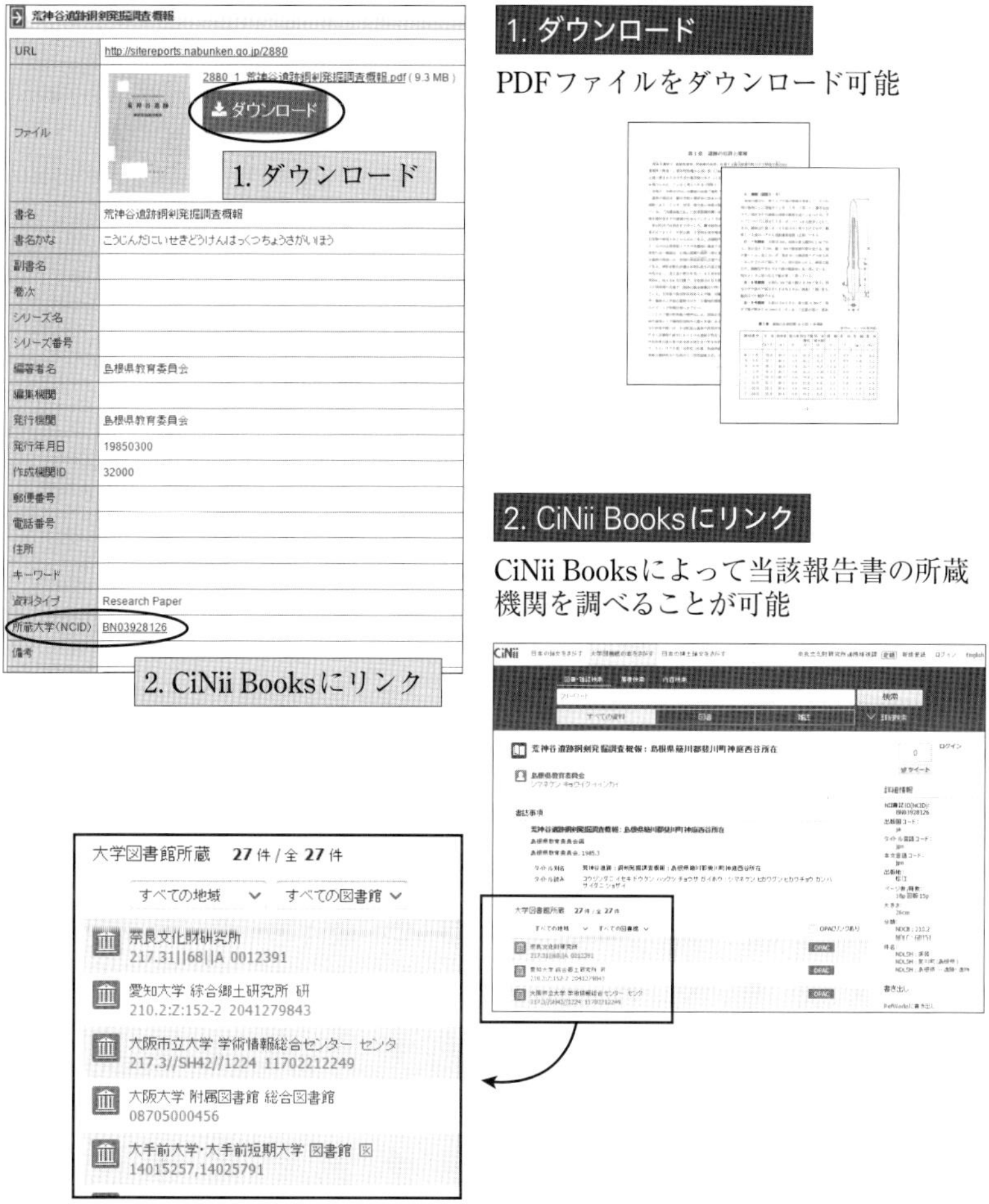

図3　機能（詳細画面）　PDF形式で報告書を閲覧可能

熱海市内伊豆石丁場遺跡
確認調査報告書Ⅱ

2015年3月
熱海市教育委員会

稲村　刻印①　遠景

稲村　刻印①

稲村　刻印②　遠景

稲村　矢穴

図4　報告書参考例（熱海市）
（熱海市内伊豆石丁場遺跡確認調査報告書Ⅱ
〈http://sitereports.nabunken.go.jp/ja/16088〉）

天守門跡　瓦積み排水設備
検出状況（南西から）

天守門跡　全景（南東から）

図5　報告書　参考例（浜松市）
（浜松城跡8次〈http://sitereports.nabunken.go.jp/16977〉
資料提供：浜松市文化財課）

る機会があったとしてもパンフレットや概説書だと思いますが、すべて生の調査データを見ることができます（**図4**）。文章はわかりにくい部分があるかと思いますが、写真がたくさんありますので、生々しいリアルな画像を見ることができます。

図5は、浜松城の例です。先週の某大河ドラマの最後で浜松城が紹介されていましたが、この浜松城の門のところから瓦の排水設備が検出されています。浜松城に旅行にいって、その場で浜松城の報告書を探してダウンロードして見ることができます。遺跡にいっても、基本的には発掘調査したあと埋め戻しますので、発掘時の状況を見ることができません。報告書であれば発掘調査した当時の状況を見ることができます。現地で見るとより理解が深まることが期待されます。旅行先でも是非、使ってください。

報告書以外に、普及啓発系のパンフレットや冊子類も遺跡総覧には登録されています（**図6**）。報告書を閲

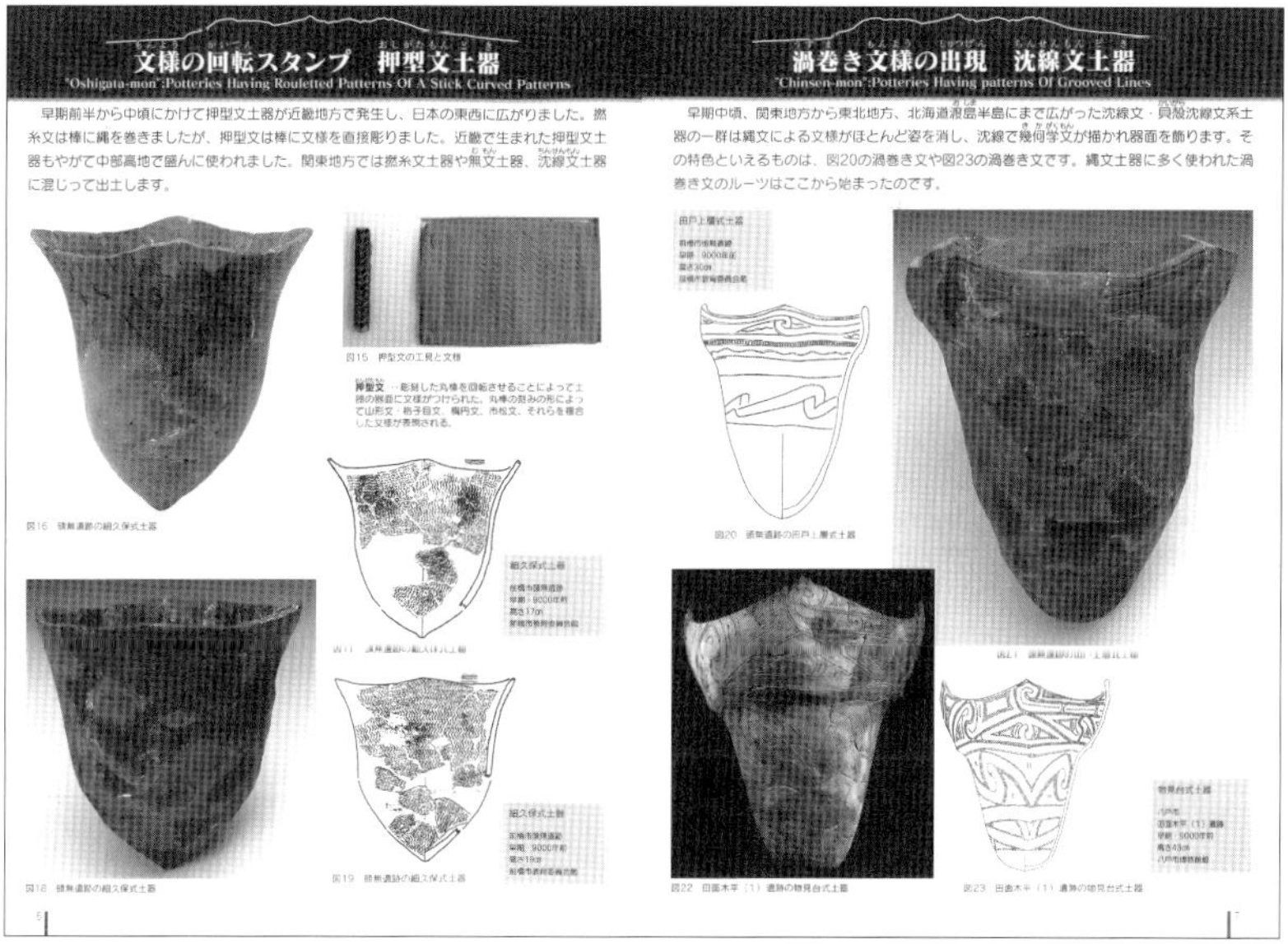

図6　パンフ・冊子類　参考例（前橋市）
（底の尖った土器〈http://sitereports.nabunken.go.jp/17046〉）

覧するのはちょっと気が重たいという方には、パンフレット類ですと気軽に閲覧できます。

多様な情報基盤とデータ連携

遺跡総覧には大量の情報が蓄積されておりますし、調べものに役立つシステムです。しかし運営側としては問題点があります。まず遺跡総覧の存在を知ってサイトにきていただかないと使ってもらえません。奈文研自体の存在を知らない方に遺跡総覧を使ってもらうのは困難です。この問題を解決するために、メタデータ（書誌データ）をいろいろなデータベースと連携させています（**図7**）。『CiNii Books』という巨大な書誌データベースとも連携しています。『CiNii Books』に、遺跡総覧に掲載された報

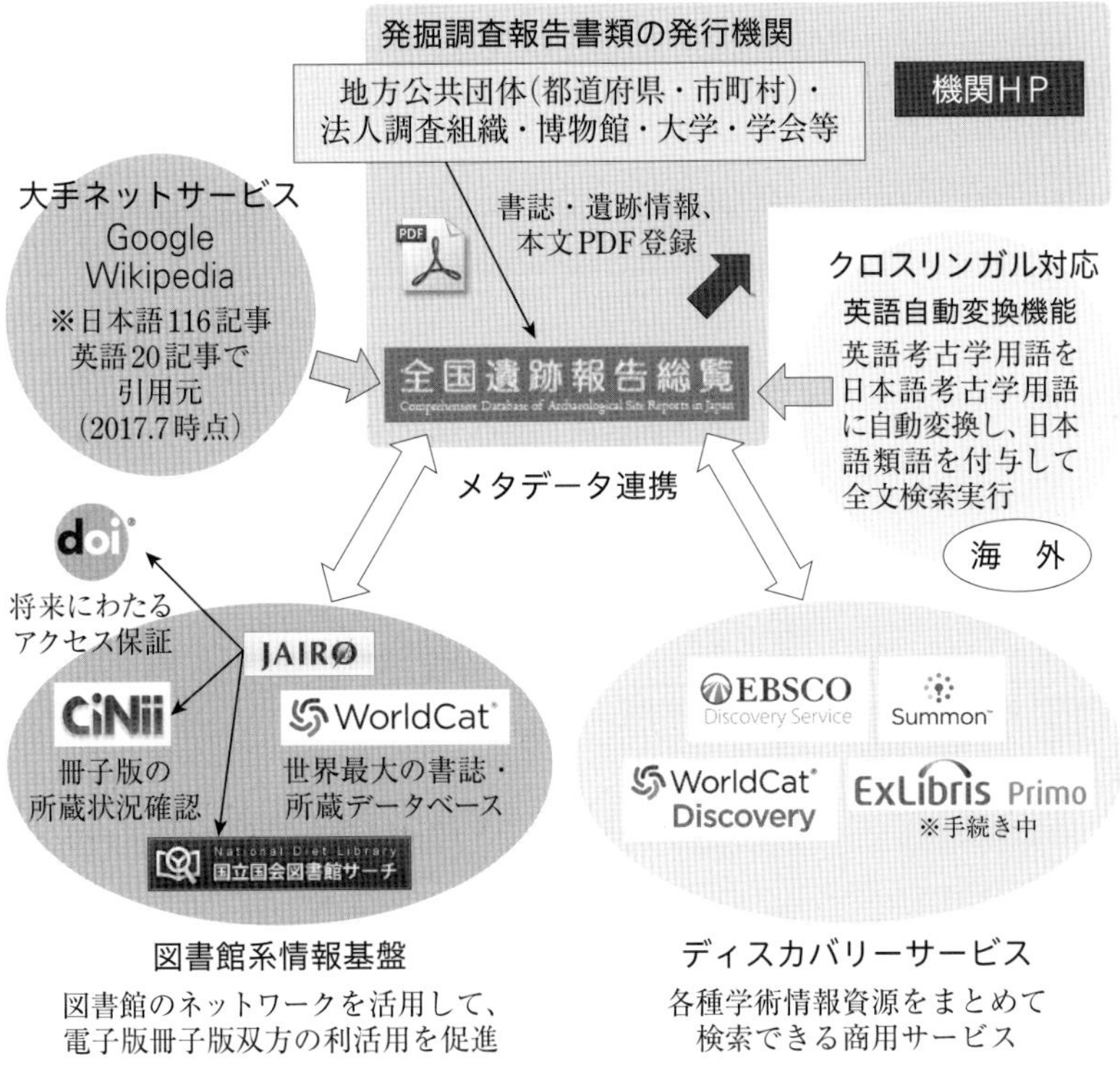

図7　多様な情報基盤とデータ連携

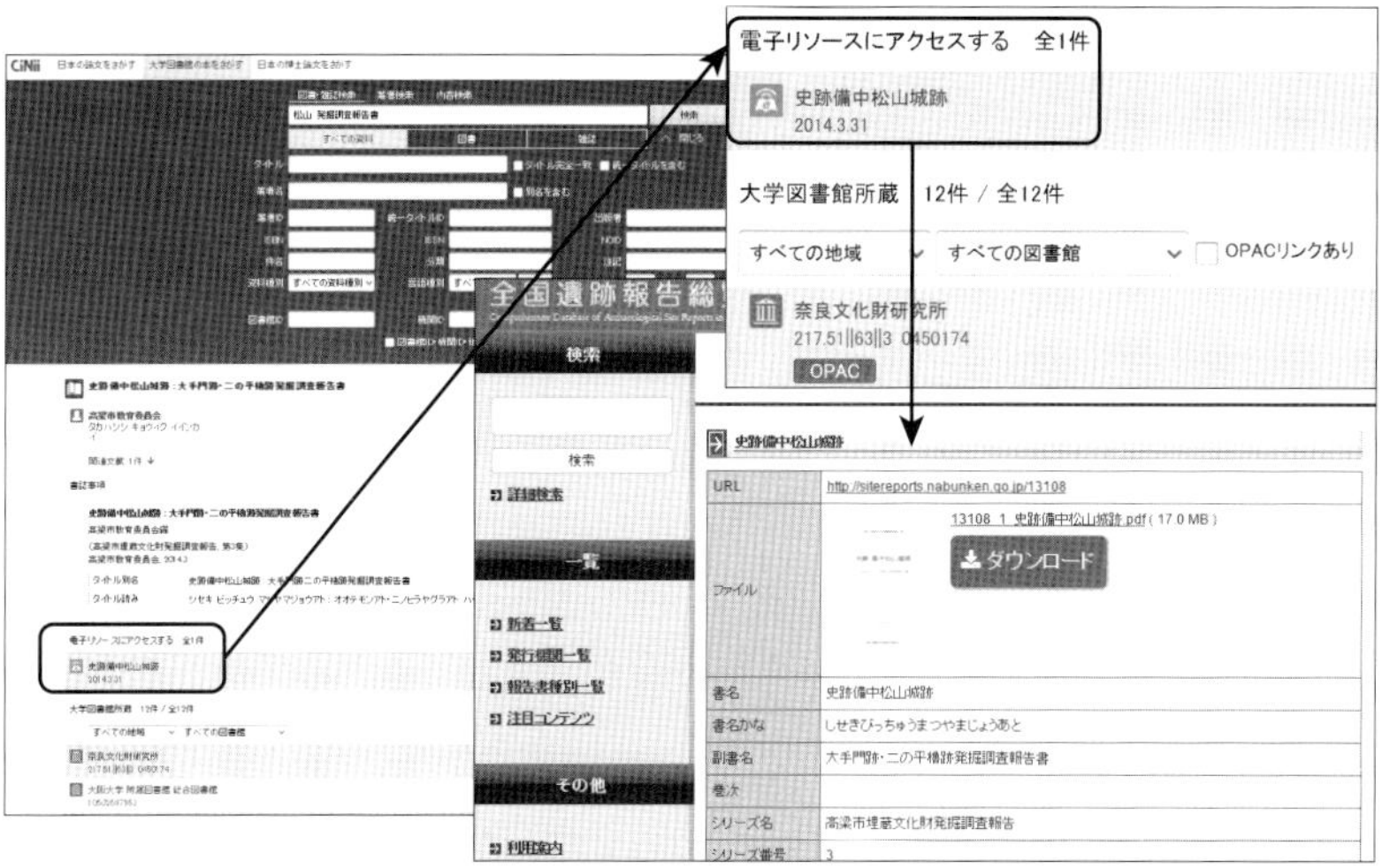

図8　CiNii Booksとの連携

告書のメタデータを毎週提供しています。同様に、国立国会図書館にもメタデータを提供しています。

このデータベース連携によって何が実現できるかというと、利用者が『CiNii Books』で報告書を検索したとして、もし遺跡総覧に報告書の登録があれば、『CiNii Books』の検索結果の画面に「電子リソースにアクセスする」とPDFのダウンロードページへのリンクが表示されます（図8）。ですので、遺跡総覧や奈文研を知らない人でも、いつのまにか遺跡総覧を使ってもらえるようになっています。

利用実績について話します。登録件数はおかげさまで年々二千件から三千件ペースで増加し、ダウンロード件数も増加しています。昨年度のダウンロード件数は八十四万件でした（図9）。二年前が五十二万件ですので六〇％増です。これを一日に換算すると、二千件ほどとなります。これまで

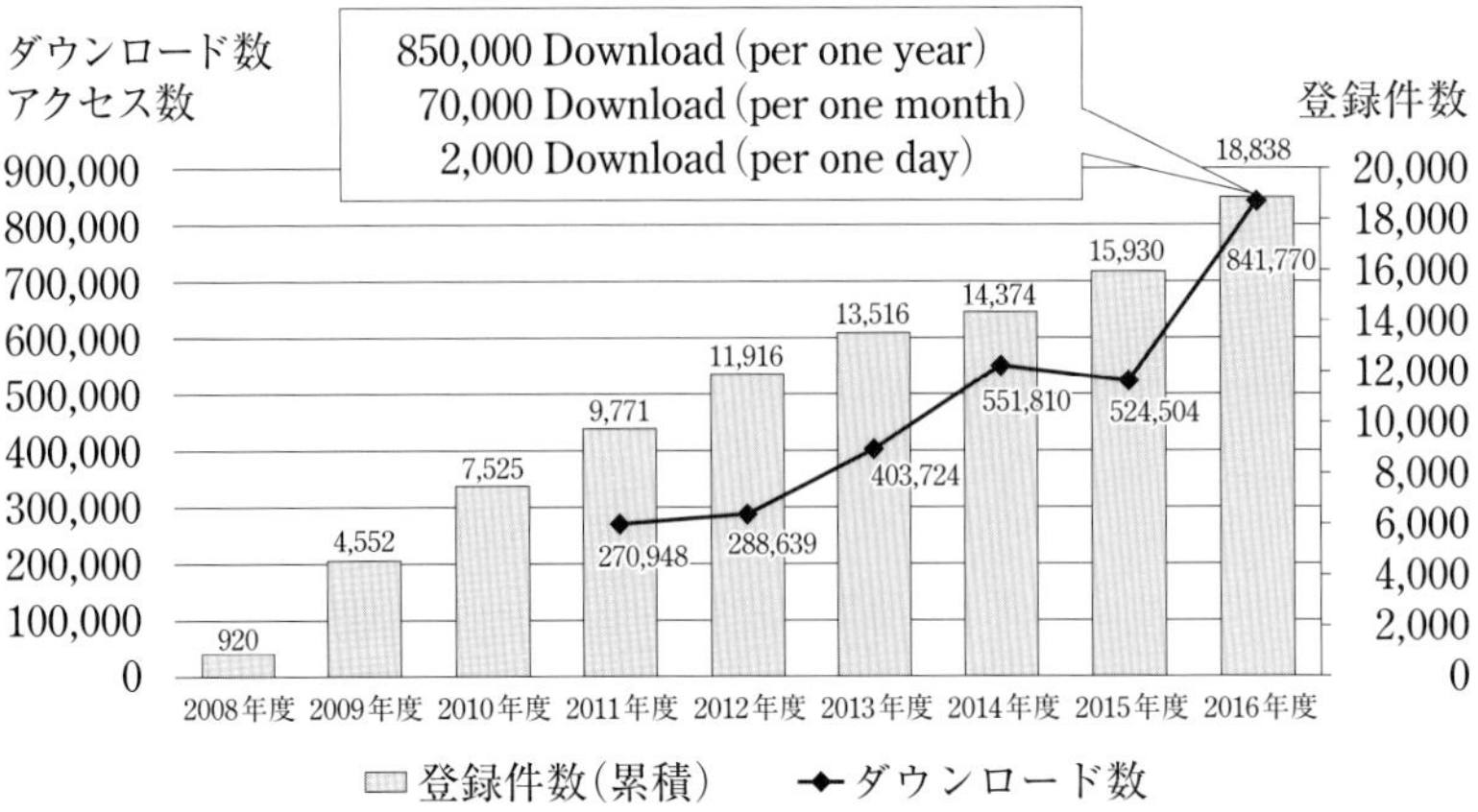

図9　年度ごとの利用状況とデータ数の推移

（報告書デジタル〈閲覧用〉の利用実績は右肩上がり！）

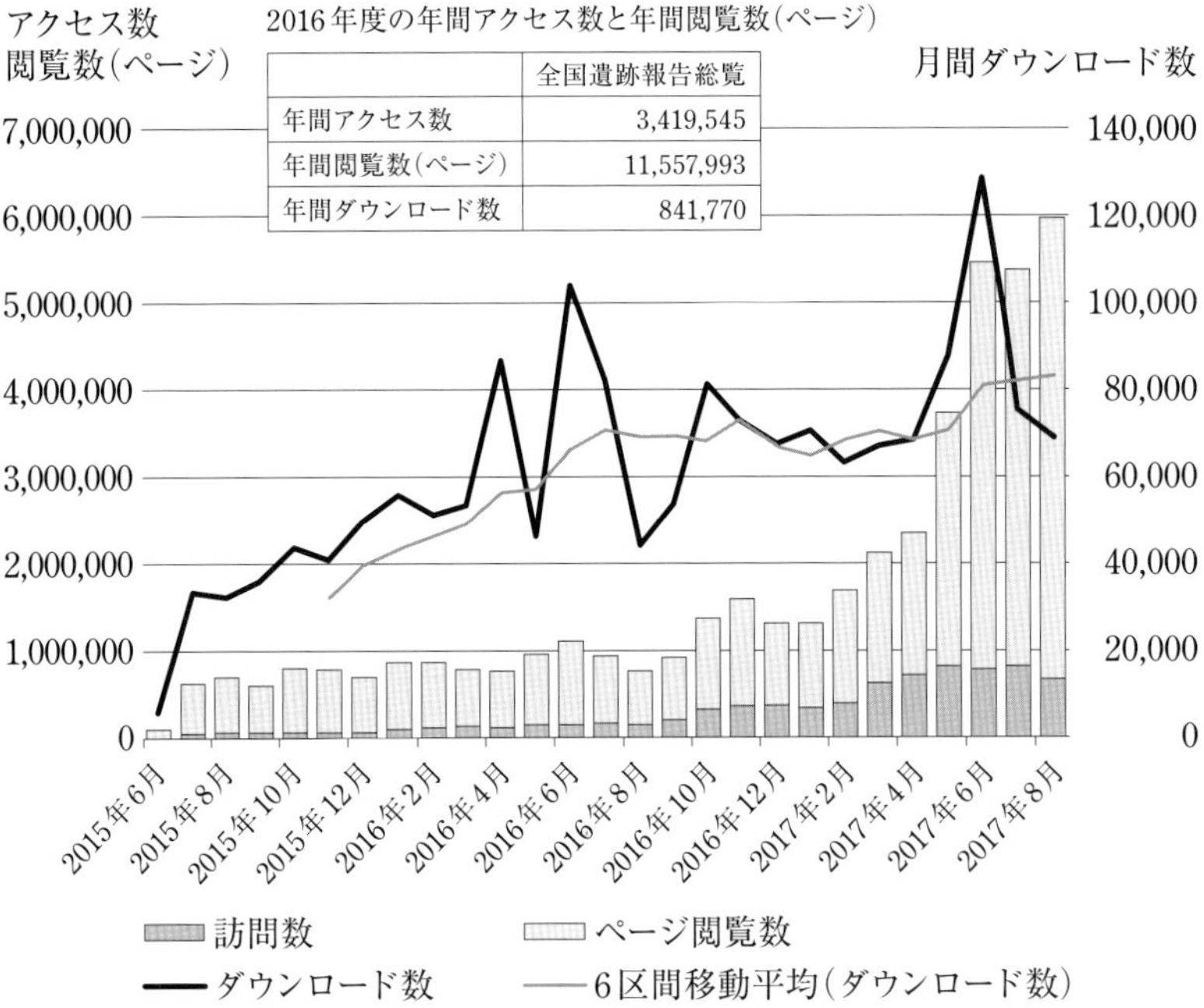

図10　月ごとのアクセス数と閲覧数（ページ）の推移

報告書は目にする機会が少なかったと思いますが、一日に二千件利用されているということは、非常に身近な存在になりつつあると感じております。今年度は百万件のダウンロード件数になると予測しています。

月ごとの遺跡総覧へのアクセス数と閲覧数（ページ）の推移を見ると（図10）、ページ閲覧数が二〇一七年六月ころから急増しています。一か月あたり六百万回閲覧されています。全国の埋蔵文化財の専門職が約五千人いて、それプラス、大学や学生、その周辺諸々を含めると約一万人ほど関係者がいると推定すると、文化財系の専門職の人数だけでは説明ができない数字です。大勢の一般の方々から利用していただいている状況が数字でもよくわかります。

三　考古学ビッグデータの展望

本来の意味で使われるビッグデータはもっとビッグで、ビッグデータというのははばかられますが、遺跡総覧のデータ量は、考古学側からすると、もはや人間では扱うことができないデータ量ですので考古学ビッグデータとよんでいます。現在遺跡総覧に登録されている文字数は、約十五億文字、ページ数約二五〇万ページ、報告書数が約二万冊、編著者数が約一万人、報告書を登録していただいている機関は三八二機関です。

十五億文字のデータが収載されているので、これをなんとか有効活用できないか、と考えます。また、情報がありすぎて探しにくいという部分があるので、解決すべく、技術開発を進めています。

まず、自然言語処理技術を活用できます。今年公開した機能では、報告書の文章によくでてくる用語や特徴的な用語を抽出しています。報告書内に頻出する用語は、その報告書の本質を表しているといえます。たとえば、土器で検索した場合、おそらく二万件全部の報告書結果が返ってくると思いますが、たとえば、弥生式土器、××土器といった用語で検索して、それが頻出する報告書のみを表示するようにします。全文検索ですから、その報告書に一回でもその用語が使われていれば、すべて検索結果として対象になってしまいます。報告書の場合、前半に周辺状況などを記述する箇所があります。全文検索がその部分をひっかけてしまうため、実際は確認しなくてもよい報告書も含まれてしまいます。単純な全文検索では、ノイズになってしまう要素があるので、その報告書の本質を表す可能性の高い頻出する用語だけを検索したいわけです。そうすると検索結果から必要とする報告書が若干漏れてしまう可能性がありますが、精度の高い検索ができると考えて機能を公開しました。漏れはないが検索結果にノイズを含みがちな全文検索と、漏れの可能性が若干あるが検索精度の高い頻出用語のみを対象にした検索というケースに応じた使い分けが可能となりました。

報告書ワードマップ（頻出用語俯瞰図）

現在のデータにおいて、遺跡総覧に登録されている報告書類十五億文字に対して、どういった考古学関係用語が頻出しているか可視化すると**図11**のようになります。考古学用語三万九八二五タームに種別として遺物・遺構・その他（遺跡名・人名等）をつけ、その出現頻度を調べた結果、一番多いのは遺物で、次は遺構、三番目はその他です。土器に関する用語が多いことがすぐにわかります。特に、「ナデ」「口縁部《こうえんぶ》」など土器に関する用語が多いことが特徴です。この結果は、調査関係者にとっては違和感がありません。報告書を書くためには土器を観察する必要があります。なぜなら、遺跡を評価するためには、遺構の時期を検討する必要があります。その際、土器の編年が指標として重要になります。土器の編年を検討するためには、ナデや口縁

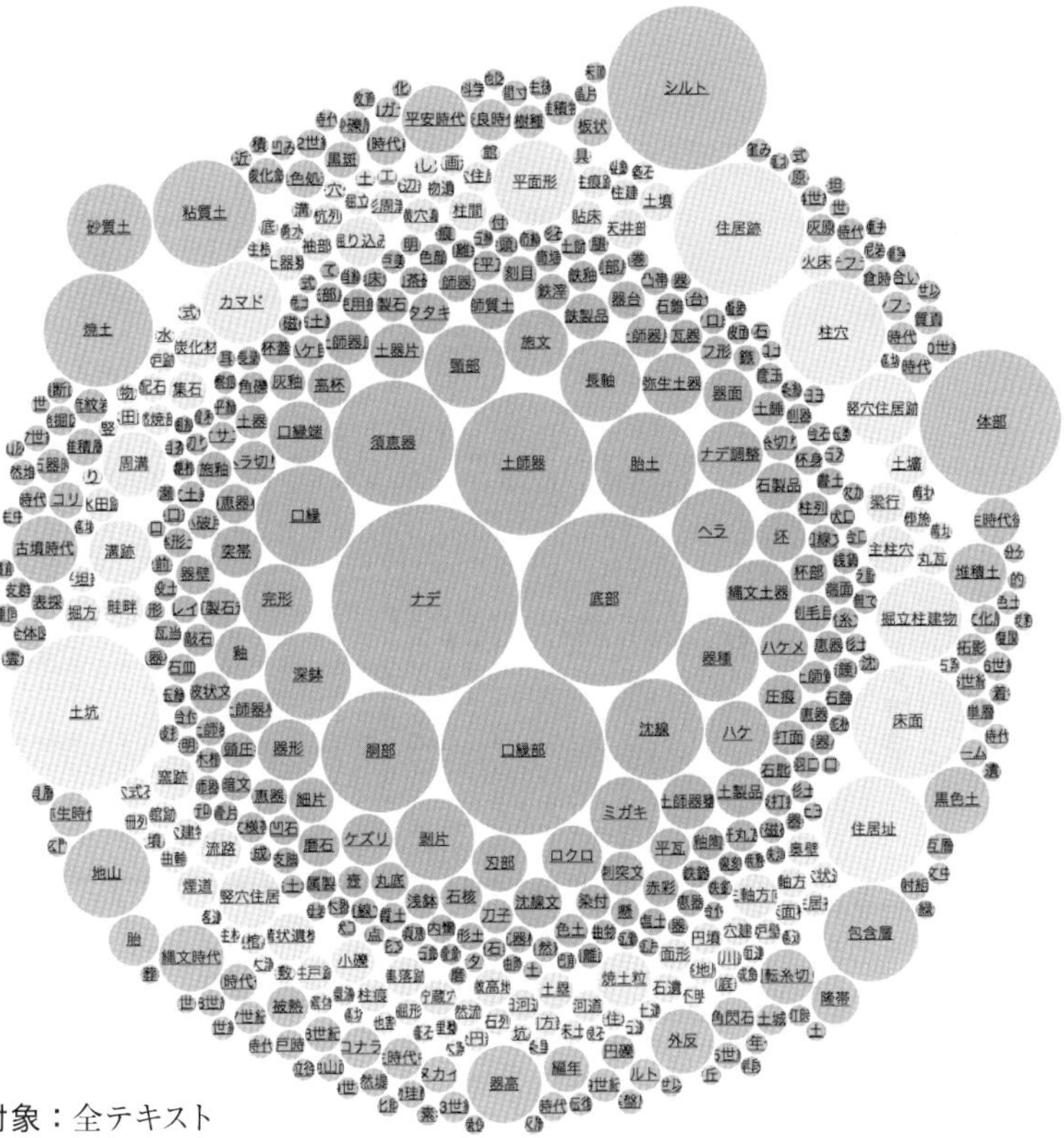

対象：全テキスト

方法：考古学用語集（39,825ターム。種別：遺物・遺構・遺跡名・人名・その他）をもとに、出現回数をカウント

結果：遺物の記述が多い。
特に「口縁部」が多い。土器観察の重要なポイント！

図11　日本の報告書テキスト全体での頻出語は？

部を見たり、形を観察しますので、必然的にその部分に関する記述が多くなります。極端な表現をしますと、日本の報告書は、遺物に関する言及が多く、そのなかでも特に土器に対する言及が多いといえるでしょう。

では、都道府県ごとに考古学関係用語の出現状況に特徴はあるのでしょうか。

当該都道府県内では頻出する（よく出現する用語は重要）かつ、ほかの都道府県では出現頻度の低い用語（稀少用語は重要）を特徴語と定義して、都道府県ご

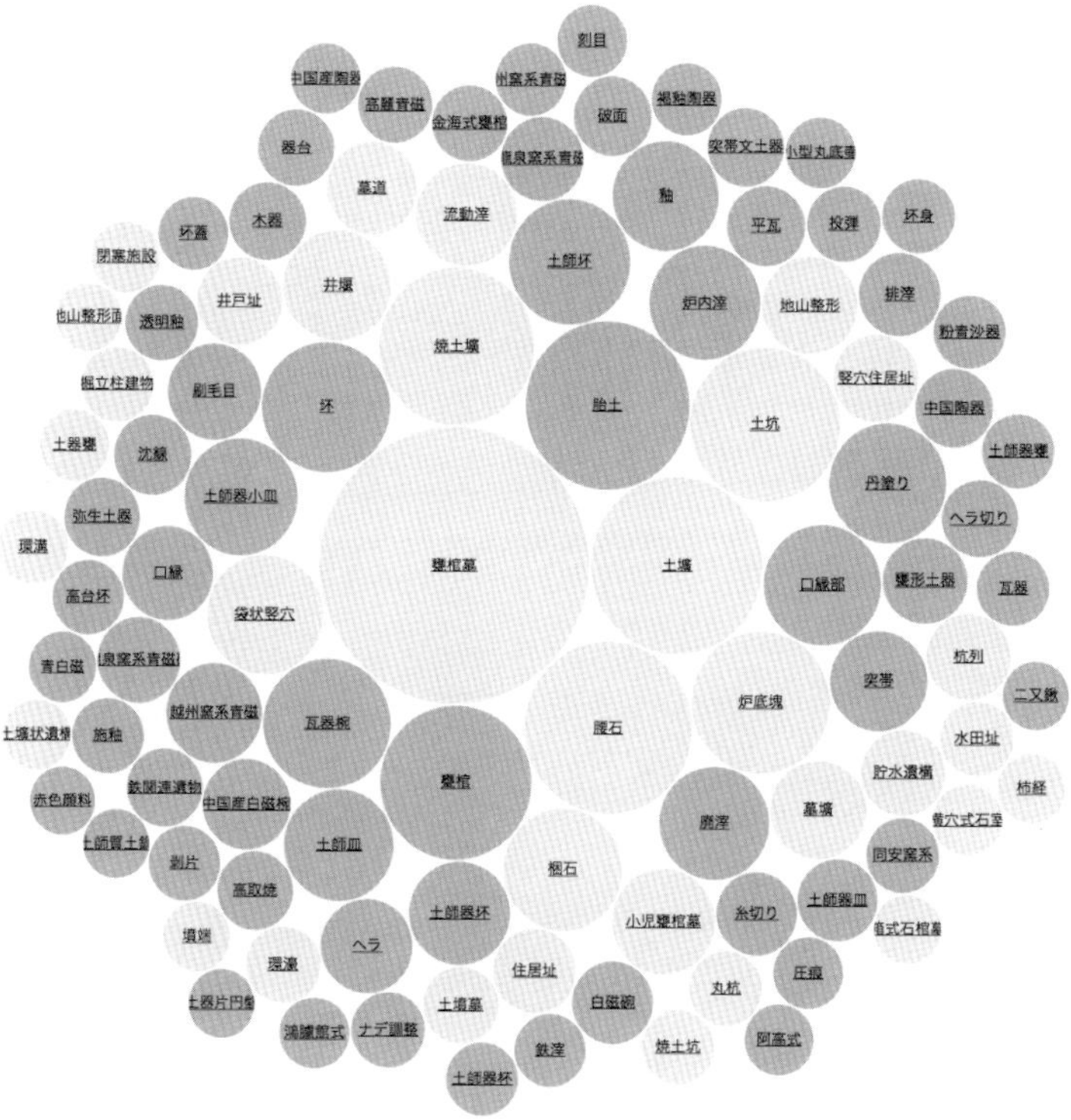

用語を知らなくても、情報アクセスできる

・当該都道府県内にて頻出する用語（よく使われる用語は重要）かつ他都道府県では出現頻度が低い用語（希少用語は重要）であることを勘案するため、当該都道府県の強い特徴を示す用語を可視化できます。
・自然言語処理技術のベクトル空間モデルのTF（索引語頻度）とIDF（逆文書頻度）を組み合わせたTF-IDFにて算出しました。

図12　都道府県の報告書の特徴語は？

とに特徴語を抽出してみました。福岡県の結果が**図12**です。北九州、特に福岡県と佐賀県からは甕棺墓《かめかんぼ》が多く出土するので、特徴語として甕棺墓が上位になります。甕棺墓はほかの都道府県ではあまり出土しないので、これも違和感のない結果です。

この目的の一つは、用語を知らなくても情報にアクセスできることです。用語を知らないと、そもそもキーワード検索ができません。自分の土地に関する報告書を調べるとき、用語を知らなくとも、自分の住んでいる地域にはこういう用語が多くでてくるということで、一つの情報アクセス手段になると考えています。

ここでクイズです。

都道府県ごとの特徴語を絵にした**図13**は、何県でしょうか。一番多くでてくる用語が「丹波焼」「東播系須恵器《とうばんけいすえき》」。

地名がでており、ほぼ答えをいっていますが、兵庫県になります。

図14は少し難しいかもしれません。「地下式横穴墓」「地下式古墳」がよくでてくる県はどこでしょうか。

宮崎県です。宮崎県では地下式横穴墓が多数確認されています。

これをもう一歩進めると、たとえば、この用語とこの用語が一緒に出現す

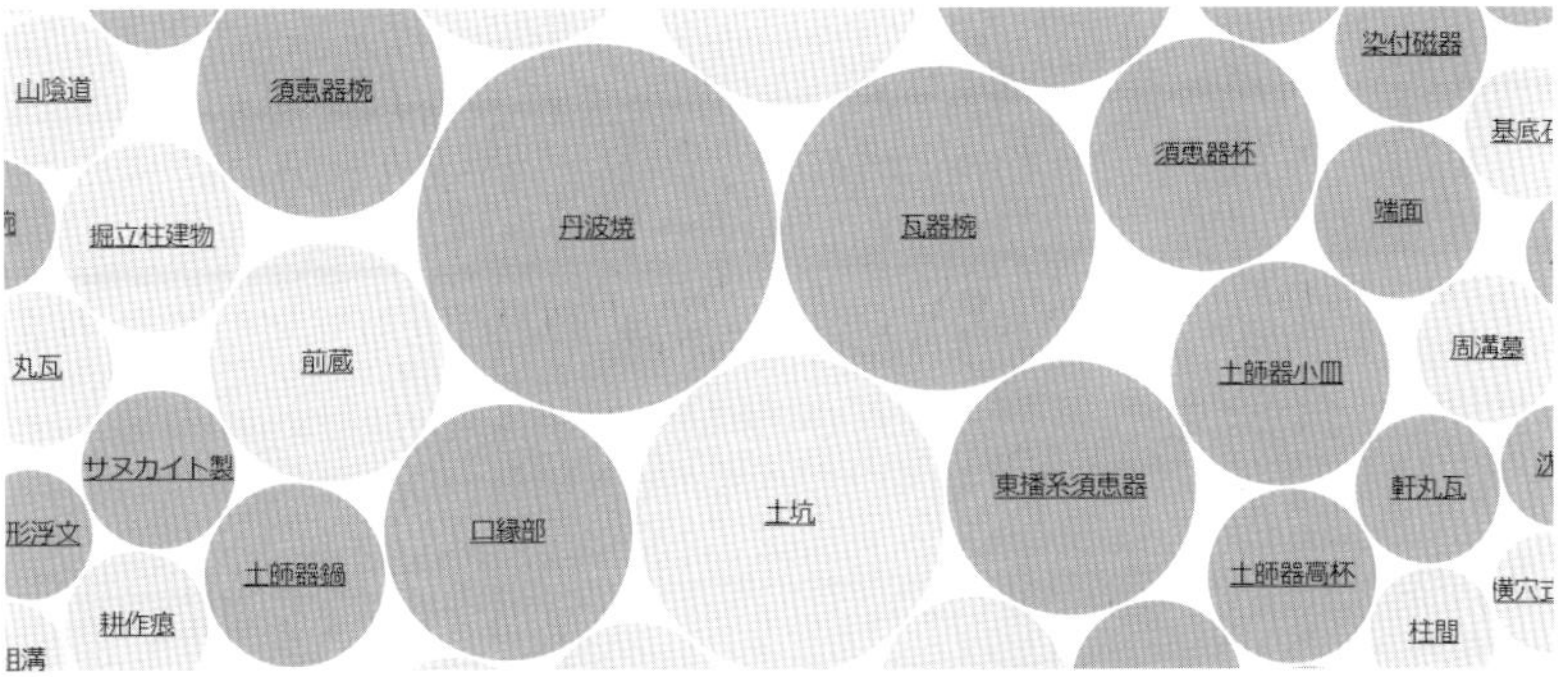

図13　これは何県？？？　丹波焼、東播系須恵器……

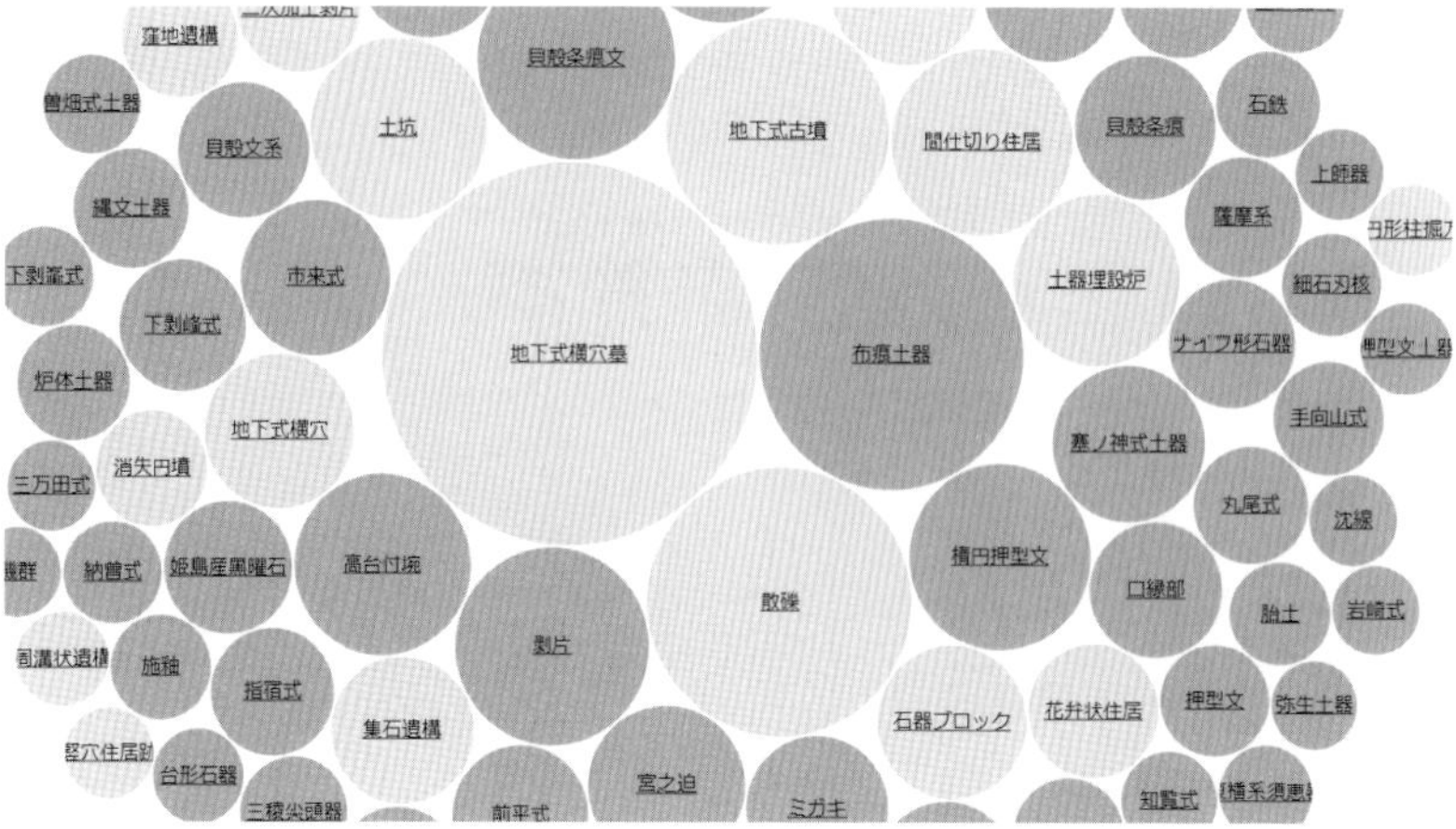

図14　これは何県？？？　地下式横穴墓、地下式古墳……

るという共起関係について、人間は気づかないがコンピュータならわかるという可能性がでてきます。たとえば、集落遺跡の場合、住居跡や土器などに関する用語が一緒に出現するというのは、暮らしにかかわる用語ですので、経験的に理解できます。しかし、ある時代ある地域の集落遺跡には××という遺物や遺構がよく共起関係で出現するという状況がわかれば、何か歴史的な事象が起きているのかもしれません。そういった事象についてこれまでの研究蓄積によって状況を説明できることがあるかと思いますが、そうでない場合は、新たな研究の気づきになるかもしれません。研究では、事象の背景などを調べるのが本質的な部分ですので、事象の気づきはコンピュータで行い、研究に深める仕事は人間という新たな使い方の可能性も今後ありうると推測しています。

　この機能は、遺跡総覧のトップページの左のサイドバーにある「報告書ワードマップ」をクリックすると使

図15　遺跡総覧トップページと報告書ワードマップバナー

うことができます（図15）。ただ、条件として、現在、遺跡総覧は全都道府県のすべての報告書を搭載しているわけではなく、都道府県によってへだたりがあり、三百件以上登録している県だけを図化しています。全都道府県でできるのではないことをご了承ください。

報告書ごとの内容把握

研究者など利用者にとって、重要なことは、自分はこの分厚い報告書を閲覧する必要があるのか、ないのかということです。この問題は、個別の報告書でよく出現する用語は何かということがわかれば、ある程度解決できるかもしれません。書庫にこもって報告書を手にとればわかりますが、報告書は読み物ではありませんので、非常に分厚く、読むには覚悟が少しいります。でもすべて目を通さないと何が書かれているかわからないという重い作業です。忙しくあまり時間がない、でも、大量の報告書を確認しなければならないという状況があるかもしれません。そのようなとき、報告書の頻出用語を重点的に確認すれば、時間がないとき読むべきかどうか判断できます。

たとえば、ある報告書に頻出する用語として、「竪穴住居」「溝状遺構」「縄文時代」「焼土」「張り床」「貯蔵穴」という用語の構成であれば、集落に関する遺跡であることがわかりますし、縄文時代と書いていますので、そのあたりの時代の集落遺跡であろうと見当がつきます。私個人は、大坂城の石垣の石垣石の石切場を研究していますので、この報告書は取り急ぎ見なくてもよいということが一目瞭然です。

シソーラスの必要性

自分の関心に合致するある報告書を閲覧し終えたとして、次に重要なことは、次はどの報告書を見ればよいのかということです。この機能は、報告書詳細ページ下部に「内容が似ている報告書」があり（図16）、似ている順に表示しますので、この機能である程度把握できます。報告書は年間約千七百冊程度発行されています。すべての報告書を入手して一人の人間が目で見ることは不可能に近

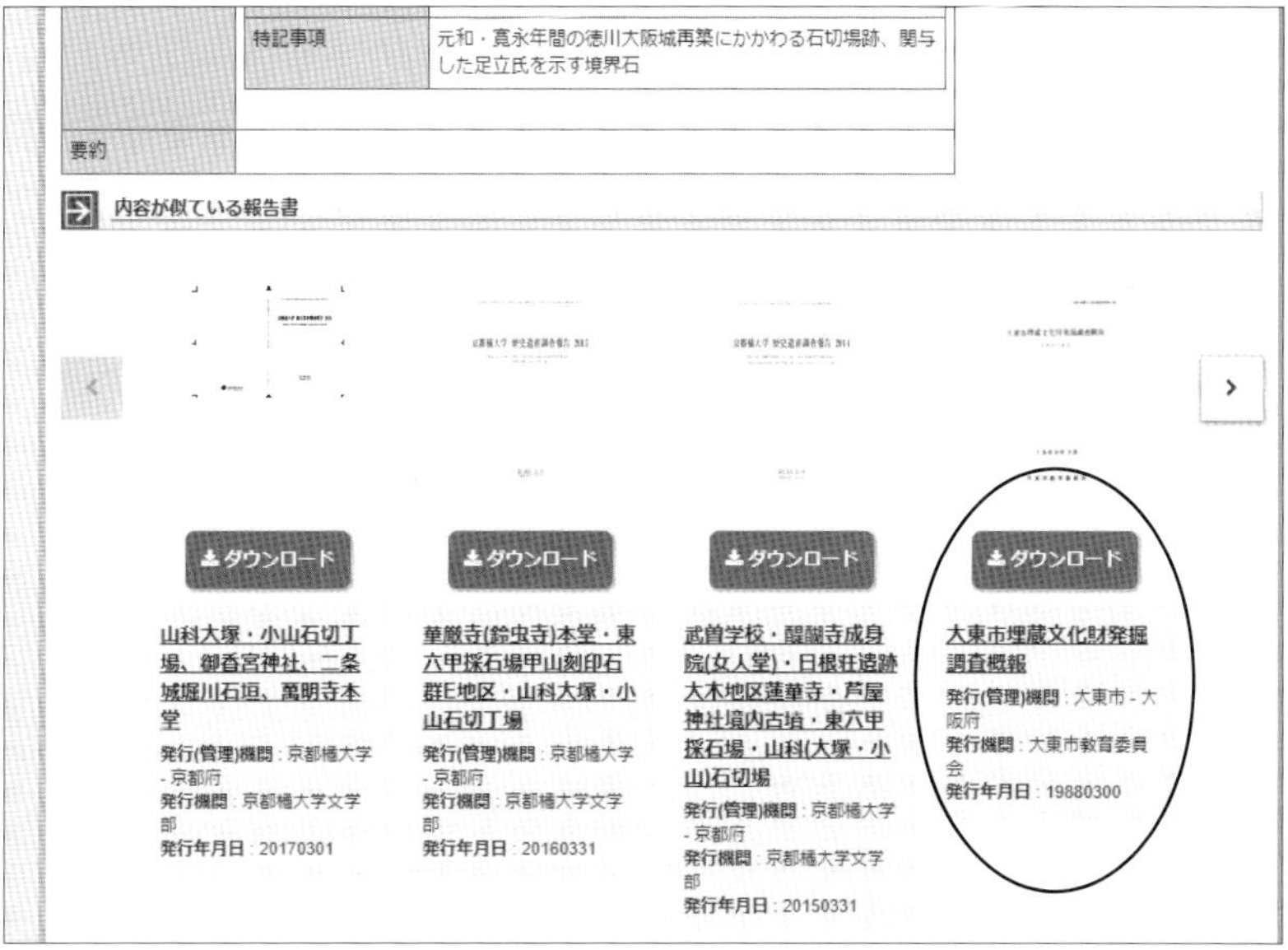

図16　当該報告書と似ている報告書は？

い作業になります。しかし、研究していくうえで最新の報告書を追いかける必要があることも事実です。自分の研究に内容が似ている報告書は、常にカバーすべきものですので、そういった報告書を、機械がある程度提案してくれれば自分の研究も最新の事例をフォローでき、漏れが少なくなる、といったことがメリットとしてあります。

ただし、問題があります。用語の使い方、表記の揺れが非常に大きいことです。私個人にとって一番重要な用語は「石切場」ですが、じつは報告書のなかで石を切り出す場所を示す表記は非常に幅があります。たとえば、「石切り場」「石切丁場」「石丁場」「採石場」「採石丁場」などがあります（**図17**）。専門的に長年研究していればある程度経験的にわかりますが、初学者の方は、いろいろな表記をすべて覚えているわけではないので問題になります。用語を知らないと探せません。人間は、知らないものは探さないので、本当は見るべき報告書があるにもかかわらず、表記揺れによって、当該報告書はアクセスされないという問題になってしまいます。

この課題を解決するために、考古学関係用語シソーラス（類語辞書）を構築しました。クロスリンガルという多言語化機能に組み込んで使っています。

海外から日本の報告書を活用する

最近国際化が重要な要素になってきており、遺跡総覧でも海外への発信を意識しています。海外の考古学関係者のあいだでは、日本においては膨大な報告書が発行され、長年にわたる日本考古学の研究蓄積があることが知られています。日本には自治体に配置された文化財専門職が約五千人おり、世界的に比較して、文化財保護行政がここまで整備されている国はわずかです。しかし、海外の研究者にとって、日本考古学の成果に関心を示しながらも、言語の壁や報告書を手にとって閲覧できないという情報アクセスの問題があり、これまで世界での成果活用は一部にとどまっていました。

日本の発掘報告書を閲覧するには日本語の習得が必要です。しかし、海外の利用者の日本語習得レベルはさまざまです。石切場をとっても、海外の方がさきほどのような表記パターンをすべてマス

考古学関係用語の情報組織化

・用語の表記の揺れ
石切場（212件）・石切り場（25件）・石切丁場（13件）・石丁場（9件）・採石場（113件）・採石丁場（1件）

「知らないものは探さない」

・解決策
考古学関係用語シソーラス
（類語辞書）→クロスリンガルへ

図17　シソーラスの必要性
（網羅的な検索にはシソーラスが必要）

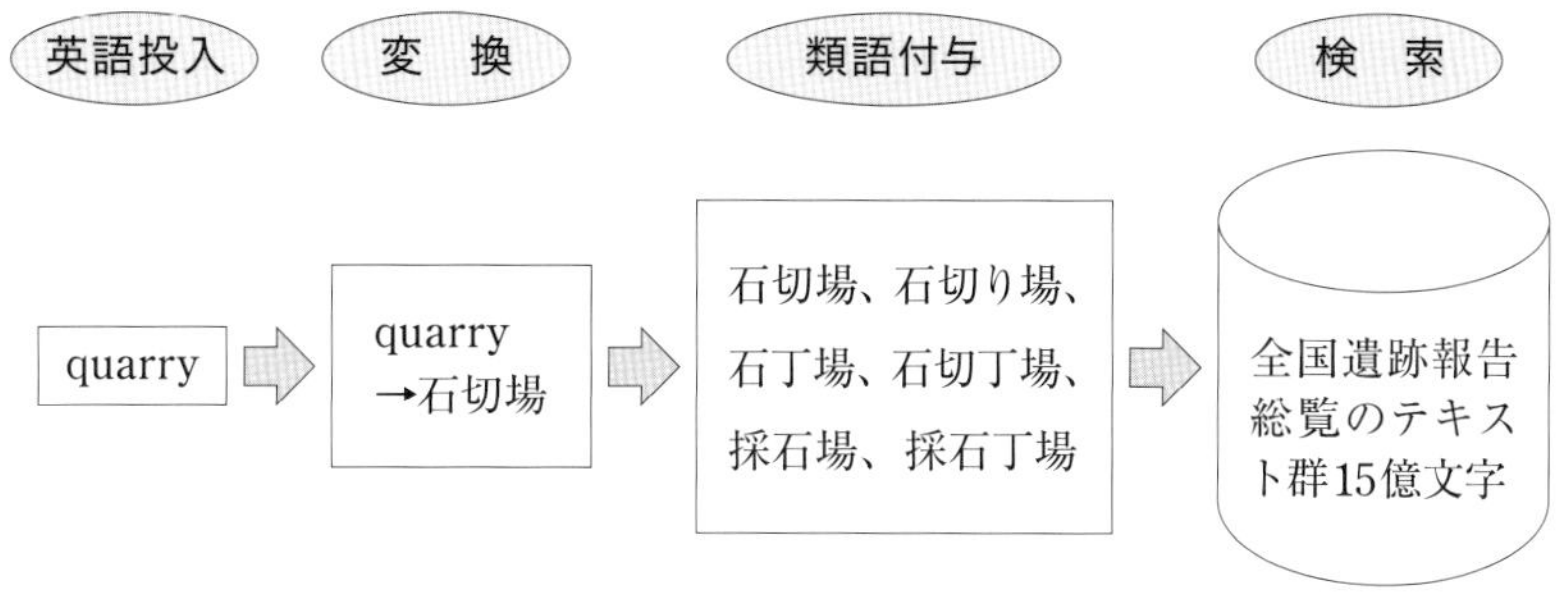

英語の考古学用語を日本語の考古学用語に自動変換したうえで、類語を含めて検索します。システム内部に日英対訳の考古学用語（約5,000語）と日本語の類語データを保持しており、自動検索に使用しています。なお、対訳や類語は、学術的に正しい対訳や類語を定めるものではなく、海外の日本語初学者のために、意味を幅広くとっています。

図18　英語自動検索機能

ターすることは困難です。このあたりをコンピュータの力でなんとかしようということで開発を進めています。

遺跡総覧のクロスリンガル機能では、日英の考古学用語の対訳と日本語の考古学用語の類語をデータベース化し、英語自動変換機能を実装しました。この機能によって日本語の考古学用語を知らなくとも、英語で日本の報告書を調べることが可能になっています（図18）。まず、海外の石切場に関心がある考古学研究者が、「Quarry（石切場）」という英語を遺跡総覧に投入します。すると、遺跡総覧内部にあるデータベースを使って、日本語の「石切場」に変換します。変換したうえで、さきほど説明した「石切場」に関する類語（石切り場、石切丁場、石丁場等）を付与します。付与した用語で、いっきにテキスト群十五億文字で検索します。そうしますと、とにかく海外の人は、英語の考古学用語を投入すれば、日本の報告書を類語を含めて網羅的に調べることができます。どの報告書を見ればよいのかということさえわかれば、写真や図版は万国共通ですし、文章も急速に深化している翻訳技術で大意は把握できます。

二〇一七年二月に、英国で遺跡総覧のワークショップを開催したところ、日本考古学を研究している学生の多くは、英語による検索に非常に大きな関心を示していました。海外においても、普遍的な価値を持つ日本考古学の報告書データ閲覧の需要が非常に高いことを確認しました。

今後の計画

今後の構想として画像認識機能の

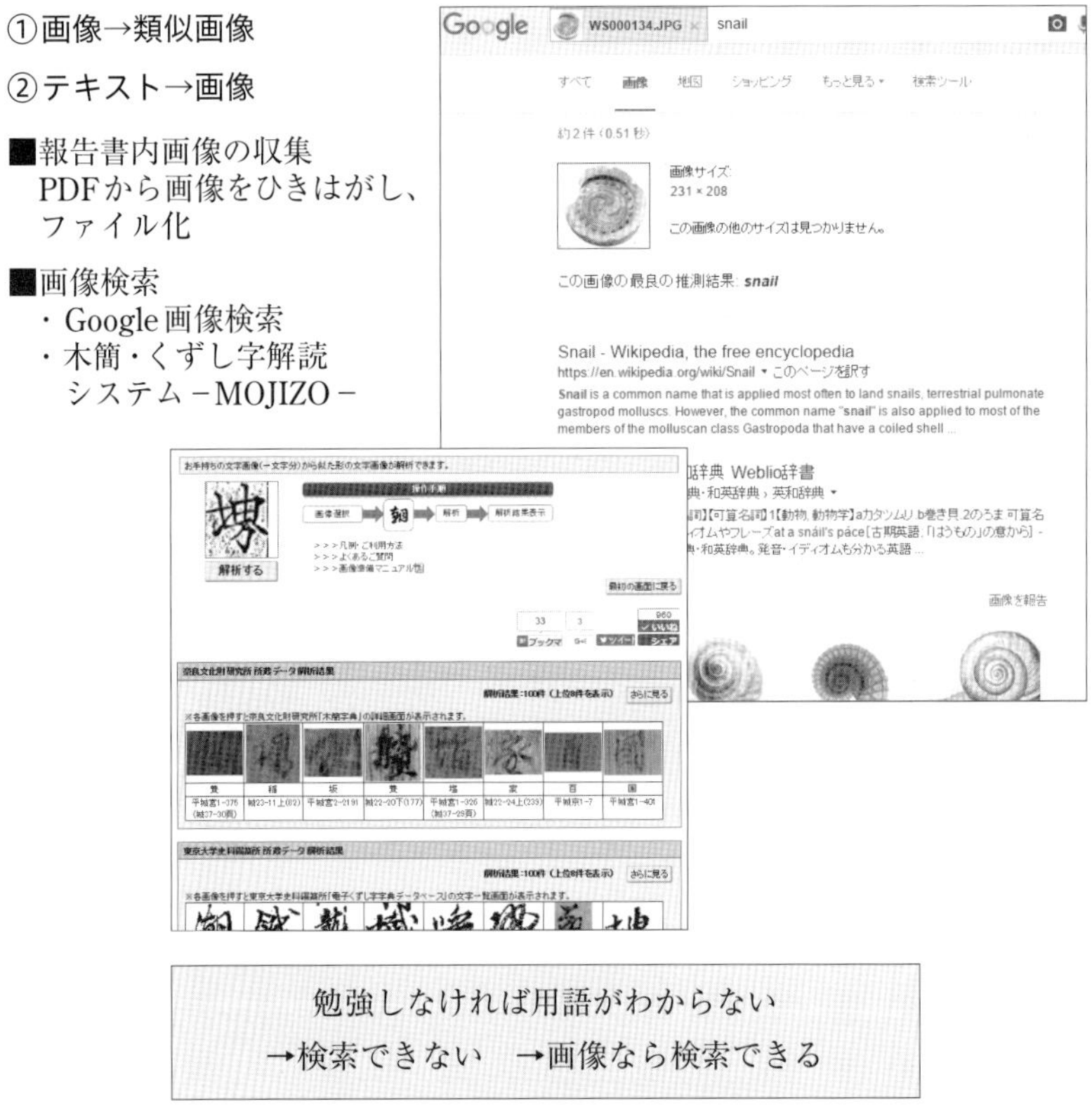

図19　今後の計画　画像認識

開発を考えています（図19）。これまで述べたように用語を知らないと調べられないという点は大きな課題です。言葉にはできないけど、画像イメージで検索できれば、検索のあり方として可能性が広がります。画像を遺跡総覧で検索すると、似ている画像が検索結果として返ってくる、もしくは、テキストで「丸い」とか「渦巻き」と入力したら、軒丸瓦《のきまるがわら》がでてくるようにしたいわけです。たとえば、野原などでなんらかの遺物を拾ったが、自分はわからないので言葉にできない、言葉にできないと辞典などで調べられない。しかし、とにかく写真を撮って遺跡総覧で画像検索すれば、それに似ている画像を掲載している報告書が表示される。となれば、より一層考古学や文化財に親しむことができるでしょう。

これは夢物語かというと、そうではありません。次に渡辺副所長から報告がある『木簡・くずし字解読システムＭＯＪＩＺＯ』では画像検索を実現しています。

おわりに

現状として、膨大な報告書群から情報を簡単に探せる環境が整いつつあります。ただし、情報が大量になればなるほど、管理の難しさや検索すると検索結果がたくさんでてしまいどれが重要かわからないといった話になります。そういった弊害部分は、今回ご紹介した自然言語などの技術、ＩＴの技術を使って情報爆発に対応しています。

遺跡総覧は、開かれた情報基盤であって、地域研究にも使えます。これまで報告書は、現実問題として、すぐに誰でもが手にすることは容易ではありませんでした。これからは一般の方々でも簡単に、自分の地域の報告書を見ることができるので、地域研究をすることができます。これまで文化財の研究者がある程度有利だったのは、報告書を持っていたからです。これからは一般の方々も専門家と同じ環境で研究ができるようになりつつあります。是非、皆さんも積極的に遺跡総覧を活用し、地域の歴史を研究してほしいと思います。

今回、情報アクセスのハードルを下げる機能として紹介したものは、まだ試行段階で初歩的なものですが、今後精緻化させていくことで調査研究を強力に支援するツールになりえます。

遺跡総覧が保持しているデータは、人間一人が内容をすべて把握し管理するには困難なくらい大きい「考古学ビッグデータ」とよべます。そして、今後の可能性もかなりビッグです。

第3章
木簡データベースの高次化とMOJIZO

渡辺 晃宏

副所長・都城発掘調査部 副部長

わたなべ・あきひろ

一九六〇年 東京都生まれ
一九八二年 東京大学文学部卒業
一九八九年 東京大学大学院人文科学研究科博士課程単位取得退学
同　年 奈良国立文化財研究所研究員
二〇〇一年 史料研究室長（現在に至る）
二〇一五年 都城発掘調査部副部長（現在に至る）
二〇一七年 現職
現在の専門分野は、日本古代史

一　木簡データベース開発の意義

奈良文化財研究所（以下、奈文研）では平城宮跡の発掘調査を一九五九年以来継続して実施しています。そのなかで最初の木簡発見は、一九六一年のことでした。発掘の初期段階から木簡が出土しているわけです。そして、平城宮の東南に接する場所にデパートが建設されるのに伴う事前の発掘調査で、一九八八年から八九年にかけて多量の木簡が出土しました。ご存じの方も多いと思いますが、「長屋王家木簡」三万五千点です。それに引き続き、長屋王宅北側の二条大路の道路上から「二条大路木簡」七万四千点が出土し、あわせて約十一万点にもなりました（**図1**）。それ以前に全国で見つかっていた木簡の数は約六万五千点です。平城京の狭い場所から十一万点がいっきに出土したことが、いかに画期的であったかおわかりいただけるかと思います。これが現在にいたる木簡研究の飛躍点になったといっても過言ではありません。

図1　平城宮跡と長屋王家木簡・二条大路木簡出土地（南東から）

幸いなことに、私もこの調査の終わりころから参加することができました。その個人的な経験もまじえながら少しお話をさせていただきます。

図2は、二条大路木簡を発掘しているときの、若かりしころの私も写っている懐かしい写真です。かなり錯綜した状況で、かぎられた時間で調査を実施しました。

木簡研究のはじまり

木簡が多量に出土すると、その木簡を公表する仕事が私たちを待ち構えています。そんななかで巡り会ったのが**図3**の木簡です。「牒　五十長等所《ちょうすごじゅっちょうのところ》　進入人《しんにゅうのひと》　堤家主右人《つつみのいえぬしみぎのひと》」「取今月五日酉時《こんげついつかとりのときをとりて》　進入如件《しんにゅうくだんのごとし》」。堤家主という人が、今月五日の酉のとき（夕方六時ころ）にいくからよろしく、といった内容です。

この木簡の宛先となっている五十長は、聞き慣れないことばでした。このような木簡が出土して、いろいろなことばが出てきたとき、われわれが最初にやるこ

図2　二条大路木簡の発掘風景（1989年8月）

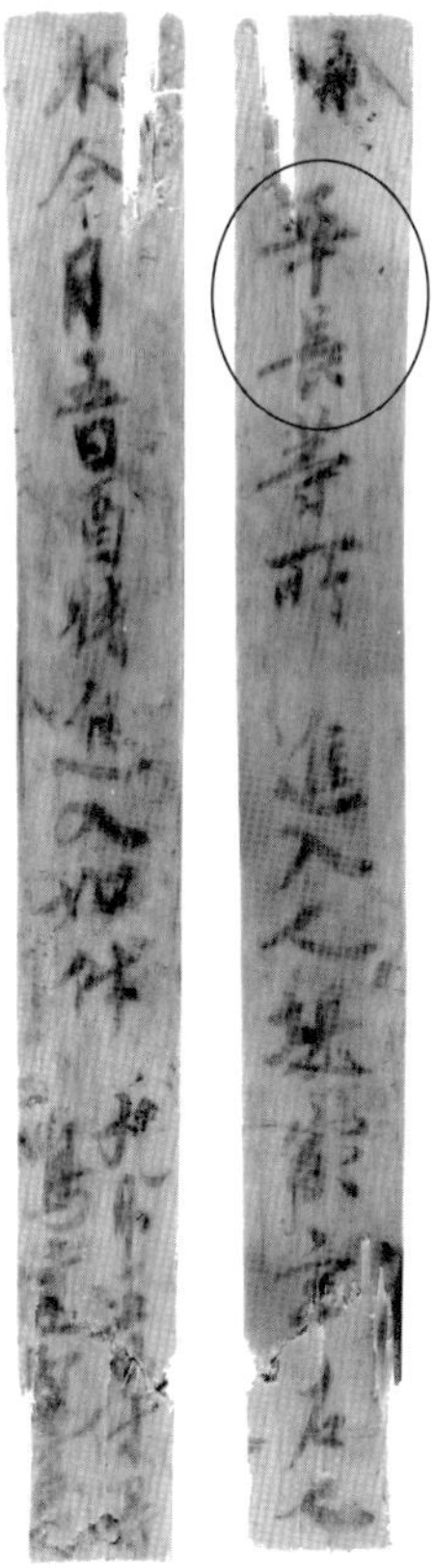

牒　五十長　等　所　進　入　人　堤　家　主　右　人
取　今　月　五　日　酉　時　進　入如件
九　月　五　日付　得
嶋　建　部□万呂

1989年出土の二条大路木簡の一点

「五十長」とはなにか?(同上拡大)

図3　「五十長」の見える木簡
（二条大路木簡）

とは類例探しです。文献で探すのが一番基本です。しかし、「五十長」は聞いたことがないので、木簡に類例がないか探してみました。

五十長と聞いて思い出すのは、百人単位の長を「番長《ばんちょう》」、十人単位の長を「火長《かちょう》」とよぶことです。番長や火長は兵士などの集団の統率者です。そうであるなら五十長は五十人単位を率いる班長にあたるのではないかという見当がつきました。しかし、類例がなかなか見つかりません。

当時、奈文研ではすでに木簡のデータベースを構築し始めていましたが、現在のデータベースに比べると大変な状況でした。大阪府吹田市にある国立民族学博物館（民博）の大型電子計算機にデータを置き、電話回線でつないで検索するのです。ですからすぐに検索結果は得られません。

このときのことをよく覚えています。発掘現場に出る直前に、部屋の人に「夕方まででいいからこれを検索しておいてください」と検索用語をいくつか託して現場に出かけます。帰って来たとき無事検索ができていればよいのですが、今日は電話回線の都合が悪くて途中で切れてしまって……、ということもよくありました。**図4**は、そのとき電話回線を通じて取り出したデータを打ち出したものです。現在のデータベースの原型にあたる内容はすべてはいっています。このようなデータベースを私たちの先輩たちが、パソコンが普及する前から作成していてくれたのです。大変気の長い話ですけれど、それでもこれがあって大変助かりました。「五十長」の類例が二つだけあることがわかったのです。ただし、いずれも断片的な木簡で、どういうものなのかはわかりませんでした。これは文字に関するものです。

現在の『木簡データベース』は、「五十長」と入力すれば、さきほど示した堤家主の木簡も含めて三件表示されます（**図5**）。**図6**はさきほどの木簡データです。ほかの「五十長」の

```
====== 木簡データベース =====

#1      原稿番号        000688
        木簡番号        002613
        型式番号        6081
        内容分類        M
        遺跡名          平城宮
        発掘次数             22S
        地区名          6AAFPR46
        遺構番号        SK3241
        写真番号        65-C-2681
        寸法             ( 150),(  25),     5
        形状            上欠下欠左欠右欠
        出典            平２
        本文            ・〈〉申菜□□□□〔五ヵ〕→
                        ・／←－／←－‖○五十長□→

#2      原稿番号        003920
        木簡番号        000000
        型式番号        6011
        内容分類        MS
        遺跡名          平城宮
        発掘次数             44
        地区名          6ALFFM55
        遺構番号        SD5780
        写真番号        70-C-967,968
        出典            城６
        本文            ・□□〔立丁ヵ〕百八十人給厮五十三人／五十長四→
                        ・○○／□○○○○□／○○○□麻呂○□〔但ヵ〕‖
                        ○麻若○麻□○○○→
```

図4　旧木簡データベースによる「五十長」の検索結果の打ち出し

木簡もデータとして検索できます。

　このように検索が大変なので、時間のあるときに事前に必要な木簡を検索して蓄えるようにしていました。**図7**は、畿内の山城国関係の木簡のデータを検索したトップ部分です。このようなものを事前に検索しておいて、見たいときに検索するというより、見たいときに見られるようにデータを印刷して準備していたわけです。

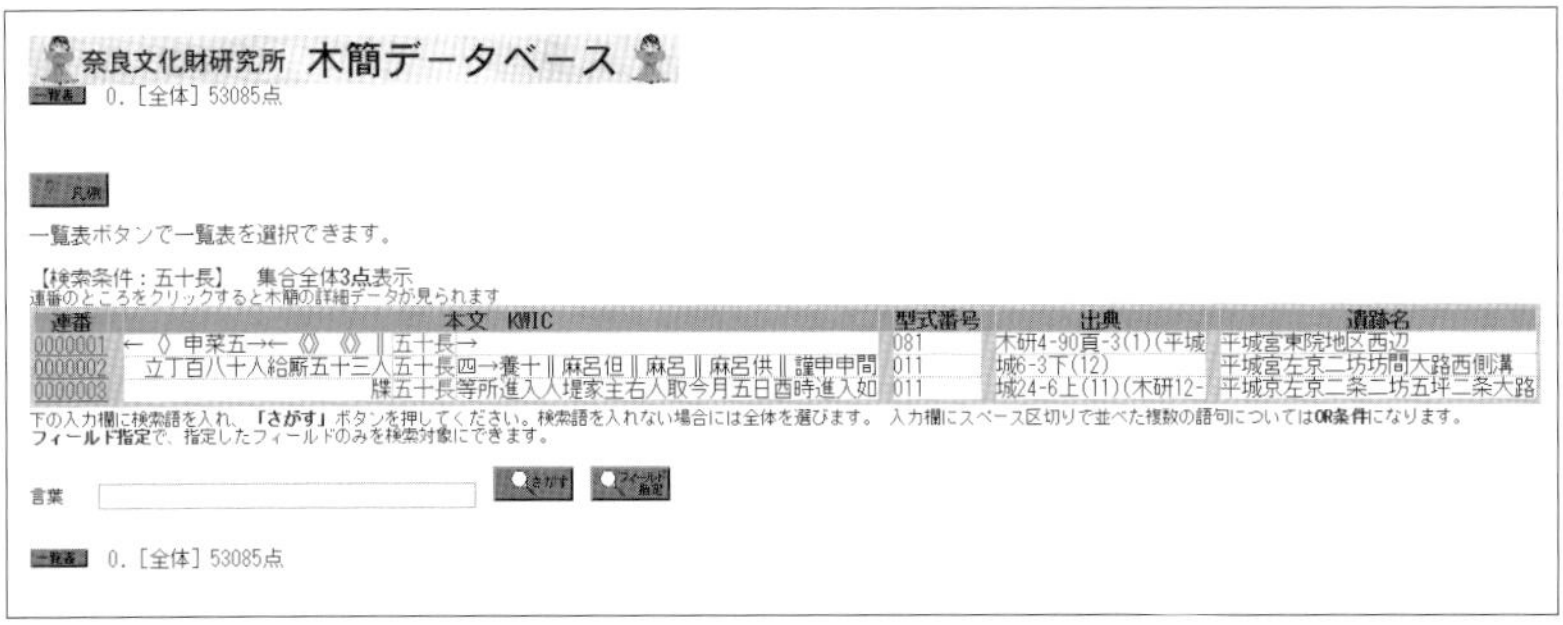

図5　現在の木簡データベースによる「五十長」の検索結果（クイック表示）

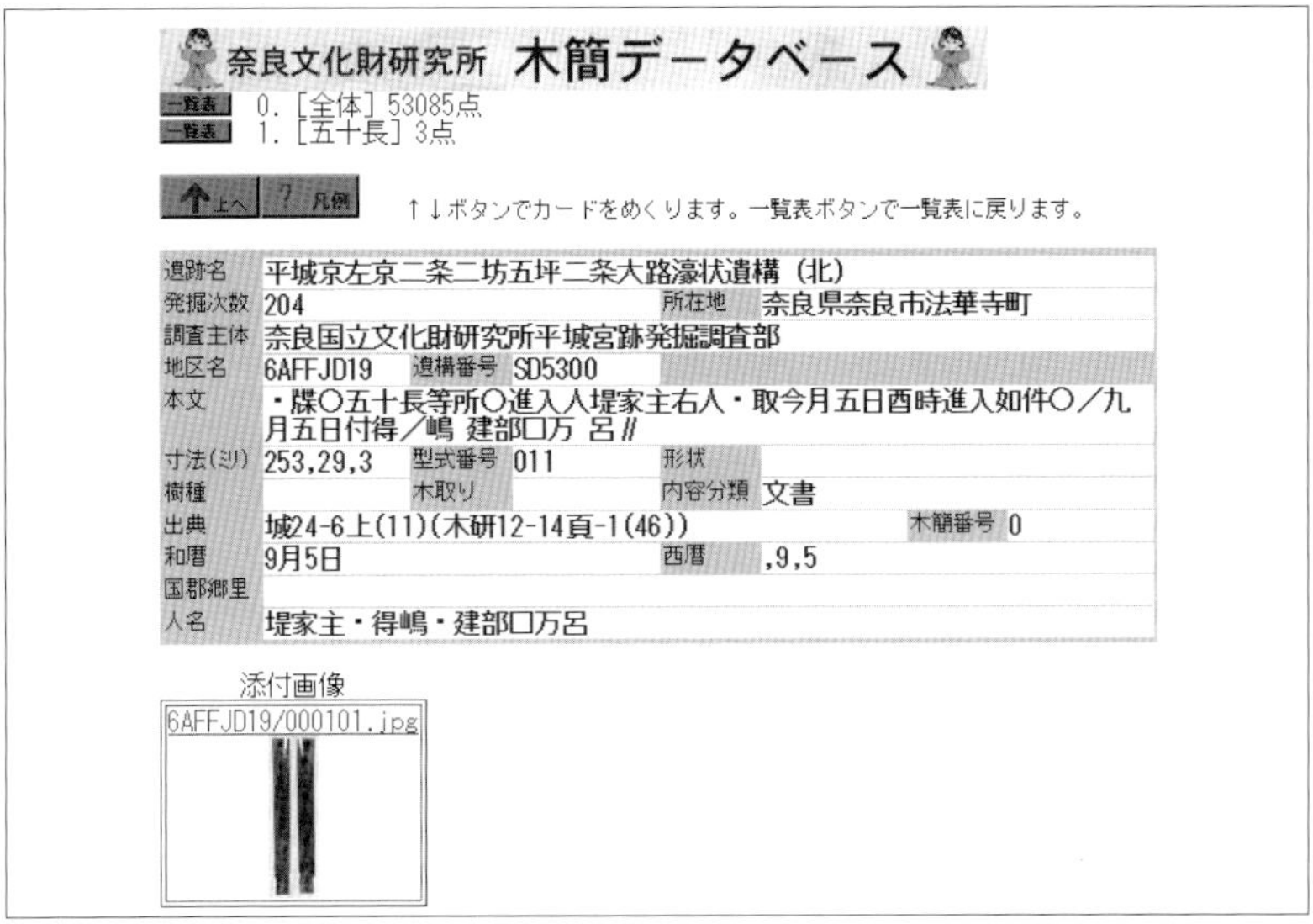

図6　図3の「五十長」木簡の現在の木簡データベースによる
検索結果（カード表示）

木簡字典の開発

テキストであればこれでよかったのですが、次のような例もありました。図8は、平城宮大極殿の周辺から出土した一点で、最初に変な字が出てきます。この字を普通に見たら、「月」が二つ並んだ「朋」としか読めません。下が「郡」ですので、郡の名前ということになりますが、朋郡などという郡は全国を見渡してもありません。幸いなことに、下に「葛江里」と書いてあります。「フジエノサト」と読むようですが、『和名抄』に播磨国明石郡に葛江郷があることが知られています。そのため、「朋郡」は明石に関係するのではないかという見通しが立ちます。しかし、「朋」と「明」があやしいという見当はつきますが、ほんとうに「明」と読める字かわかりません。

このようなとき、私たちはよく中国の法書や碑文の文字を集めた『五體字類《ごたいじるい》』を参照します。日本の古代の漢字によくある字形は、中国の文字に似た事例がたくさんあります。『五體字類』で「明」の部分を見ると（図9）、片方が目に近い

#1	原稿番号	000149
	木簡番号	002074
	型式番号	6019
	内容分類	M
	遺跡名	平城宮
	発掘次数	20
	地区名	6AAOGJ34
	遺構番号	SK2102
	写真番号	65-C-721,722,723,724,725,726
	寸法	(161), 56 , 4
	形状	下欠
	出典	平２
	国郡郷里	（山城国相楽郡）水泉（郷）
	人名	宿奈麻呂
	本文	・泉進□〔上ヵ〕材十二条中／桁一□〔条ヵ〕／又八条□Ⅱ ・付宿奈麻呂
#2	原稿番号	000290
	木簡番号	002215
	型式番号	6081
	内容分類	S
	遺跡名	平城宮
	発掘次数	21
	地区名	6AACHM27
	遺構番号	SD2700
	写真番号	65-C-965,966
	寸法	(267),(20), 1
	形状	上欠下欠左欠
	出典	平２
	国郡郷里	山城国・河内国
	本文	・山背国進上祖青□□〔河ヵ〕□□□〔河河ヵ〕□ ・河内国辛辛□〔辛ヵ〕□辛辛□
#3	原稿番号	000380
	木簡番号	002305

図7　旧木簡データベースによる「山城国」関係木簡の検索結果の打ち出し

「朋郡」を何と読むか？
『和名抄』では、播磨国明石郡葛江郷が見える……

図8 「朋郡」とは？
(『平城宮木簡7』11312号)

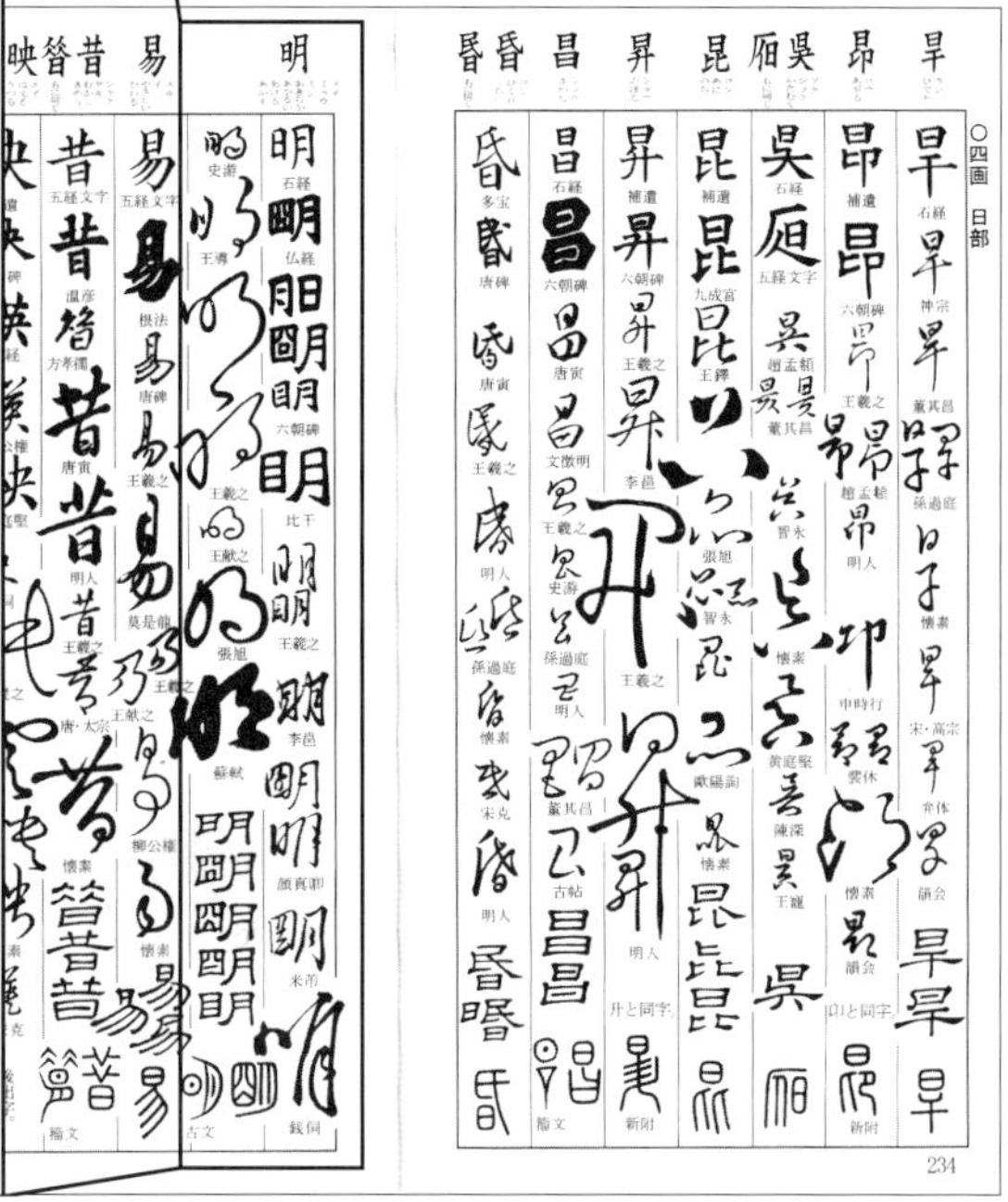

図9 『五體字類』(西東書房刊)にみる「明」の字形の事例

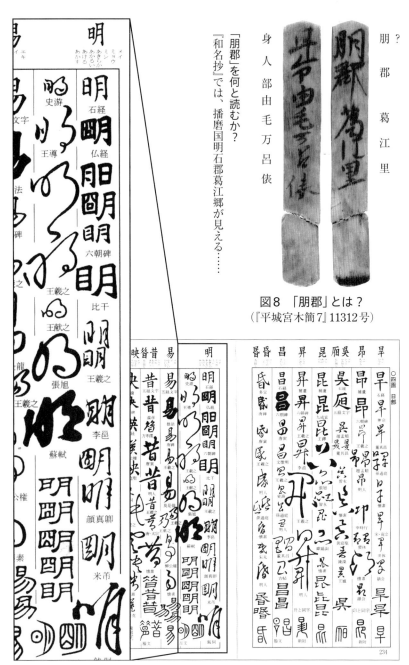

字になっている漢字はありますが、「月月」と並べて書いた例はありません。「朋」を「明」と読んでよいかどうか、この段階ではまだ決断できません。

　このときにはまだありませんでしたが、木簡に出てくる文字の類例を探せるようにその後二〇〇五年に公開した木簡の文字画像データベース『木簡字典』で「明」を検索すると、十七文字見つかります（**図10**）。そのなかから「月月」によく似ているものを探し出すと、**図11**

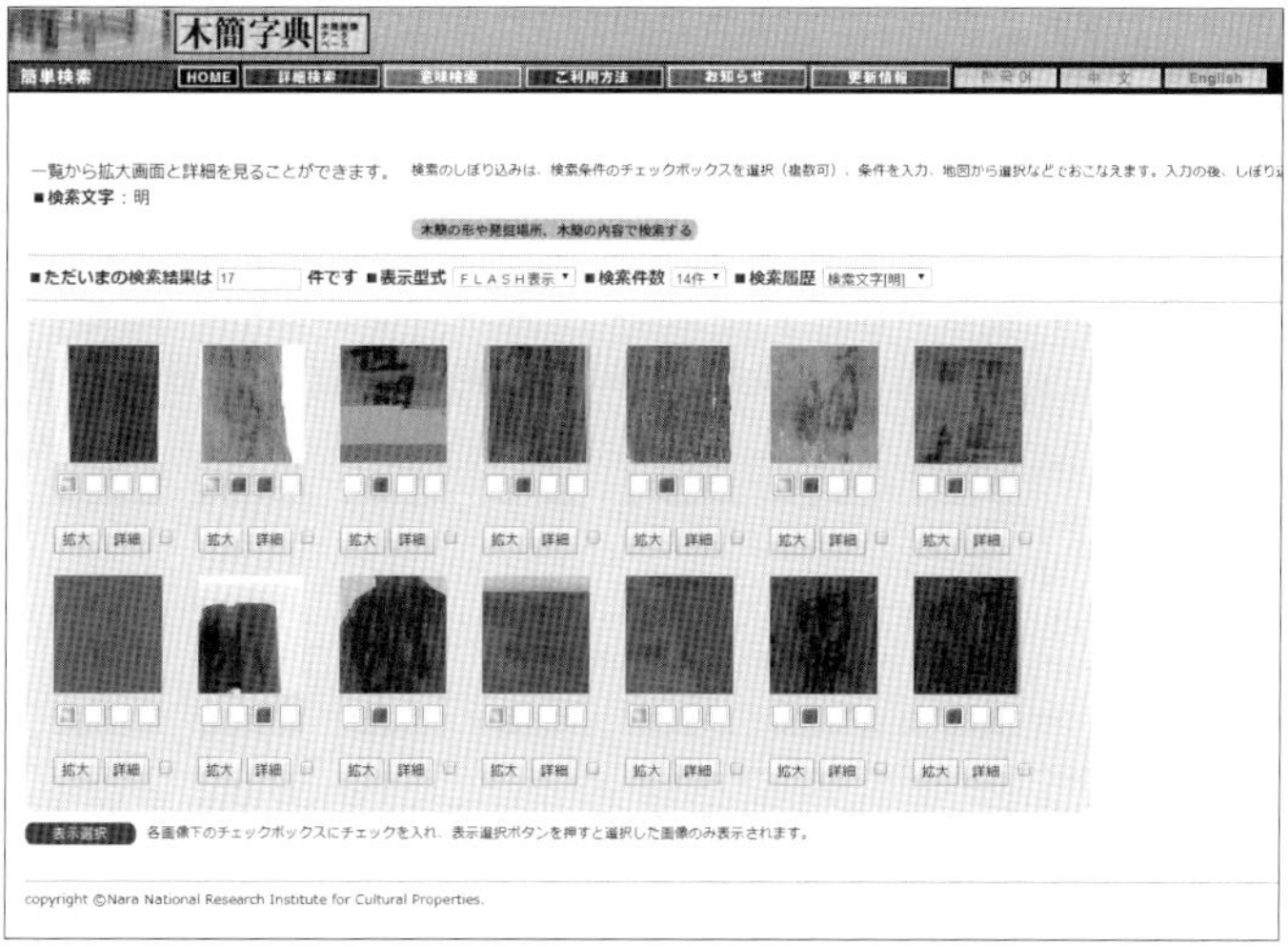

図10　木簡字典による「明」の検索結果

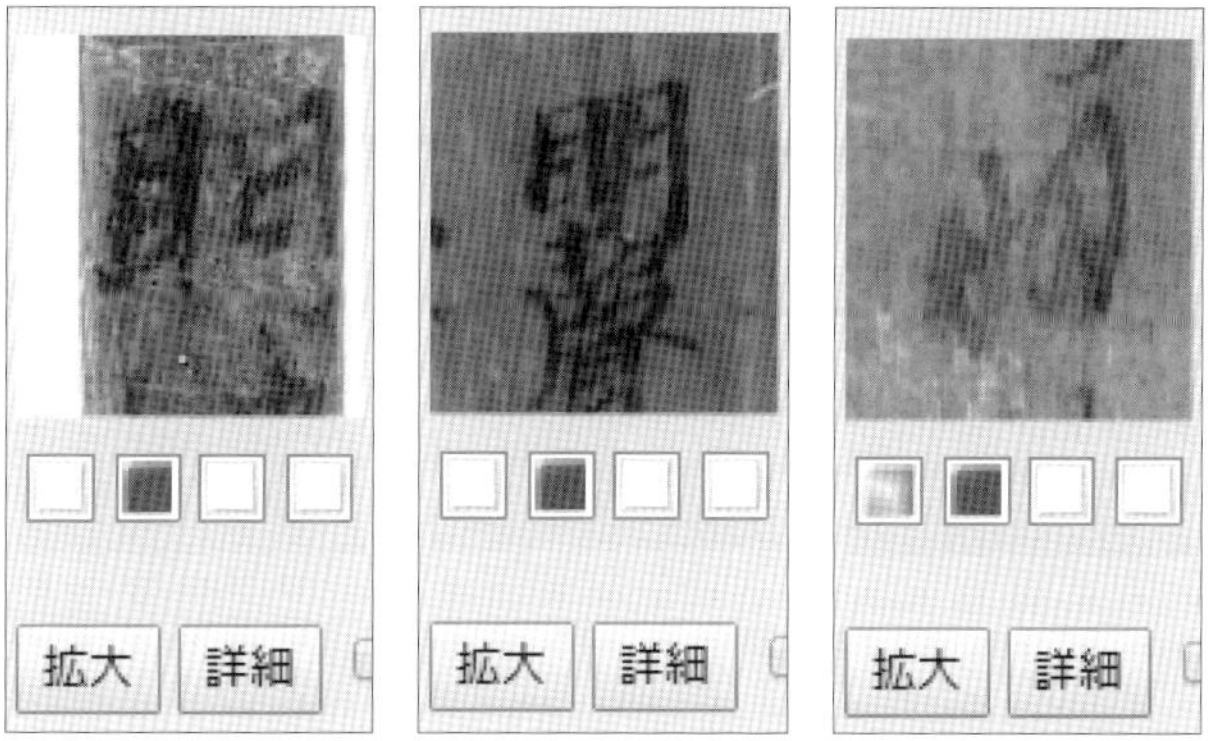

図11　木簡字典による「朋」に近い字形の「明」の事例

のようになります。図右は「明」に近い形です。横棒が一本なのか二本なのかあやしいものの、右下を撥ねているので、月に近い字形と見ることができます。つまり、類例によって「朋」の字形と「明」が通用していたらしいと断定できます。「朋郡」でなく「明郡」になり、「明」で「あかし」と読ませたのでしょう。このように、木簡を読むとき類例が大変大事です。類例が増えるほど文字が読めるようになります。

たんにテキスト上の類例ではなく、字形の類例も必要になります。**図12**は、「国」という字の類例をすべて集めた印刷版『木簡字典』の例です。「国」は正字で書くと「國」ですので、この字形の事例が古代にはたくさんあったと思われるかもしれませんが、国構えのなかをきちんと「或」に近い字形で書いているのはごくわずかです。現在と同じような字形が多くを占めています。ただ、現在、国のなかは「玉」ですが、古代の木簡で「玉」は一つもありません。すべて国構えに「王」で「クニ」を表しています。現在と似ていますが少し違いがあるわけです。

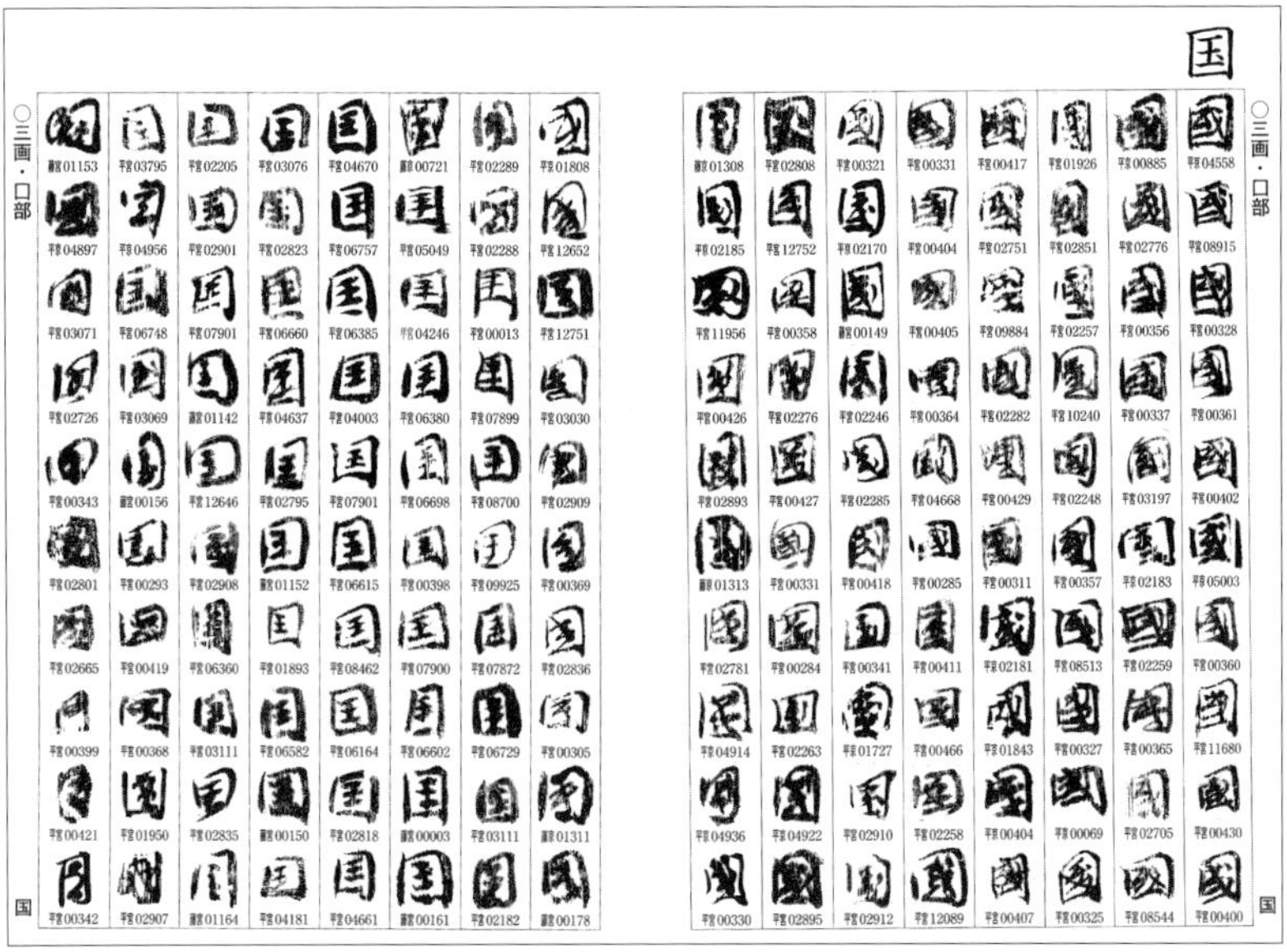

図12　印刷版『木簡字典』に見る「国」のさまざまな字形

国構えのなかになにかゴチャゴチャと書けば、すべて「クニ」として認識しているようです。クニが出てくる場面は木簡ではかぎられていますので、「クニ」とそれらしく見えればそれでいいという、おおらかな認識だったのではないかと思います。

これも類例を集めればこそわかることです。ともかく、木簡を読むにあたっては類例探し、特に字形の類例探しが重要な意味を持ちます。

木簡の書かれた文字の特性

木簡に書かれている文字は、けっして難しくありません。役所内のやりとりや租税貢進などに使用した木簡に書かれている文字は、比較的崩しが少なく、続け字などもあまりありません。楷書や崩してもせいぜい行書で書かれているものがほとんどで、中世や近世の古文書を読むより木簡を読むほうがずっと読みやすいといってよいと思います。

ただし、木簡の文字にはいくつか難しさがあります。まず、不完全な文字を読まなければならないということです。つまり、完形品はごくわずかで、しかも劣化した不完全な文字を読まなければなりません。

また、木という特殊な媒体に書かれている点も難しさの一つの要因です。日本の木簡は、たっぷり水分のある状態で保存されているので、黒ずみがあり、墨かどうかの判断に迷う場合があります。もう一つ、「クニ」の字形のところでも説明しましたが、字形に多様性があることです。いまより大変おおらか、悪くいえば、いい加減というか、一つの文字として認識する字形の許容範囲がかなり広くなっています。一点一画を省いたり加えたりすることもよくありますし、いまとは違って同じ字と認識する異体字とよぶ特殊な字形の字がいくつかあります。

このような要因があるので、木簡を読む作業は、調査員の経験や勘がなによりものをいいます。一人で読むと読み間違いも多く、複数の目が必要になります。

MOJIZOの開発

そうしたこともあって、奈文研では一九八〇年代から『木簡データベース』を開発してきました。この『木簡データベース』を一九九九年に公開したのをうけ、二〇〇三年以降は日本学術振興会の科学研究費の支援をうけ、私たち自身が培ってきた木簡解読のノウハウを形に残し、木簡解読のための知のスパイラルを構築するための研究を続けてきました。『MOJIZO』はその最新の到達点の一つと位置づけられる成果です。

これまでに私どもが公開した文字関連のデータベースの一覧を**図13**に示します。『木簡データベース』はテキストでの検索を行うものです。ただし、テキストだけでは木簡を読むのに不十分で、字形を比較できるデータベースとして文字画像データベース『木簡字典』を開発しました。しかし、それでもまだ不十分な面があります。『木簡字典』はテキストを入力して検索することができますが、たとえば、読めない文字で、よく似た字形の文字の類例がどこにあるかといった検索はできません。

そこで、木簡の一文字の写真、画像を入力して、似た字形を探すデータベースとして開発したのが『MOJIZO』です。

『MOJIZO』は、木簡くずし字解読システムという名前を持っているので、自動的に文字を読むためのソフトだと宣伝していますが、それはあくまでも付随する成果です。私たちが開発した目的は、似た字形の木簡の文字を探し出すデータベースとしての役割が本来のものです。

ちなみに、『MOJIZO』のもとになったものに、文字の自動認識システムとしてわれわれが開発した『Mokkanshop（モッカンショップ）』がありました。これについても、のちほどお話しさせていただきます。

東京大学史料編纂所との連携検索の実現

『木簡字典』の完成とほぼ同じころ、木簡より時代が降る史料が多いものの、紙に書かれた古文書の字形データベースとして東京大学史料編纂所の『電子くずし字字典データベース』が公開され、木簡を読む際にもあわせて参照する機会が多くなりました。そこで、

（目的）資料の効率的な整理・活用
文献資料としての活用だけでなく、
新たな木簡解読の資料としての活用

◎テキストデータベース……『木簡データベース』

◎文字画像データベース……『木簡字典』

◎画像引き文字画像データベース……『MOJIZO』
（釈読支援システム『Mokkanshop』をベースに）

※東京大学史料編纂所『電子くずし字字典データベース』との機関の枠組みを越えた連携（木簡と古文書の連携）

図13　データベース構築の歩み
—木簡関係データベース一覧—

今度は両者を同時に検索できればさらに便利になるとの両機関の担当者の思いが一致し、『木簡字典』と『電子くずし字字典データベース』の連携検索という画期的な仕組みを実現し、二〇〇九年に公開しました。これにより、七世紀後半から江戸時代までの千年以上にわたる日本の漢字の字形の変遷を一覧できるようになりました。これは機関の枠組みを越えた人文系のデータベース連携として、画期的な意義を持つものでした。

データベース連携による相乗効果は大きく、字形への関心が私たちが考えていた以上に強いことを実感させられました。アクセスは日本国内にとどまらず、韓国・中国・台湾など東アジア世界ばかりか、欧米からも増えていきました。

そこで、『木簡字典』については、凡例部分のみの限定的なものではありますが、英語版、韓国語版、中国語版（簡体字、繁体字）を作成し、二〇一四年に公開することにしました。

二　木簡とはなにか

木簡データベース作成の意義について述べてきましたが、次に木簡そのものについてお話しし、理解を深めていただければと思います。

木簡の定義はある意味で大変曖昧です。土中から見つかる墨書のある木片すべてを、「木簡」とよんでいます。一番数が多いのは、古代につくられた律令制下の手紙や荷札などの木簡ですが、時代を限定するのではなく、木に書かれた墨書のある木片が出土したら、すべて木簡として取り上げるようにしています。つまり、木に墨で書くという行為は、古かろうが新しかろうが、まったく同じであると判断しているわけです。一九六一年に平城宮跡で見つかったのが日本の木簡研究の始まりですが、これまで半世紀と少しのあいだに全国で約四十四万点出土しています。これらのうち約五割が平城宮・平城京のもの、二割弱が飛鳥・藤原地域から出土したものです。私ども奈文研は全国の七割近くも木簡を発掘し保存しています。

数としては古代の木簡が多いものの、最近、江戸時代の遺跡からの出土事例が増えています。江戸時代の木簡は全国各地から見つかっています。江戸城下町、大坂城下町といった大都市だけでなく、福井、金沢、本荘、仙台、広島、小倉、徳島、高知をはじめ全国の城下町からも近世の木簡が多数出土してきています。私どもの定義でいう木簡が見つかっていない都道府県は一つもありません。沖縄から北海道にいたるまで全国で出土し、点数が増えています。ただし、中世の木簡の数はこれに比べると多くありません。

日本の場合、木簡はすべてたっぷりと水のある場所から見つかります。カラカラの状態は日本では望めません。たっぷりと水分のある状態の木簡を保存するには大変手間がかかります。水に漬けた状態で当面は保管しますが、その水の管理が大変です。最終的には常温でも固形の物質に水を置き換え、空気中でも保管できるよう科学的な保存処理を施しますが、私どものように数が多い施設では出土に保存処理が追いつかないのが現状です。

木簡の使い方

木簡を使った理由について少しおさらいしたいと思います。

紙が少なかったから、紙が貴重だったから木を使ったのだという説明をよく耳にしますが、厳密にいうと正しくないというのが、現在の研究の成果です。木と紙のよいところを熟知して使い分けていたと考えています。

では、木にはどのような特徴があるでしょうか。

一つは、いらなくなったら何回でも削り直して再利用ができることです（図14）。紙はそうはいきません。紙も削って字を消せないことはありませんが、跡が残りますし、破れます。再利用は不可能です。字を消そうとすれば跡が残るため、改ざんされては困るようなものは紙に書きます。木であれば削って消せるので、当座の用ですむものは木に書くという使い分けをしていました。この特徴を活かしたのが、

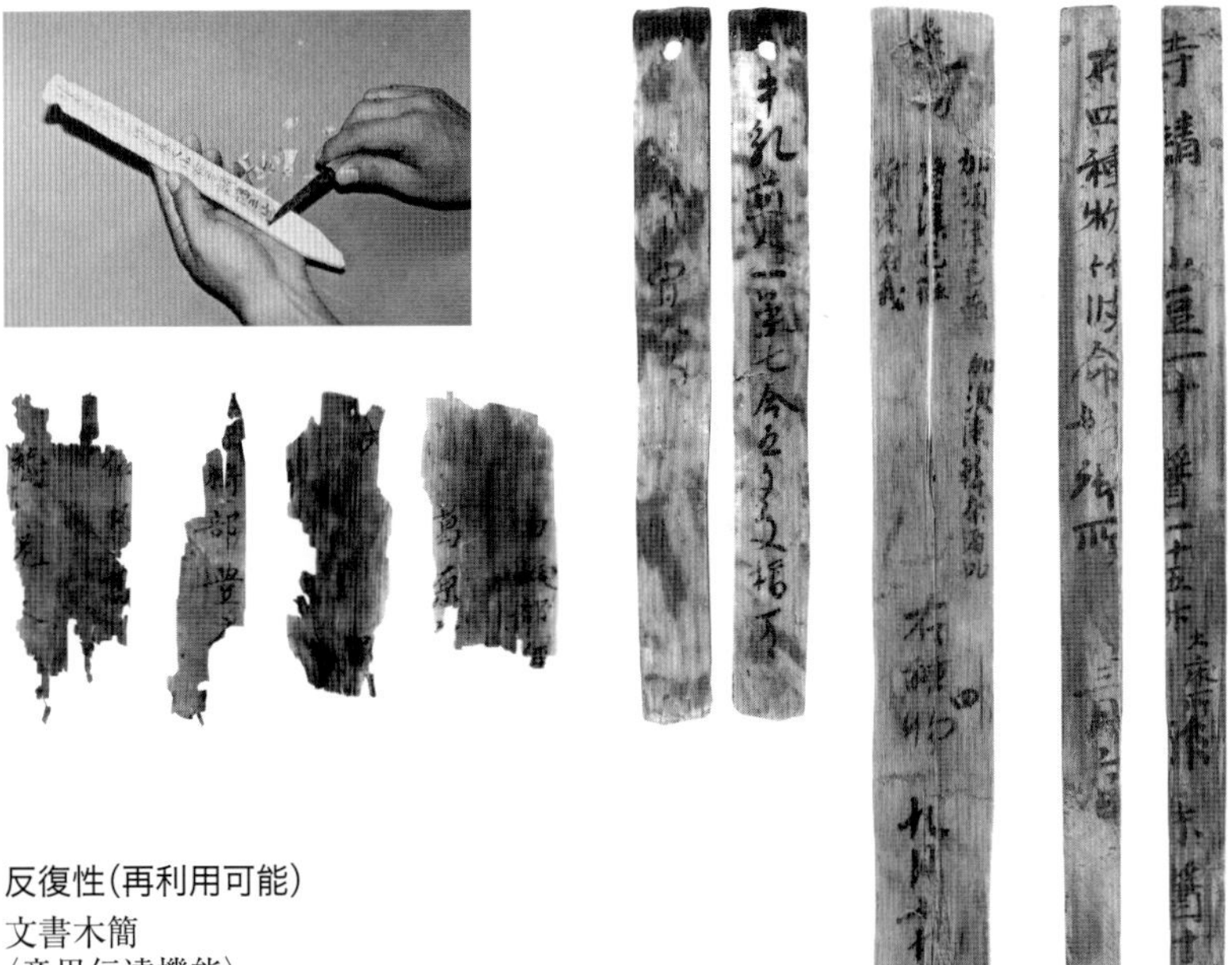

図14　反復性－木の墨書媒体としての特徴1－

手紙の木簡、すなわち文書木簡です。

もう一つの木の特徴は、堅牢性です。この特徴を活かしたのが、全国各地から都に届けられる租税貢進の荷札木簡です。木であれば都まで壊れずに届きます。図15にいくつかの荷札木簡を示しますが、左右に切り欠きのある木簡がありますし、ごく稀ですが紐がついた状態で見つかるものもあります。木簡の切り欠きは、荷物にくくりつける紐をかけるための工夫です。

さらに、比較的容易に入手できる簡便性も木の特徴です。現代の感覚だと木の入手はそう簡単ではありません。ホームセンターにいって買ってくるようなことになるかと思いますが、古代の人たち、特に平城宮の役人たちにとって、木の入手は比較的簡単でした。平城宮のなかではどこかしらで造営をしているので、端材がそこらじゅうに転がっていたと思います。そのような端材をもらってきて、木簡を使う役人たちが自分で木を削って木簡をつくって使っていたと考えています。

このことを最大限に活かした木簡の使い方が、字の練習の木簡（習書木簡とよぶ）、落書きの木簡（落書とよぶ）です（図16）。たとえば、図16の1は、言偏《ごんべん》の字をずらっと並べて書いていますが、よく見ると、言偏と旁《つくり》とが少しズレたり、実際にはないような字が書かれたりしています。もしかしたら言偏だけを最初に書いて、言偏の字を書くようなクイズをやったのでは、と考えています。一番上に、論語という一つのまとまりのあることばが出てきます。論語はいっぺんに言偏の字が二つ書けるので、最初はしめたと思ったのでしょうが、あとはなかなか思いつかなくて悩んでいた様子がわかるように思います。

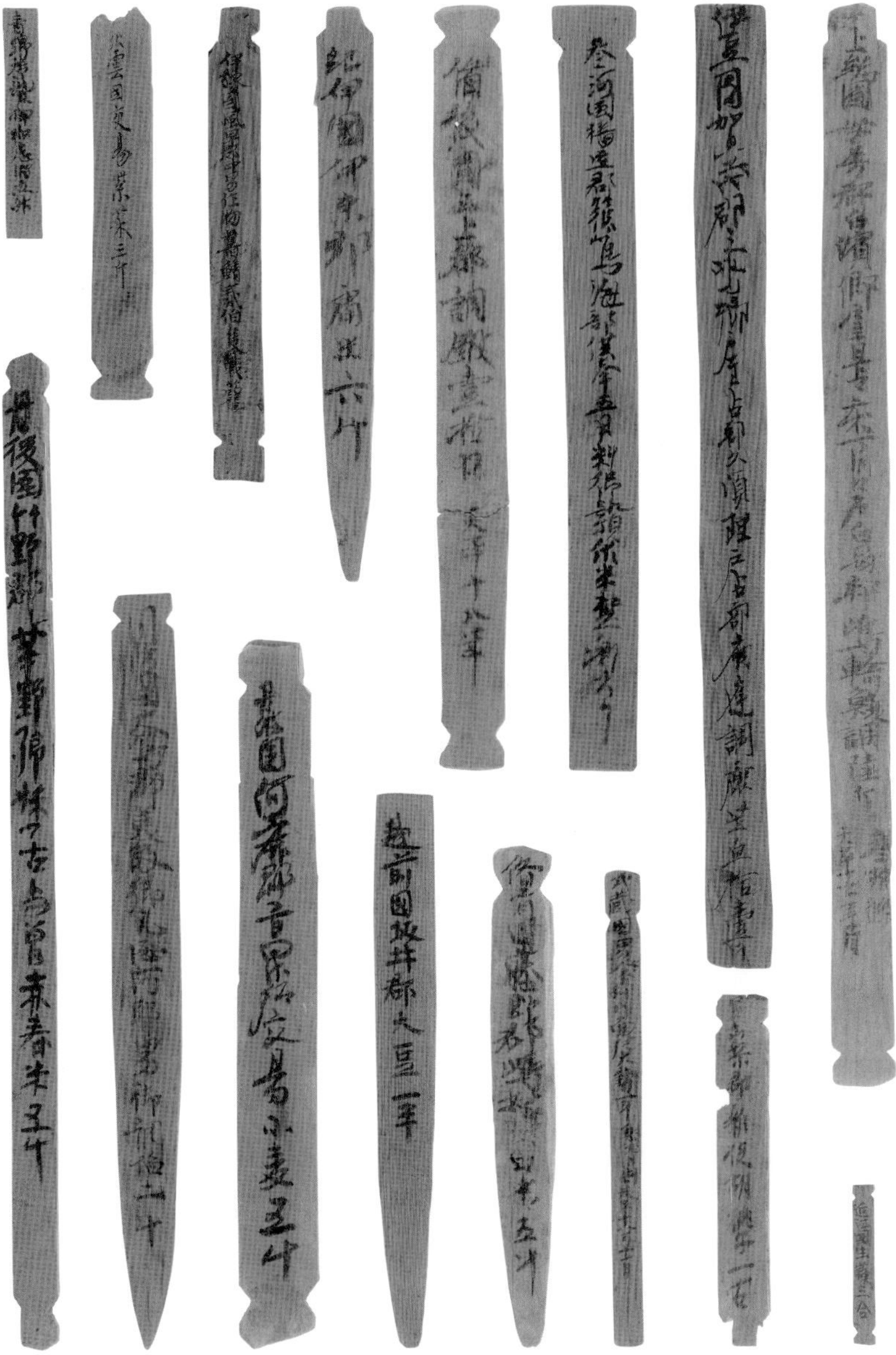

図15　堅牢性－木の墨書媒体としての特徴2－

堅牢性（運搬に最適）
付札木簡〈属性表示機能〉

4の木簡は削屑で、寺という字が書かれていますが、途中から寺を分解して、十と一と寸に分けて書いていています。そのあとは逆に、寺の左側に偏をつけて「時」というような字にしています。どんな人が書いたかわかりませんが、書いた人のウイットを感じさせるような木簡でもあります。

木簡の特質

このように、木の特性をよく理解して使っていたのが実態だと思います。私たちは古代の生の資

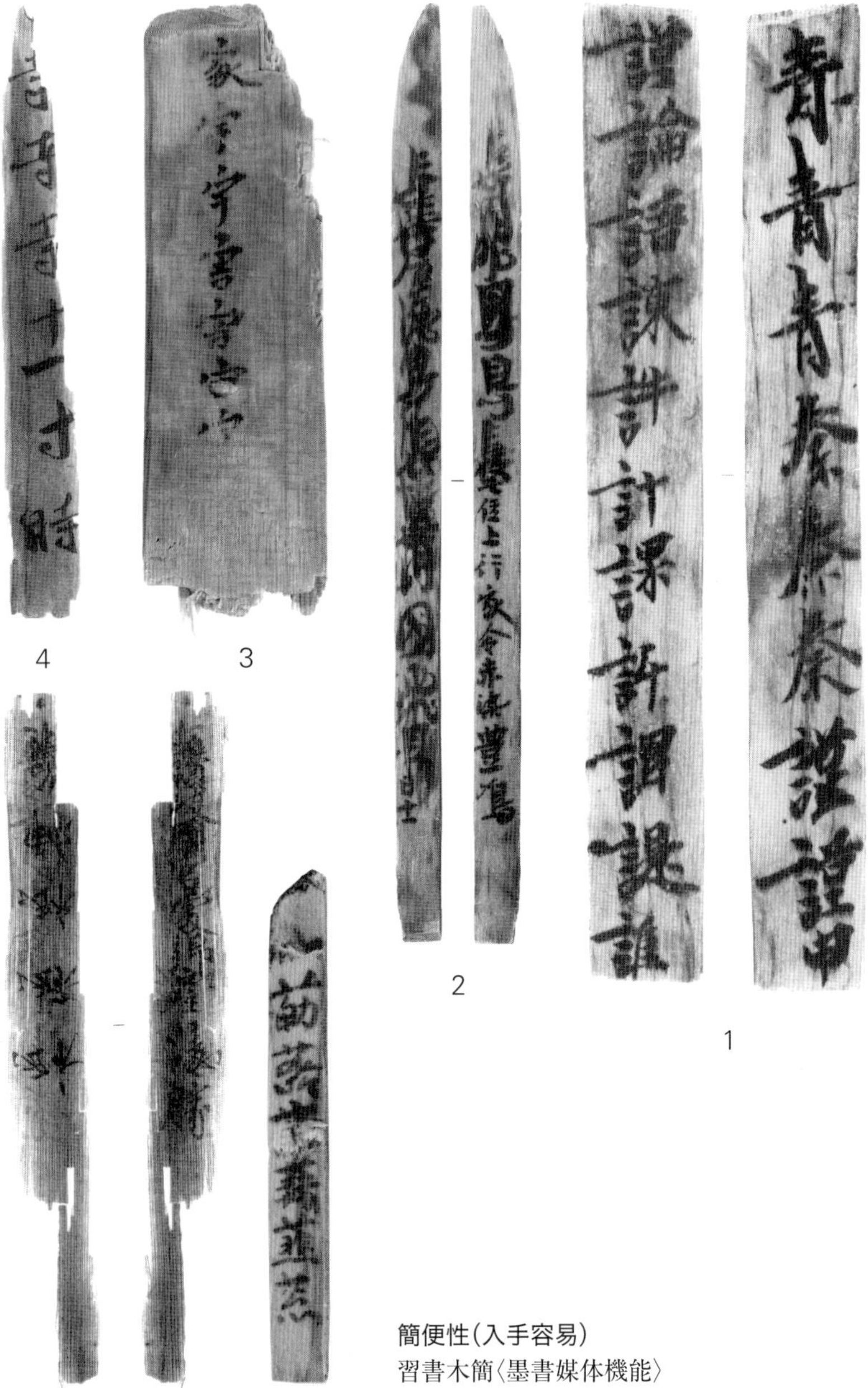

図16　簡便性－木の墨書媒体としての特徴3－

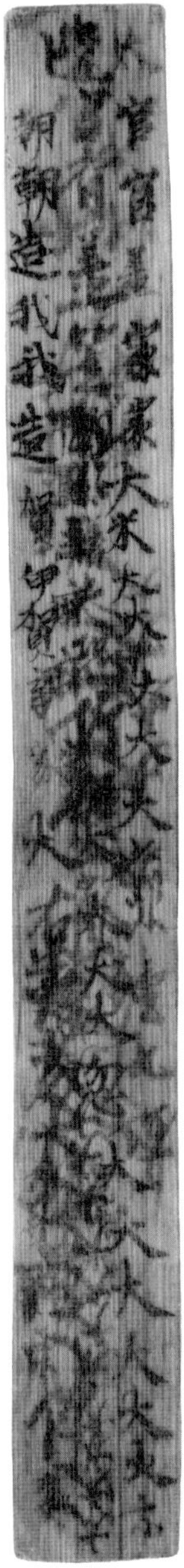

10

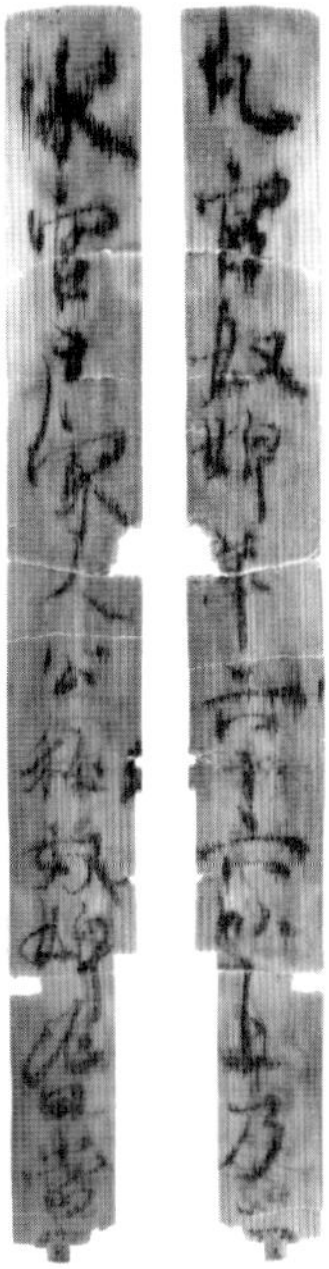

8

7

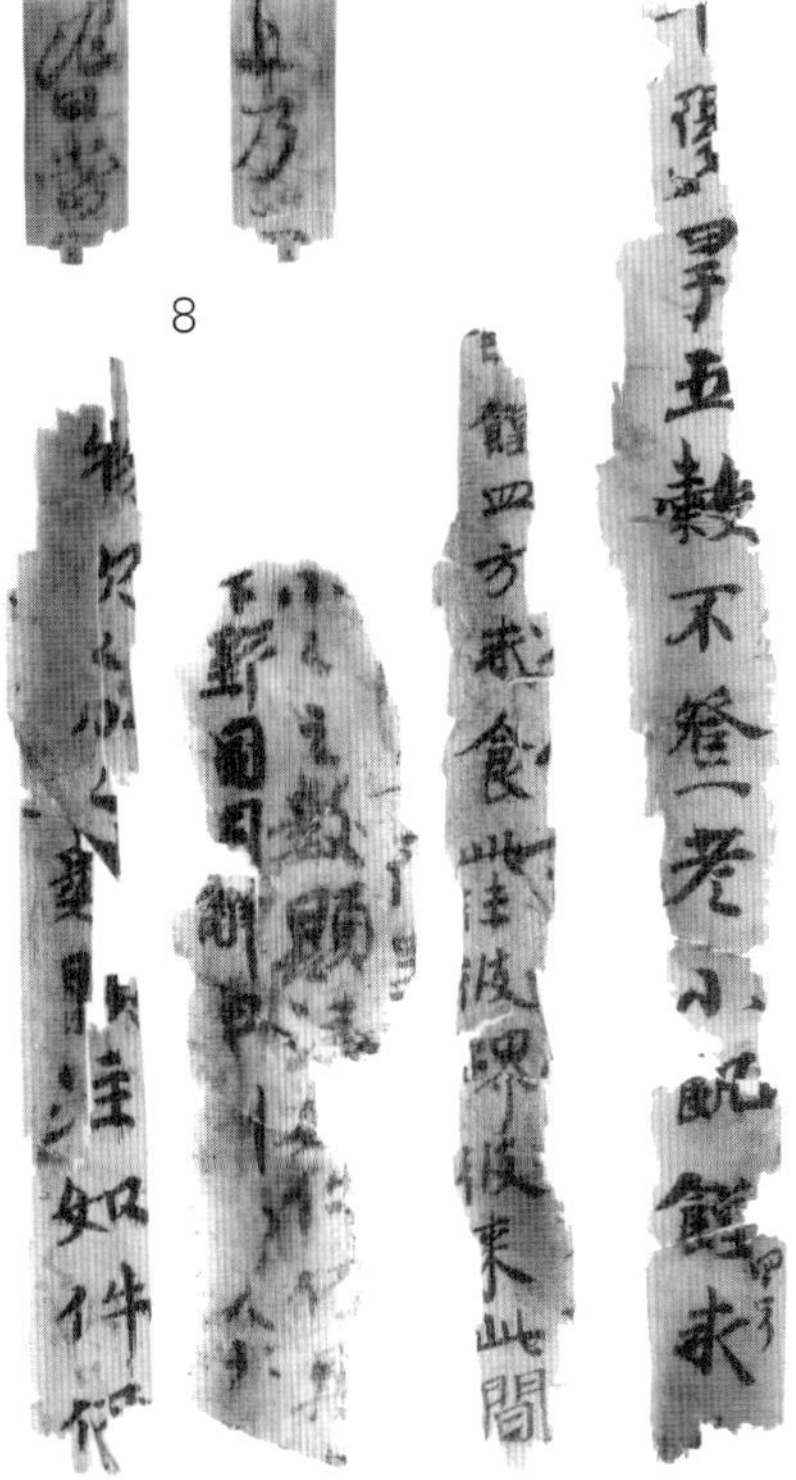

9

料として木簡に大変注目していますが、木簡には文字資料だけではない情報がつまっています。まず、木簡には文字を書くための木製品としての特質があります。たとえば、切り込みの加工や木簡の形状も大事な情報になります。

もう一つ、木簡は土中から見つかる遺物ですから、考古遺物としての情報も重要です。場合によっては、書かれている以外の情報が木簡から引き出されることもありえます。最近の例として、平城宮の第一次大極殿院の回廊の基壇の下から、伊勢国のなにげない米の荷札が見つかり、そこに「和銅三年」(七一〇年)という年紀が書かれていました。七一〇年は、まさに平城遷都の年です。大極殿院を取り囲む回廊の基壇は七一〇年の段階では完成していなかったこと、ひいては平城遷都のとき大極殿は未完成であった可能性が高いことを、伊勢国の荷札は語ってくれたのです。もちろん、木簡にはそんなことは書かれていませんが、出土した情報を加味し、さらに文献資料と総合的に検証することで、書かれていないことも木簡は語り出します。どう語らせるかは、私たちの腕の見せどころです。

古代人のゴミが国宝に

木簡は大きなゴミ穴、溝、井戸などから見つかります(図17)。井戸の場合、井戸枠を抜き取ったあとは大きな穴状になるので、そこにゴミを捨てることもあります。いずれにしても、木簡は古代の人が捨てたゴミです。ゴミがわれわれにとって宝物となるわけです。

図17　木簡が見つかるところ―土坑・溝・井戸―

二〇一七年、これまで何回かに分けて重要文化財に指定されてきた平城宮の木簡が、木簡として初めて国宝になりました。最初に重要文化財になったのが二〇〇三年、大極殿のすぐ北側の役所から見つかった三十九点の大膳職推定地出土木簡です。二〇〇七年に一七八五点、二〇一〇年に四八三点、二〇一五年に五六八点と、役所ごとに重要文化財の指定が積み上げられてきましたが、二〇一七年には、これまでの重要文化財指定品に新たに五か所の遺構から見つかった木簡を加えた三一八四点を（図18）、平城宮跡出土木簡として国宝に指定するという答申が三月に出され、九月十五日に官報告示があって正式に国宝となりました。古代の人たちがゴミとして捨てたものです。古代の人たちは、まさかそれが国の宝になるとは思っていなかったと思いますが、木簡の持っている価値を広く認めていただいた結果だと思います。

平城宮で見つかっている木簡の総数は十万点を軽く超えていますので、国宝となった木簡の数は、その一部です。しかし、まだ国宝に指定されていない木簡も今後追加されて国宝に指定されていっても不思議ではありません。また、平城宮にどれだけ埋もれているかわからない木簡たちも将来の国宝候補です。平城宮の発掘調査は六十年近く継続されていますが、発掘調査が終わったのは全体の三七%にすぎません。六割以上が未調査の状態で残っています。どれだけの国宝候補が埋もれているかわからない状況です。

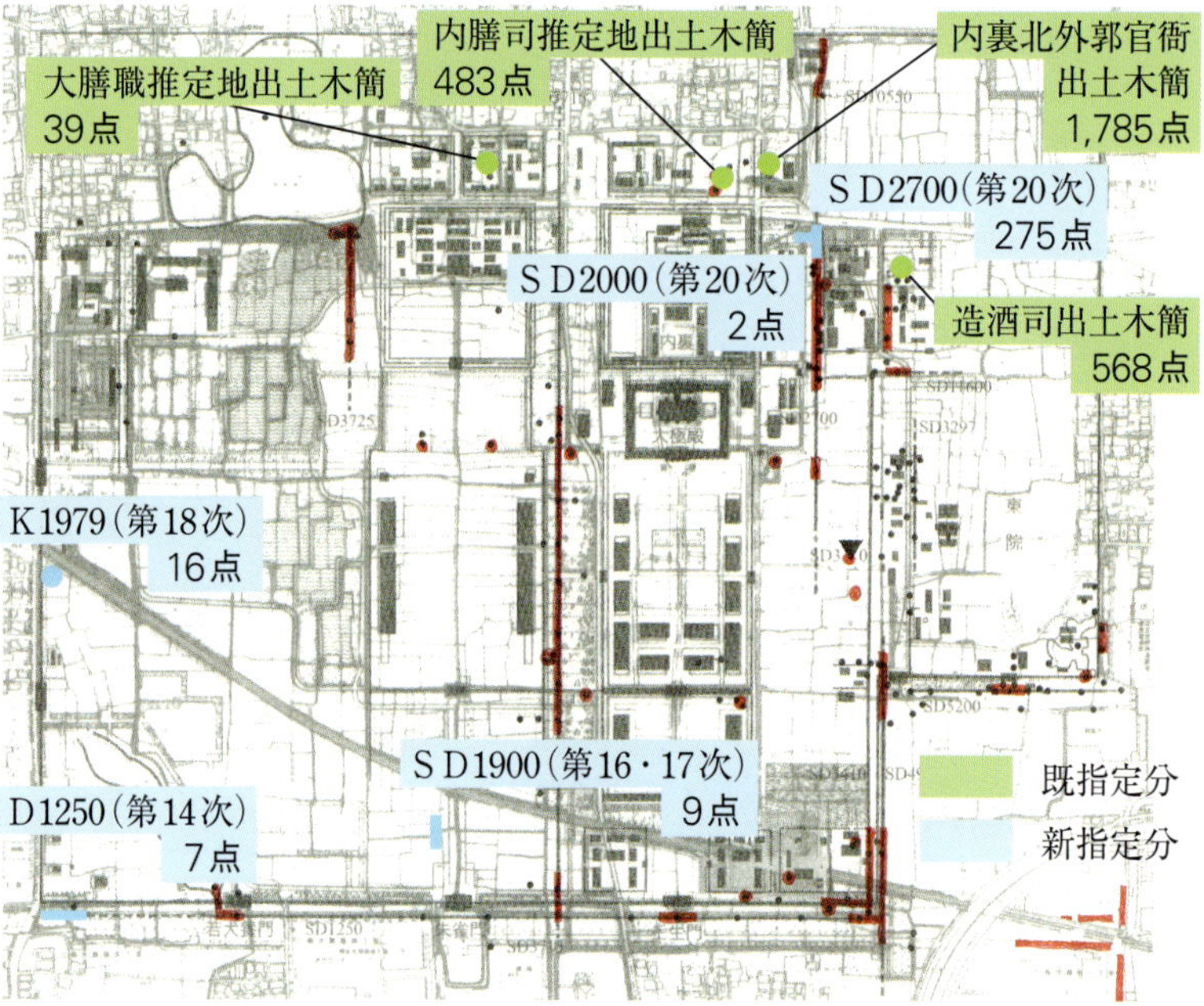

国宝平城宮跡出土木簡　3,184点

図18　国宝平城宮跡出土木簡の出土地点の内訳と点数

木簡の読みは終わらない

木簡は大変細かな遺物です。形のある木簡として現場から取り上げられるものは、木簡百点あったら数点あるかないかです。ほとんどが破片か再利用の際の削屑です。いわば大変世話の焼ける遺物です。それらを一点一点解読し、資料として公開する作業を行っています。その際、最初に触れたデータベース作成が重要な役割をはたします。また、私たちが読んだ成果が、今後見つかる新しい木簡を読むのに使われていき、それがさらに、その先の新しい木簡の解読に使われていきます。ですので、資料がふえればふえるほど新しい読みが進む可能性があります。いま読めない木簡も、将来類例がふえれば読めるようになる可能性があるわけです。最初にお話しした、「朋」の字も、最初は「明」と読んでよいかどうか疑心暗鬼でしたが、類例が増えることによって「明」と読んでよいということになったのでした。

三　木簡データベース開発の歩み

それでは次に、『木簡データベース』の開発の歩みをたどってみましょう（図19）。

最初に公開したのが『木簡データベース』です。一九九九年のことです。いまではわれわれにとって日常的に使う工具になっていますが、公開されてから十八年しかたっていないのかと思うと、これ以前はどうだったか、愕然とする思いです。ただ、これでは文字画像を引けないことから木簡の一つひとつの文字を引けるデータベース『木簡字典』を二〇〇五年に作成しました。

そして、前述のように、画像から文字を検索できるデータベース『MOJIZO』を構築しました。そのあいだ東京大学史料編纂所との連携、あるいは外国語版の作成などの事業も進めてきました。

『木簡データベース』で「百済」という文字で検索すると、百済を含む木簡がずらっと並んで表示されます（図20）。さらに連番のところをクリックすると、その一点一点の情報が表示され、さらに全体画像が表示されます（図21）。ただし、全体画像ですので一つひとつの文字を比較するのには大変不便であるため、文字を切り出した状態で検索できるようにしたのが、『木簡字典』です。これにはいろいろな機能がありますが、ごく概略を説明します。

たとえば、天皇の食料である「贄《にえ》」という文字で検索すると、いろいろな木簡に含まれている「贄」の部分だけを一覧して比較できるようになります（図22）。その画像の下に写真の種類を示すいくつかボタンがあり、

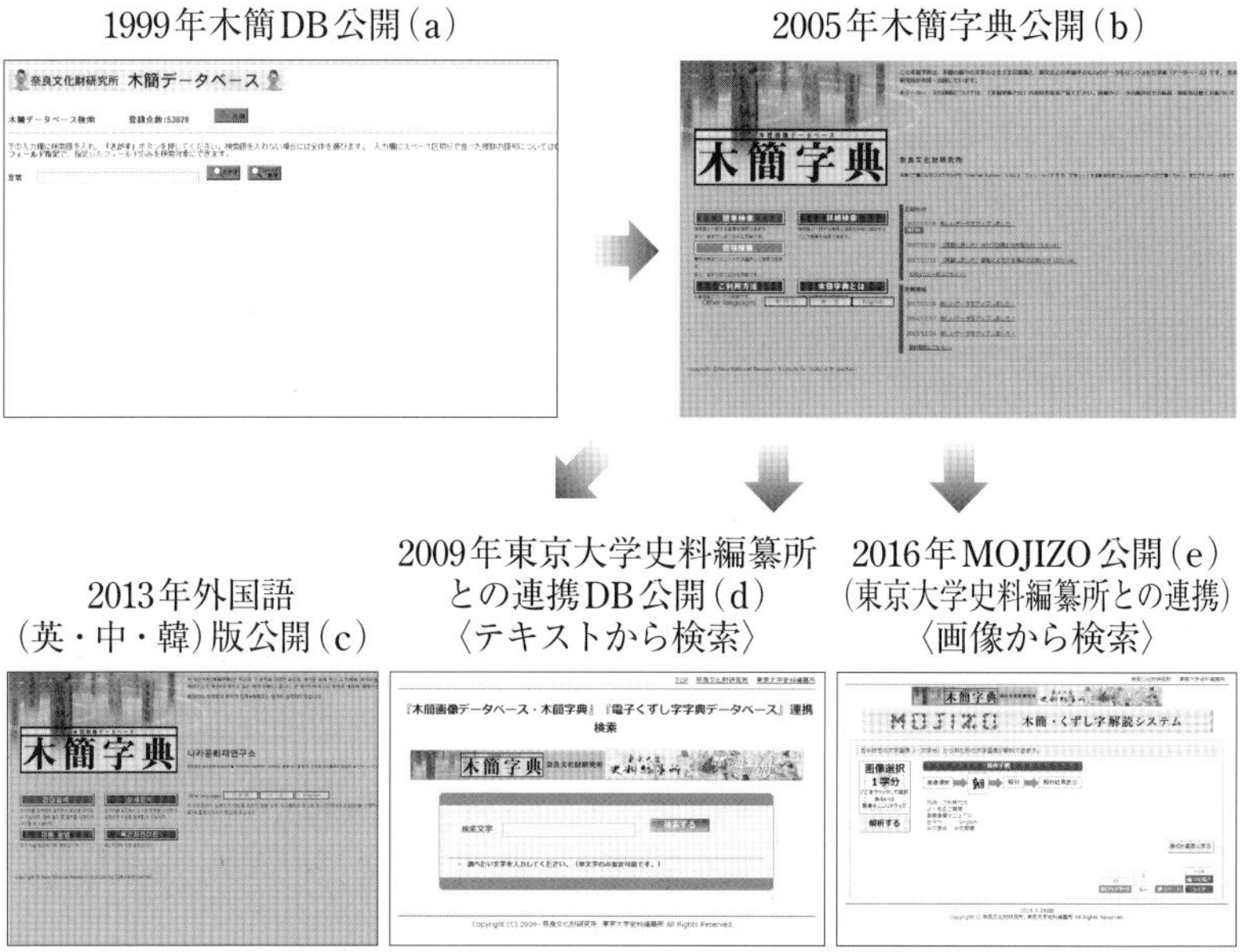

図19　木簡データベース開発の歩み

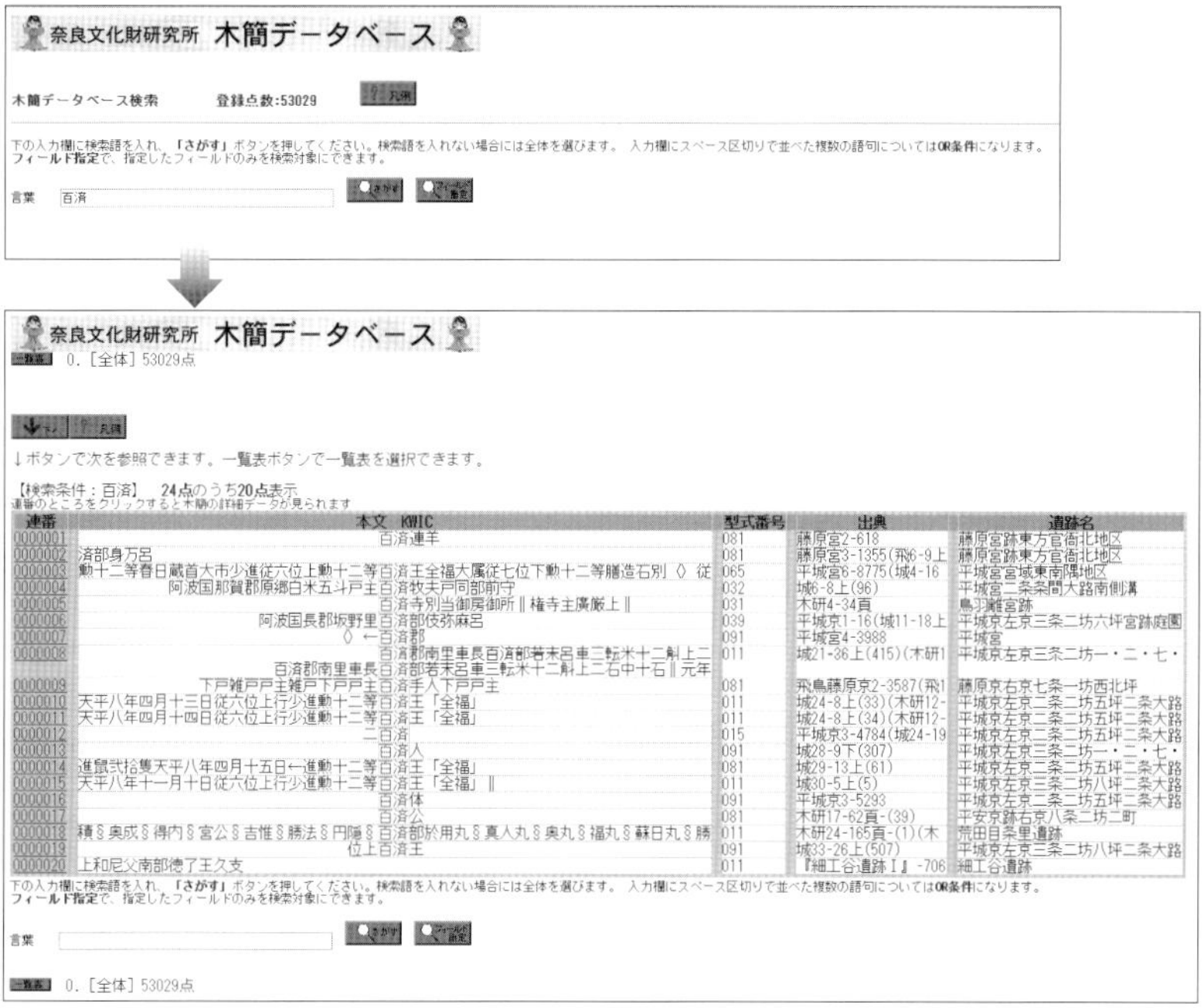

図20　木簡データベースの検索結果のクイック表示（「百済」で検索）

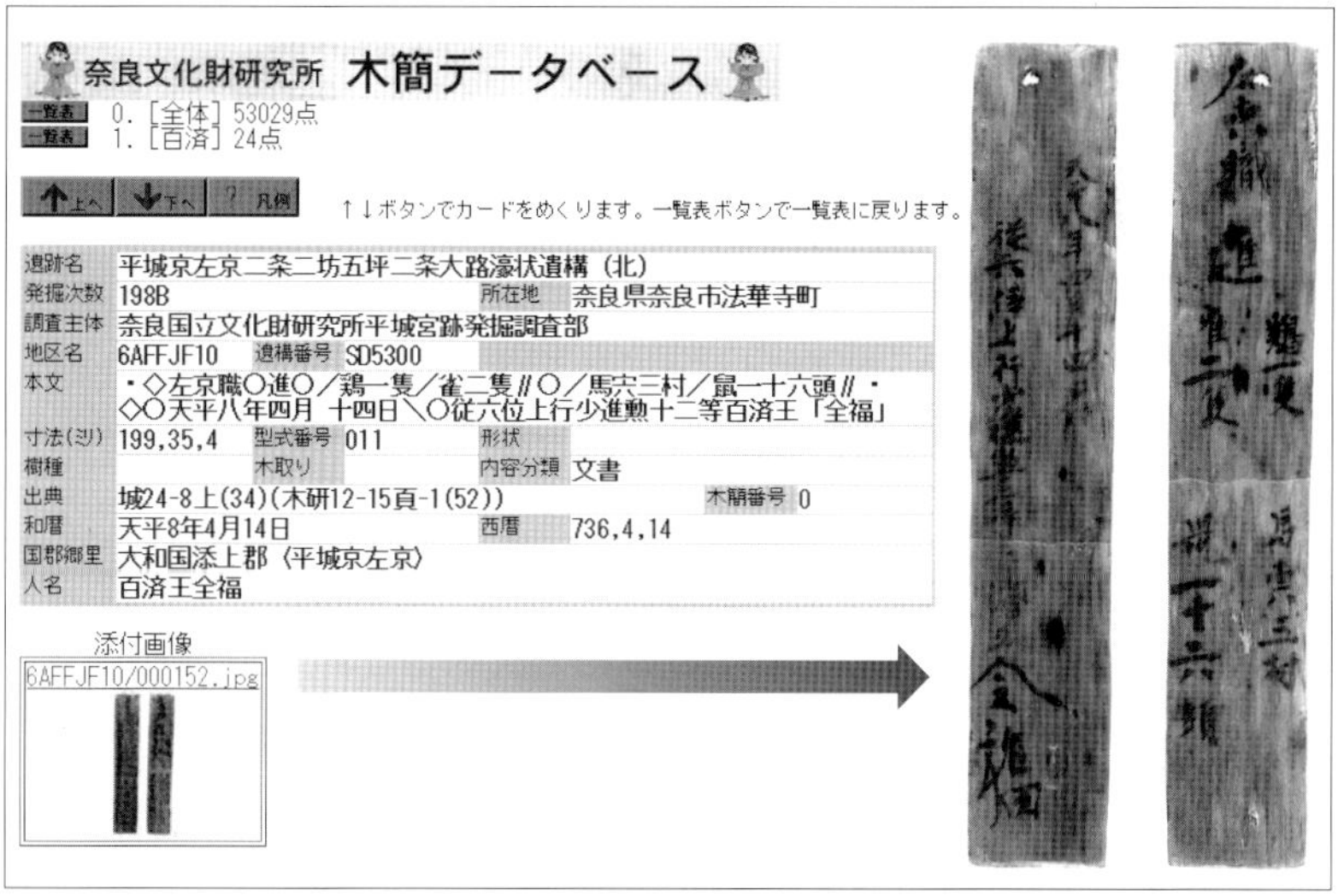

図21　木簡データベースの検索結果のカード表示と画像表示
（図20の連番11の木簡）

左端の色のボタンはカラー写真、黒はモノクロ写真の意味、赤は赤外線写真の意味です。赤いボタンをクリックすると、赤外線写真にかわります。本来はそれぞれがすべて埋まっていなければいけないのですが、まだデータがそろっていないので埋まっていません。一番右端の青いボタンをクリックすると、私たちが木簡を読み取ったときの記録（記帳ノート）の切り取ったかたちで閲覧することができます。

そして、詳細というボタンをクリックすると、木簡データベースと同じメタデータが表示されるとともに、いろいろなときに撮った木簡のあるかぎりの写真を一度に表示します。

また、このデータベースには研究文献という項目があり（**図23**）、そこをクリックすると、その木簡を使った研究としてどのようなものがあるか一覧できる機能も持っています。この機能により、八本の論文があることがわかります。論文タイトルだけです

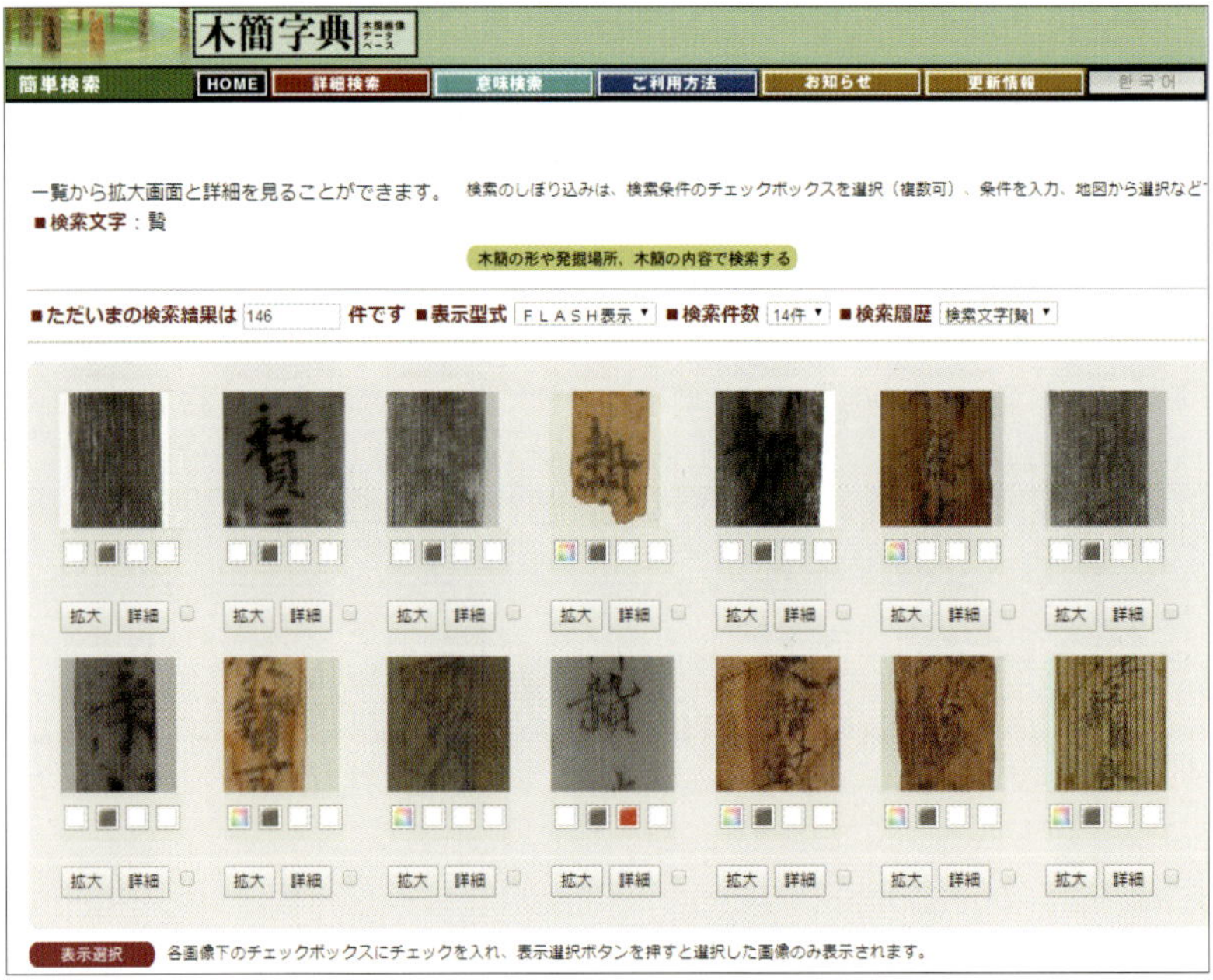

図22　木簡字典による「贄」の検索結果

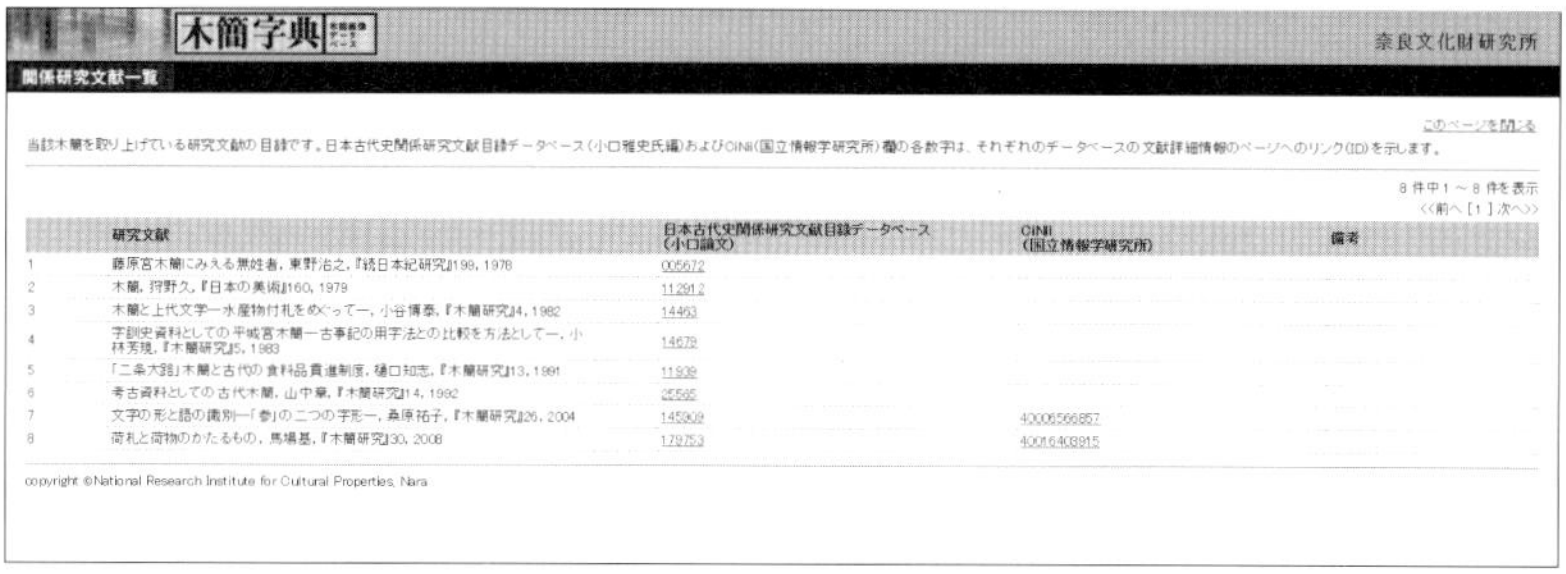

木簡字典

奈良文化財研究所

関係研究文献一覧

このページを閉じる

当該木簡を取り上げている研究文献の目録です。日本古代史関係研究文献目録データベース（小口雅史氏編）およびCINII(国立情報学研究所)欄の各数字は、それぞれのデータベースの文献詳細情報のページへのリンク(ID)を示します。

8 件中 1 ～ 8 件を表示
<<前へ [1] 次へ>>

	研究文献	日本古代史関係研究文献目録データベース（小口論文）	CINII（国立情報学研究所）	備考
1	藤原宮木簡にみえる無姓者，東野治之，『続日本紀研究』199，1978	005672		
2	木簡，狩野久，『日本の美術』160，1979	112912		
3	木簡と上代文学―水産物付札をめぐって―，小谷博泰，『木簡研究』4，1982	14463		
4	字訓史資料としての平城宮木簡―古事記の用字法との比較を方法として―，小林芳規，『木簡研究』5，1983	14679		
5	「二条大路」木簡と古代の食料品貢進制度，樋口知志，『木簡研究』13，1991	11939		
6	考古資料としての古代木簡，山中章，『木簡研究』14，1992	25565		
7	文字の形と語の識別―「参」の二つの字形―，桑原祐子，『木簡研究』26，2004	145909	40006566857	
8	荷札と荷物のかたるもの，馬場基，『木簡研究』30，2008	179753	40016403915	

copyright ©National Research Institute for Cultural Properties, Nara

図23　木簡字典による研究文献の検索結果の例

が、右のほうに二つ欄があります（図23）。『日本古代史関係研究文献目録データベース』は、法政大学の国際日本学研究所の小口雅史先生が作成して公開しているものです。じつは非公開ですが、『木簡字典』と連携させていただき、クリックすると小口先生のデータベースへ跳べるようになっています。文献の詳細のメタデータがここからご覧いただけます。

また、一部ですが国立情報学研究所の『Cinii（サイニー）』にも跳んで、そのデータを閲覧できますし、論文によってはPDFなどがダウンロードできるようになります。

Mokkanshop（モッカンショップ）

『Mokkanshop』は、いまでは『MOJIZO』に発展的解消を遂げましたが、端的にいえば、木簡の文字自動認識システムです。自動認識といっても、解読を機械任せにすることが主眼ではありません。異なる文字が同じ字形で書かれることが往々にしてあり、文脈による判断が必要です。前述のように、経験と勘がなによりものをいうのはこのような場面です。

私たちは当初、文字の自動読み取りソフトの開発を考えました。最初の科研のタイトル「推論機能を有する木簡など出土文字資料の文字自動認識システムの開発」に、それは如実に表れています。しかし、研究過程の早い段階で、私たちは大きな方針転換を図りました。機械に文字の解読を任せるのではなく、私たちがこれまでいわば経験的に蓄積してきた文字を読むノウハウを形にし、機械にも文字を読む作業に協力してもらおうという発想の転換です。

図24には左上部分に文字が十個ほど表示されていますが、これは分析した文字をなんと読むか十個解答を出させ、そのなかに正解がはいっていればよい、あとは人間が選ぶという発想です。このコンセプトが『MOJIZO』にも受け継がれています。

スマホ・タブレット版MOJIZOの公開

二〇一七年三月に公開したスマホ・タブレット版

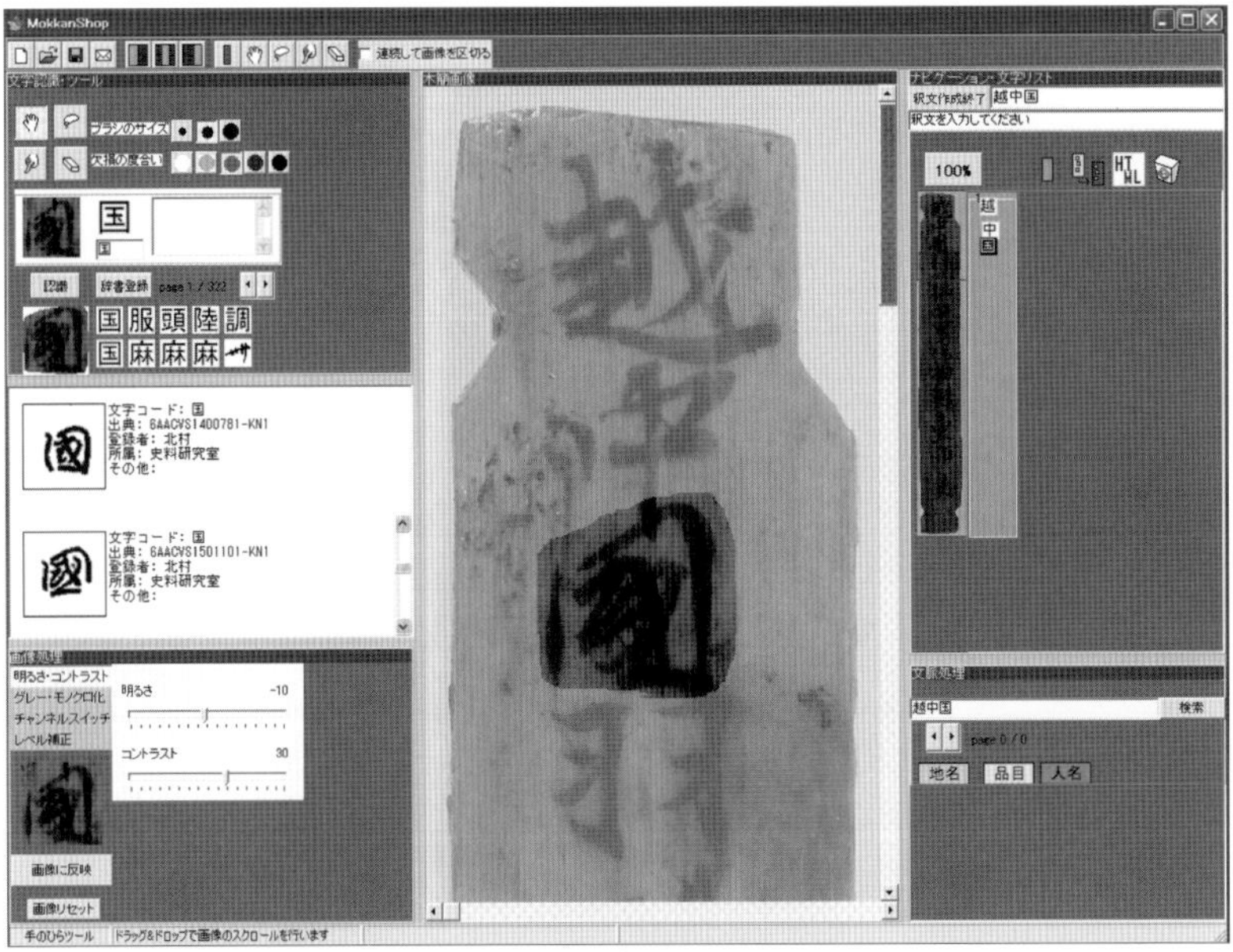

図24　Mokkanshop（モッカンショップ）の検索イメージ

『ＭＯＪＩＺＯ』の機能は、基本的には二〇一六年三月に公開したＰＣ版『ＭＯＪＩＺＯ』をそのまま引き継いでいます。ＰＣ版ではスマホ・タブレットでも閲覧が可能でしたが、スマホ・タブレット版を開発したのは、小型の画面サイズでの閲覧に適した画面構成にすることで、スマホ・タブレットでの利用の利便性を高めるためです。小型の端末を利用することで、いつでもどこでも、誰でも気軽に文字の解読が行える環境が整ったといえます。アクセス時に使用機材を判別して自動的にＰＣ版またはスマホ・タブレット版に接続する機能も備えています（図25）。

また、スマホ・タブレット版の公開にあわせ、韓国語・中国語（簡体字・繁体字）・英語の四か国による利用方法・凡例などの画面説明のＰＤＦファイルをトップ画面に追加しました。

さらに、共同開発者の桜美林大学の耒代《きただい》誠仁《あきひと》氏によるＭＯＪＩＺＯ関連アプリとして、画像編集に便利な『ＭＯＪＩＺＯｋｉｎ（モジゾーキン）』が公開されました（後述。図26）。文字画像の汚損などをあらかじめ取り除き、『ＭＯＪＩＺＯ』の解読機能を十分に活かせるようにするための補助ツールです。

スマホ・タブレット版『ＭＯＪＩＺＯ』の公開によって、木簡・古文書のデータベースはまったく新しいステージを迎えることになったといっても過言ではありません。

ＭＯＪＩＺＯの使い方

次に、『ＭＯＪＩＺＯ』のはたらきについて、ＰＣ版をベースにして、スマホ・タブレット版のみの機能も付記するかたちでご紹介します。

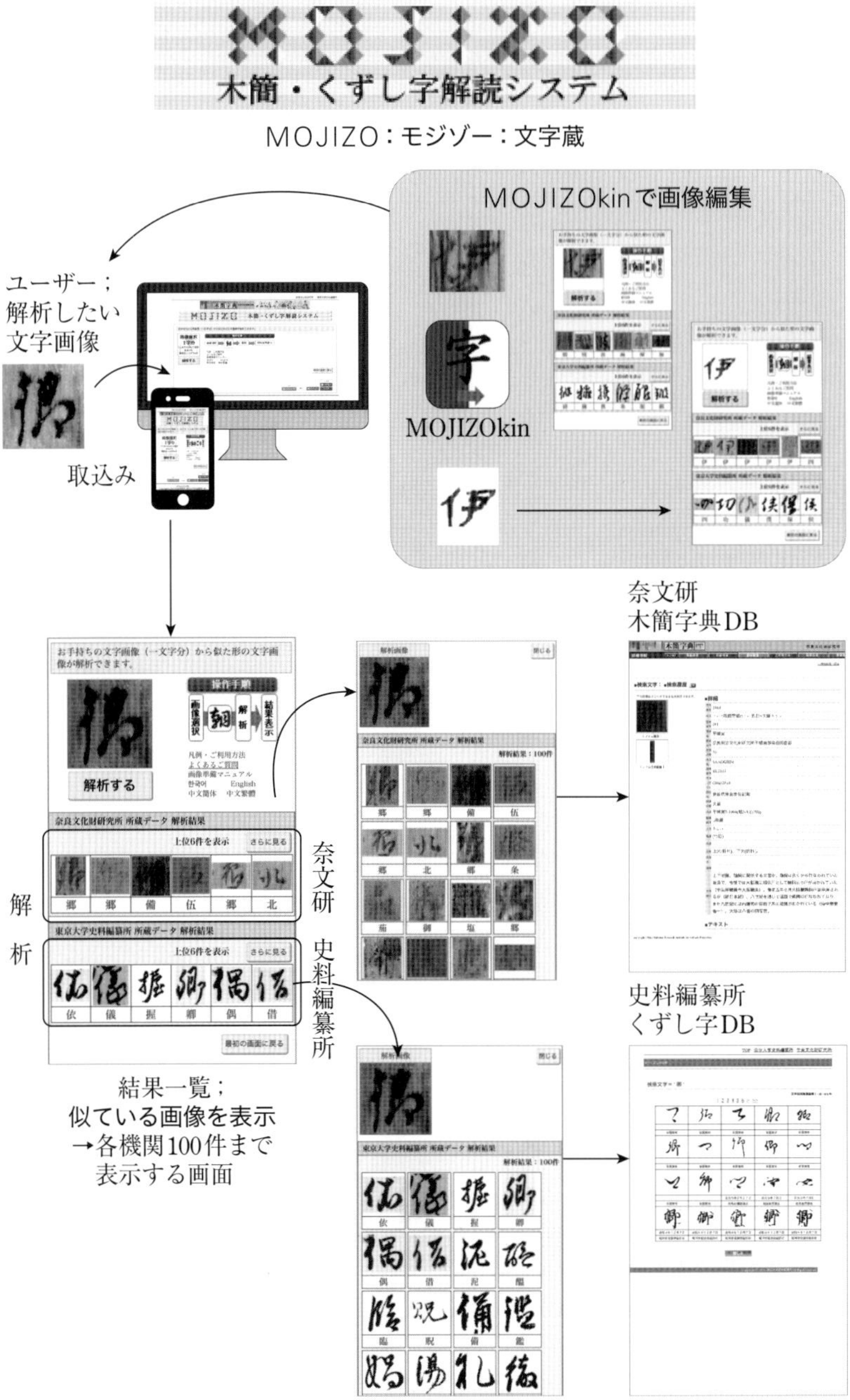

図25　MOJIZO（モジゾー）とその検索フロー

①ユーザーはまず解析する文字画像を用意します（図27）。既解読・未解読は問いません。解読済の場合は、テキスト検索による『木簡字典』の利用が可能ですが、類似した字形を優先的に検索したい場合には、『MOJIZO』の画像検索が便利です。

②文字画像は一文字が原則です。隣接する文字の筆画は消しておきます。余白や墨書以外の情報—汚れや木目など—は少ないほうが、また文字の輪郭やコントラストは強いほうが検索精度が上がります。

③PC版では、②の画像調整に画像処理ソフトが必要でしたが、この作業をスマホで簡易に行えるよう、iPhoneのアプリとして『MOJIZOkin（モジゾーキン）』を開発しました（図26。アップルストアで無料配布中、http://www.kitadailab.jp//mojizokin.html）。

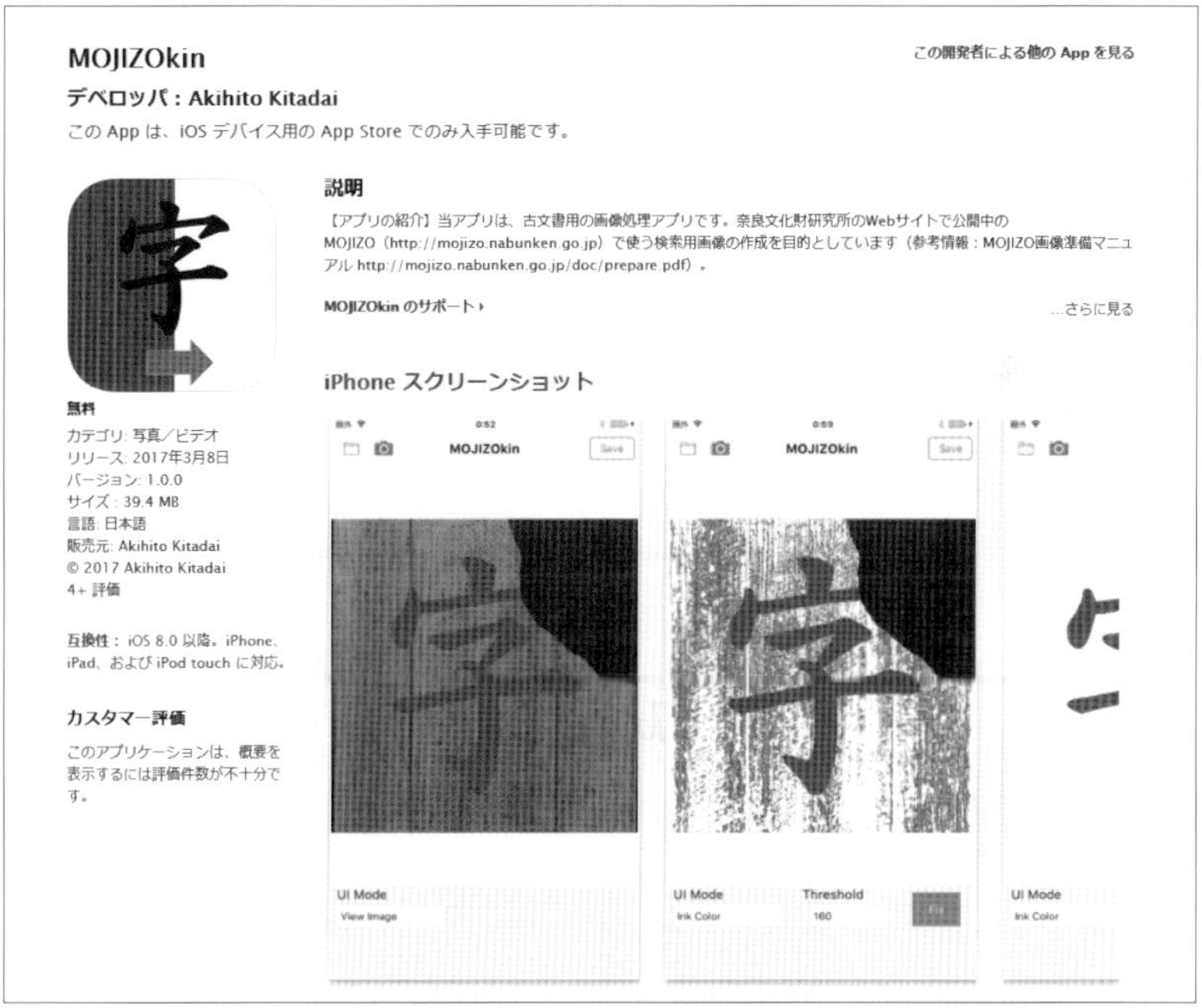

図26　MOJIZOkin（モジゾーキン）とその説明

④「画像選択」をクリック（タップ）して文字画像を選ぶか、「画像選択」の枠内に文字画像をドラッグします。スマホ・タブレット版では解読する文字の画像を直接撮影して解析することもできます。

⑤「解析する」ボタンをクリック（タップ）すると解析が始まり、終わると検索結果が開きます。

⑥検索結果は、奈文研の『木簡字典』と東京大学史料編纂所の『電子くずし字字典データベース』の二段に分けて表示します。それぞれの右肩の「さらに見る」ボタンをクリック（タップ）すると、以下一〇〇件まで検索結果が見られます（図28）。

⑦表示は、文字画像、読み、出典によります。出典欄をクリック（タップ）すると、当該木簡のデータが『木簡字典』によって別ウインドウで開きます。木簡本文・寸法・型式番号・樹種・木取り・出土遺跡名・遺構番号・調査主体などのメタデータと、木簡の全体画像を閲覧することができます。

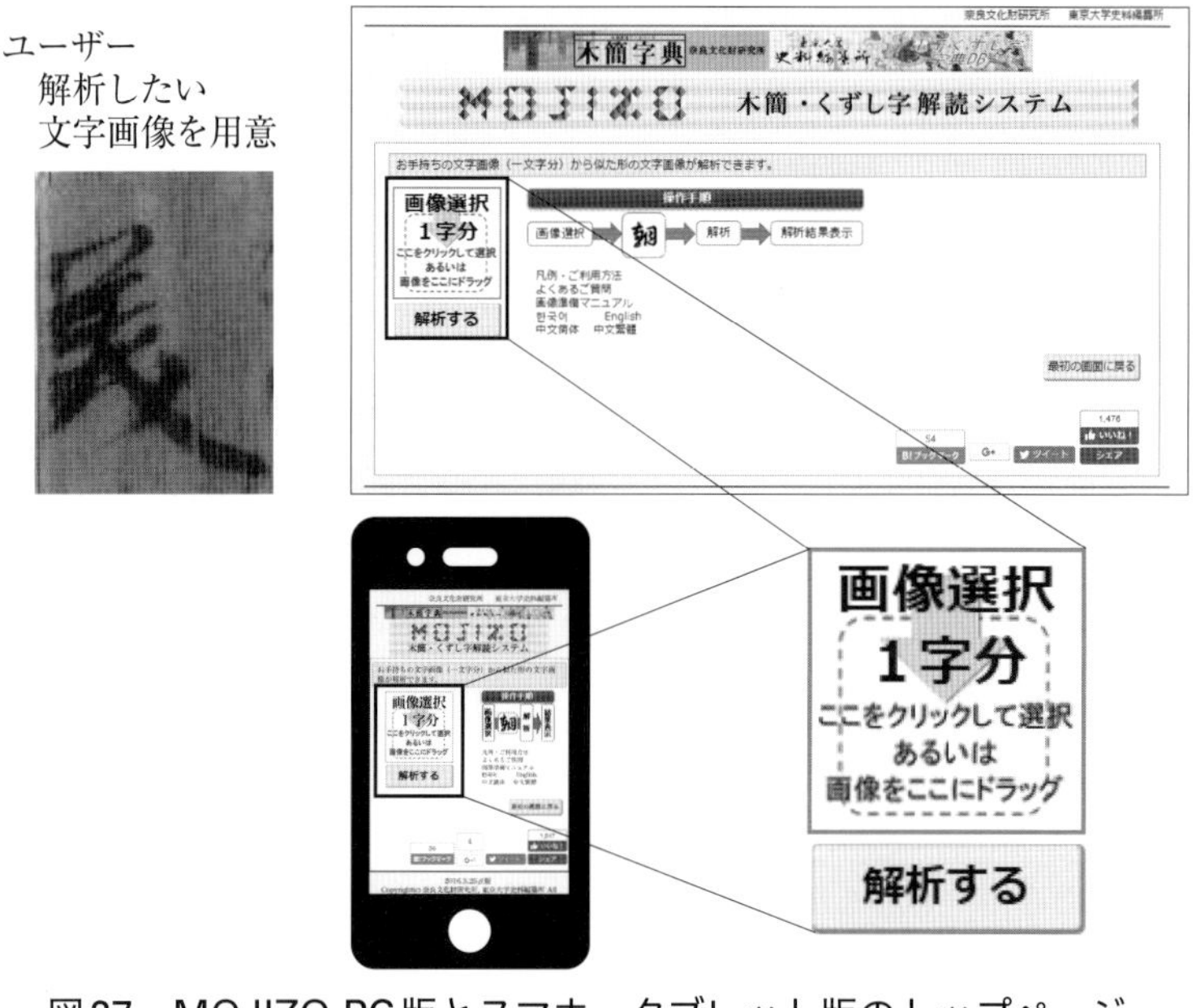

図27　MOJIZO PC版とスマホ・タブレット版のトップページ

ただ残念ながら、現状ではiPhoneのアプリだけで、アンドロイド版はありません。将来的にはアンドロイド版で使えるようなものも公開していけたらと考えています。

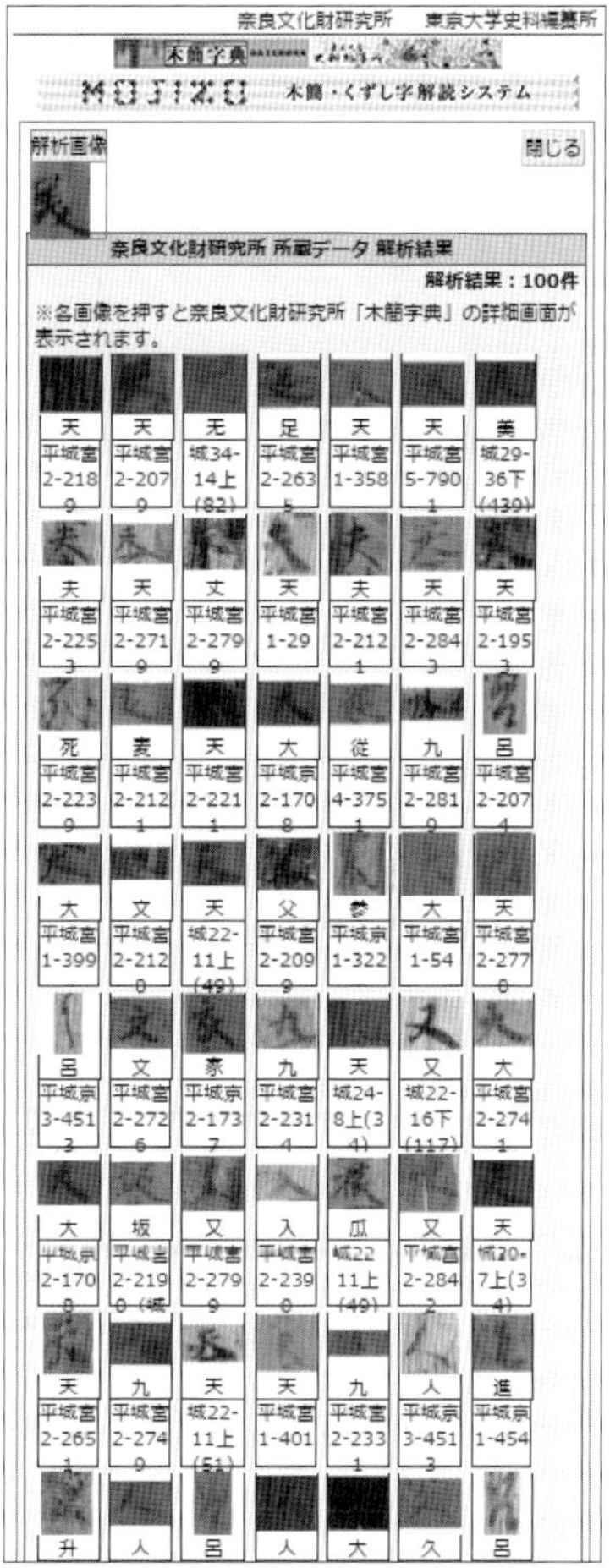

図28　MOJIZOの検索結果「さらに見る」表示（スマホ版）

四　よりよい木簡データベースをめざして

『MOJIZO』の開発により、画像で検索する木簡の文字画像データベースを実現し、テキストで検索する従来の木簡の文字画像データベース『木簡字典』とあわせて、木簡の文字画像データベースにテキスト引き・画像引きのいわば二つの入り口がそろうことになりました。しかも『MOJIZO』は、当初から東京大学史料編纂所の『電子くずし字字典データベース』との連携検索機能を持つデータベースとして開発してきたことから、木簡・古文書の連携検索に二つの入り口が一挙に完成したことになります（図29）。

『MOJIZO』は、当初は私たち自身が木簡や古文書を読むのに便利なようにと始めた研究の成果です。それを広くご利用いただいているのは、まさに開発者冥利につきます。しかし、それは考えてみれば、ワープロ・PC・携帯・スマホの普及によって、書けるかどうかは別としても、複雑な字画の漢字を容易に使いこなせる時代ならではのことなのでしょう。私たちが想像もしなかったような使用法が『MOJIZO』にはあるかもしれません。漢字への関心の高まりをフォローする一助として、私たちの研究成果をお役立ていただければ幸いです。

『MOJIZO』を是非、皆さんに使っていただいて、このように直したほうがいい、このような機能があったら便利なのではないかといったことを教えていただければと思います。多くの方に使っていただくことが、よりよいソフトに改良していくきっかけになります。どうぞよろしくお願いします。

〔附記〕本稿で紹介したように順次構築・公開してきた木簡に関するデータベースを、その後二〇一八年三月、新しい木簡データベース『木簡庫』として統合・再構築し公開しました。従来の機能を活かしたうえに多くの新機能も付加してより使いやすくなったデータベース『木簡庫』を、従来のデータベース群と同様に、木簡の世界への入り口として、ますますご活用いただければ幸いです。

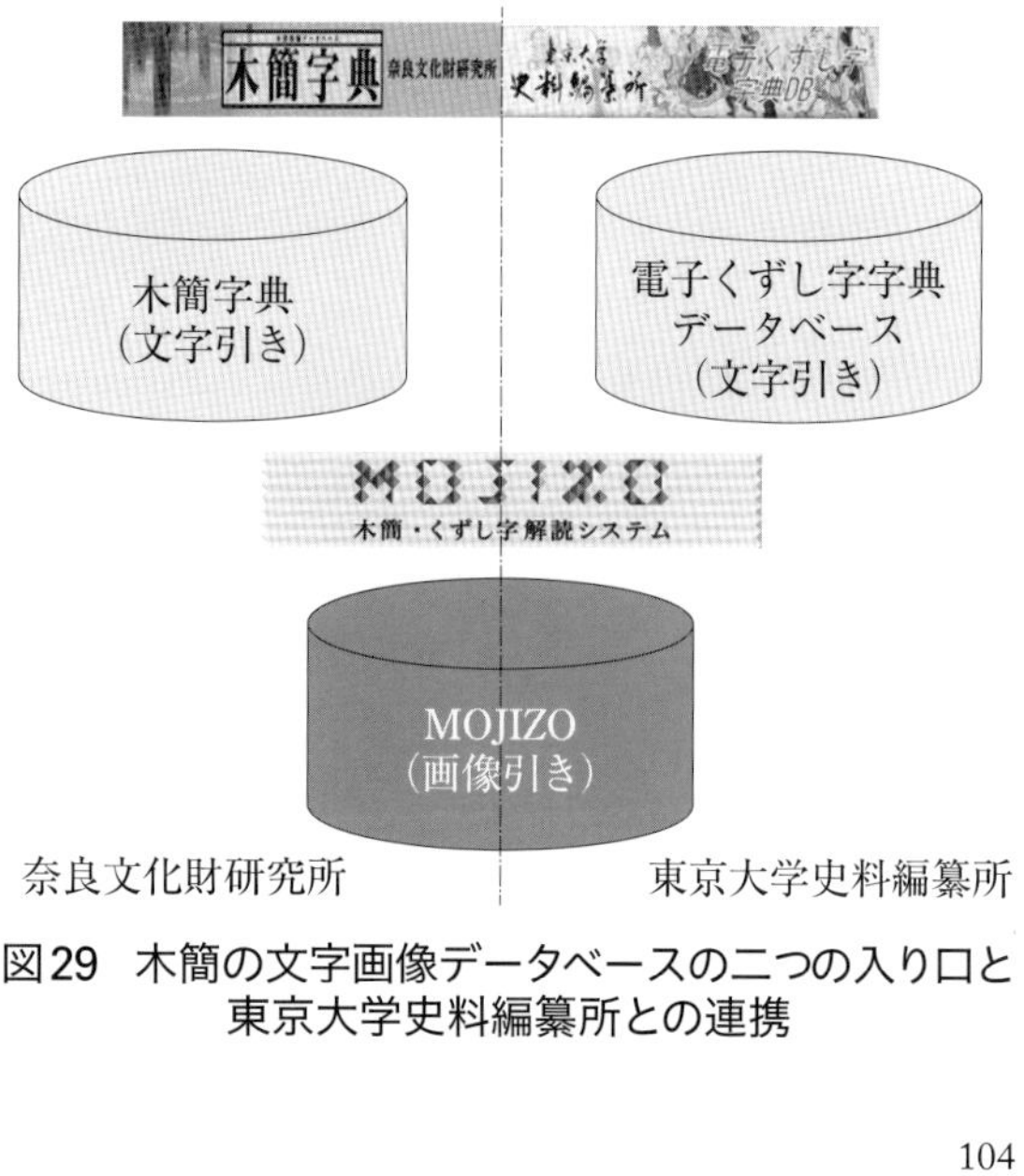

図29　木簡の文字画像データベースの二つの入り口と東京大学史料編纂所との連携

第4章 デジタルデータでみる高松塚古墳

廣瀬　覚

都城発掘調査部 主任研究員

ひろせ・さとる

一九七五年　島根県生まれ

二〇〇四年　立命館大学大学院文学研究科博士課程後期課程修了
博士（文学）

二〇〇六年　奈良文化財研究所特別研究員

二〇〇八年　奈良文化財研究所研究員

二〇一四年　現職

現在の専門分野は、日本考古学。とりわけ古墳時代から律令国家形成期にかけての考古学的研究

はじめに

国宝高松塚壁画の恒久保存対策の一環として、二〇〇六年十月から二〇〇七年九月にかけて高松塚古墳の石室解体作業が文化庁の事業として実施されました（**図1**）。本年（二〇一七）は石室解体事業の完了からちょうど十年目となります。

一九七二年（昭和四十七）に高松塚古墳から壁画が発見され、それ以降、現地で壁画を保存管理する努力が払われてきました。カビは発見当初から発生が確認されてはいたのですが、平成にはいって大量発生が続き、最終的にはこれ以上、現地ではカビ処置が困難な状態に陥ります。二〇〇五年（平成十七）六月の『国宝高松塚古墳壁画恒久保存対策検討会』において、抜本的な対策が必要と判断され、苦渋の決断ではありましたが、石室石材ごと壁画を古墳の外に取り出し修理することが決定されました。

同じような壁画を持つキトラ古墳は、下地の漆喰《しっくい》が分厚く丈夫であったため石材から漆喰を剥ぎ取ることで、壁画のみを取り出すことが可能でした。剥ぎ取り後の処置（再構成）が完了し、昨年から壁画は定期的に公開されています。

一方、高松塚古墳壁画は、発見当初から下地の漆喰が薄く脆弱で、漆喰内部の空洞化も進んでいました。壁画のみを剥ぎ取ることは不可能であったことから、石材ごと壁画が取り出されることになりました。石室を解体するにあたっては、当然のことながら発掘調査が必要となります。文化庁から奈良文化財研究所（以下、奈文研）が委託を受け、松村所長（当時室長）が指揮をとり私が補佐をするかたちで発掘調査を実施しました。

ここで、私事で恐縮ですが、私は結婚して今年で十周年を迎えました。つまり、石室解体中に結婚したのです。この調査に従事する前から決めていたことでしたので致し方なかったのですが、当時の室長（現所長）からは、「解体中に結婚してもうまくいくわけがない」とえらく怒られました。しかしながら、おかげ様で夫婦関係は解体することなくいまにいたっています。

図１　石室解体時の高松塚古墳と作業の様子

一　石室解体事業とデジタル記録

十年前の発掘調査では、解体作業によって失われる考古学的な情報、具体的には古墳の築造技術や構築過程に関する情報、さらには、壁画の保存環境に関するデータを細大漏らさず収集、記録することが至上命題となりました。ありとあらゆる方法を駆使して調査成果を記録することが求められたのですが、そのなかでもとりわけデジタルでの記録作業が重要となりました。当時、発掘調査の成果をデジタルで記録した実績は全国的にもほとんどありませんでした。高松塚古墳の石室解体事業は、今後の文化財行政の画期となることが明確でしたので、従来の写真撮影や手作業での図面作成に加え、万全を期して当時、飛躍的に技術が進みつつあったデジタル技術、とりわけ３Ｄでの記録化に取り組むことになりました。

考古学の世界でもいま、すごい勢いでデジタル化が進んでおり、現在もまだ過渡期なのですが、ちょうどそうした動きが十年前ぐらいから始まっておりました。将来を見据え、次の世代、さらに次の世代へと高松塚古墳の情報を伝えていくうえで、最先端のデジタル技術で記録を残すことが不可欠の作業となりました。ここでは、高松塚古墳の石室解体事業において奈文研が取り組んだデジタルでの記録作業、およびその活用例についてご紹介することにします。

ちなみに、二〇一七年五月には、『特別史跡高松塚古墳発掘調査報告―高松塚古墳石室解体事業にともなう発掘調査―』を刊行しました。この本自体は行政向きの報告書で非売品ですが、この十月に頒布用の報告書が刊行され、一万五千円（税抜・同成社）で販売されています。森本部長や高田研究員の講演で灰色文献、白色文献のお話がありましたが、高松塚古墳の報告書は少々高いですが入手可能な白色文献で、お取り寄せいただければ一般の書店でも購入可能な純白文献です。この報告書に掲載した図面にもデジタルデータを駆使しています。手描きの図面でしか表現できない細部の描写と、デジタル機器で収集した高精度のデータとを統合した、いわばハイブリッドの理想的な図面やデータの提示ができたと、自分では思っています。

二 デジタルデータの取得と活用

壁画のフォトマップ

本日のお話では、高松塚古墳の代名詞である極彩色壁画については、あまりでてまいりませんが、最初に少しだけ触れておきます。教科書等で皆さんよくご存じの高松塚古墳壁画ですが、天井に星宿、東西と北の壁面に四神と日・月、男女の人物像が描かれています。

この高松塚古墳壁画の石室解体前の姿を正確に記録するため、奈文研の写真室が総力をあげてフォトマップ撮影を行いました。フォトマップは、高精細のデジタルカメラで撮影した石室内の分割写真をレンズによる歪みを補正しつつ正確な図面として合成する技術です。フォトマップの名前のとおり、高精細の画像でありながら正確な図面（マップ）でもあるため、壁画の記録には最適といえます。

ただし、高松塚古墳の石室は一人、二人はいれるくらいの、押し入れの下一段分ほどの狭い空間で、非常に厳しい撮影環境にありました。そこで、石室内にレールを敷き、その上を当時、最先端の三千九百万画素のデジタルカメラを少しずつ走らせながら分割的に写真を撮りました(**図2**)。全体で千枚以上の写真を撮影し、歪みを補正して合成したのが**図3**です。東西の壁面にはあいだに各二本の筋がはいっていますが、そこが石の継ぎ目です。石室の解体に際しては、石単位で壁画が分割されることになるので、壁面単位で一体で記録された最後の記録がこのフォトマッ

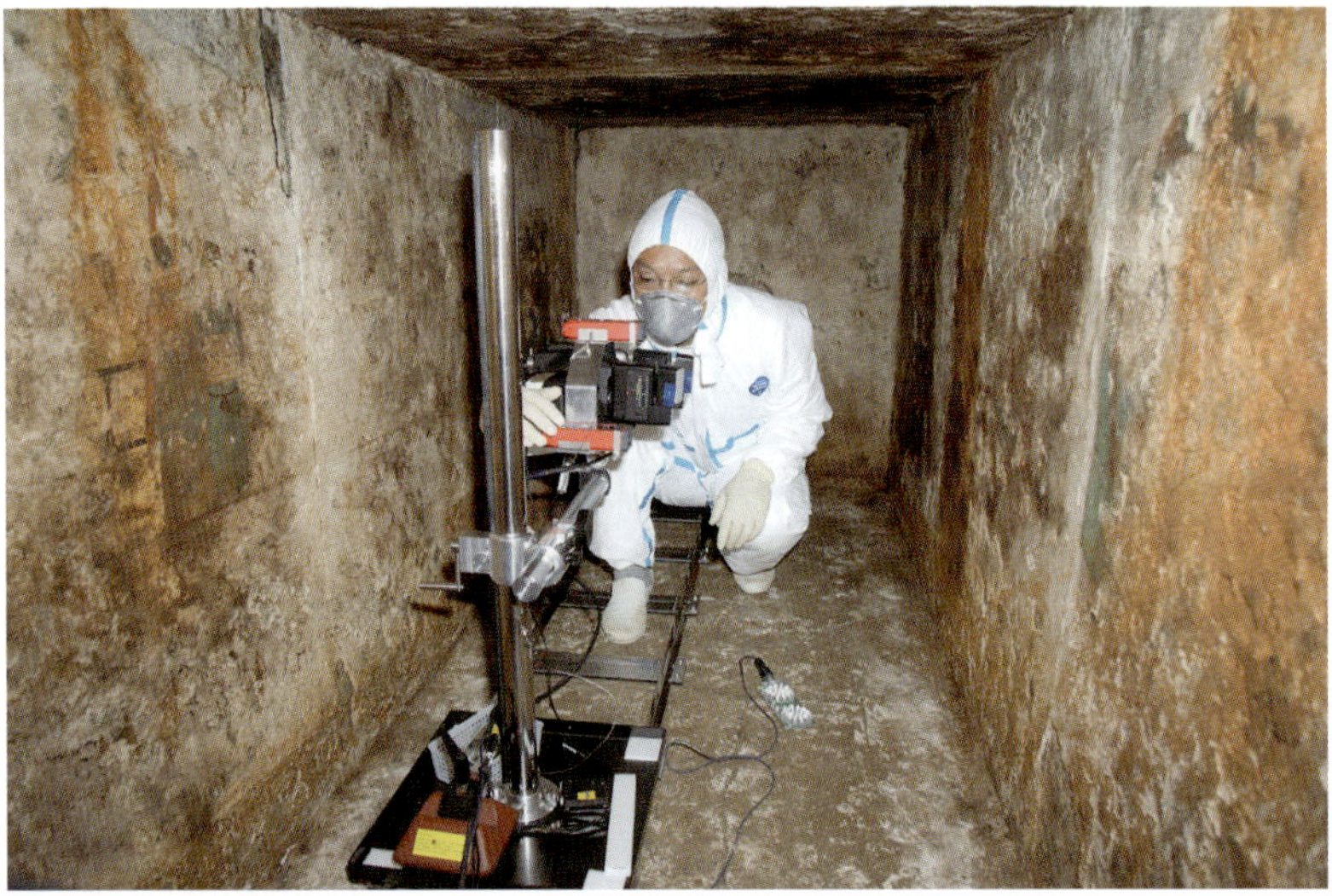
図2　フォトマップ作成のための壁画撮影の様子

図3　西壁面のフォトマップ

プになります。

完成したフォトマップのデータは、等倍で出力して展示などで活用しているほか、ハイビジョン動画としても視聴することができます。また、二〇一四年から飛鳥資料館のロビーではタッチパネル式の「壁画ナビゲーション」を設置しており、自由に拡大・縮小して壁画を閲覧できます。正直、肉眼で見るより詳細に壁画の細部を見ることができる代物です（図4）。同じモニターでキトラ古墳の壁画も選択して閲覧することができます。

図4　壁画ナビゲーション（飛鳥資料館）

高松塚古墳の発掘調査

高松塚古墳の石室は、大阪と奈良のあいだにある二上山から切り出された凝灰岩で構築されており、箱形に加工された十六枚の石材を組み上げてつくられています。

発掘調査では、最終的に石室の周囲約一メートルの範囲を掘り下げて解体作業で人がはいるスペースとし、石室を完全に露出させた状態で解体チームに引き渡す予定でした。しかしながら、石室の検出が進むにつれ、予想に反して、石材外面の形状は不揃いで不安定な状態にあることが判明しました。

壁石周囲の土（版築）をすべて除去すると倒壊の危険性があることから、一度に掘り下げずに、各石材の取り上げごとに段階的に土を取り外すことになりました。このため、解体作業開始前の最後の石室の全景写真は、壁石の下半が土中にある状態での撮影になりました（**図5**）。もっとも北側の天井石が象徴的で、他の三枚の天井石とは形状や規格のまったく異なる石材が用いられていました。内部からはこのような状況になっているとは想像だにしませんでした。

図5　解体作業開始直前の石室
（上：南東から、下：北東から）

三次元レーザー計測

石室解体に伴う調査では、従来の二次元での記録に加えて、当時、最先端の技術であった三次元レーザー計測を導入して記録に万全を期しました。三次元レーザー計測は、機材から対象物にレーザーを照射することで、X、Y、Zの三次元の位置情報を持った点群をパソコン内に大量に記録していく計測技術です。とりわけ石室のような立体的な構造物の記録に適しており、デジタル技術による将来的な汎用性も期待されました。ただし我々も当時は、こうした機材を用いて発掘調査の記録をおこなった経験がありませんでしたので、手探りの状態で最先端の測量技術を導入することになりました。

解体作業で石材の取り上げが進むと、そのたびに、それまでは見えなかった部分が現れます。その都度、三次元レーザー計測を繰り返し、石室各部位の形状を段階的に計測し、最終的に取得したすべてのデータをパソコン上で合成します。これによって、実際には発掘現場で現れなかった十六枚すべての石材が組み合わさった姿（当然、写真でも記録できていない）を３Ｄモデルとして再現することができました（**図6**）。この画像は、ソフト上では自由に回転させて見たい部分を見たい角度で見ることができます。

図6　石室の3Dモデル

石材加工痕跡の３Ｄ記録

また、石室の全体の形状以外に、十六枚の石材それぞれについても、一枚ごとに形状を詳細に記録しています。各石材の接合面は直線的に加工されており、ところどころに鉤《かぎ》の手の形をした切り込みが設けられて

図7　天井石側面に残る加工痕跡

います。解体のときの作業でこのような形に切断したのではないかとよく言われますが、けっしてそうではありません。当時の石工たちの高度な技術の産物で、鉤の手形の切り込みは石材どうしをパズルのように組み合わせて、石材が倒れないよう計画的に加工した結果なのです。こうした細部の形状も三次元レーザー計測で正確に記録できています。

では、そうした石材の形状はどのようにして加工されたのでしょうか。少し細かい話になりますが、石室石材の表面には、鉄製の工具（チョウナや鑿《のみ》）を打ち付けた加工の痕跡が明瞭かつ無数に残っていました（図7）。また、ところどころに朱線（赤い線で引いた加工の目印）も見つかりました。機械で切断したかのような形状は、計画的に引いた朱線を目印に鉄製の工具で少しずつ石材を削るという、気の遠くなるような手作業で実現されたものだったのです。

この加工痕跡についても、どのように記録するかが課題になりました。取り上げ後の石材は、壁画の修理のために壁画のある面を上に向けて保管されることになるため、修理中は石材外面の観察が事実上不可能となることがわかっていました。したがって、現地で加工痕跡の全面的な記録を行うことになりました。

じつは当初は、写真測量やレーザー計測での記録を計画していました。しかしながら、写真測量では、斜めから一定の方向で光を当てることである程度の痕跡は記録が可能ですが、工具の痕跡はあらゆる方向や角度で打ち込まれているため、順光方向にある痕跡は不鮮明となり、必ずしもすべての痕跡を明瞭に記録できるわけではありません。

これに対して、レーザー計測では、細かな加工痕跡の凹凸を記録するには通常よりレーザーの照射を密にする必要があります。計測に多くの時間を要することに加えて、取得後の情報量があまりにも膨大となって、パソコン上での処理も困難になることが予想されました。そのうえ、石材の取り上げのスケジュールは、壁画の環境変化を考慮して、取り上げの日程が決められており、時間的な制約もありました。そこでやむをえず、アナログな方法ですが、拓本で加工痕跡を記録することにしました。拓本は考古学では伝統的な記録手法です。石材の表面に拓本用の紙（画仙紙）を貼って少し水に濡らして紙を沈ませます。その上から墨を打つと、紙が沈んだところには墨があたらないので白くなり、逆に出っ張っている部分は黒っぽくなるため、加工によって生じた凹凸を漏れなく把握するのに適しています。じつは私自身は大のアナログ人間でして、むしろ拓本には自信がありました。

しかしながら、拓本をとり始めたときはよかったのですが、石材が非常に大きく、予想以上に大変な作業になりました。拓本用の紙は、通常は対象物にあわせて適当な大きさに切って使用するのですが、各石材のもっとも広い面ではこれを切らずに原紙のまま三枚継ぎ足して貼り付けました。しかも大きな振動を与えると壁画が剥離する危険があるので、天井石の上面では**図8**のようなアクロバティックな姿勢で拓本をとりました。ただし、取り上げ時まで隣の石材と接していた面は、現地での記録ができなかったため、石材が壁画修理施設に搬入された後に記録作業を実施しました。

図9は、修理施設内に石材が運びこまれた直後の写真です。こちらの修理施設は、文化庁が年に四回、定期的に奥に写っている窓から見学できる機会を設けています。ここは、カビを抑制するため温度二一度、湿度五五%に環境制御されています。そのため、水を使った拓本は実施することができません。一方で、施設内では発掘現場とは異なり、記録のための時間はある程度確保できたので、もう少し精度の高いレーザースキャナーで計測し記録することにしました。とはいえ、やはり石材一枚単位ではデータ量が膨大となるため、一面単位でデータ処理をしました。レーザー計測で作成した三次元モデルと拓本を比較したのが**図10**です。三次元モデルでは、見方によっては拓本以上にリアルに加工の凹凸を捉えることができます。

ちなみに、三次元モデル、拓本とも筋が無数についているところは、チョウナの先端を垂直に打ち付けた跡になります。石材表面の少し高く出っ張った部分にチョウナを打ち付けて凹凸を均し、

図8　石材加工痕跡の拓本採取風景（天井石上面）

図9　壁画修理施設内に搬入された石室石材

さらに鑿で薄く削って平坦に加工しています。三次元モデルのほうは、玄武が描かれた北の壁石の底面で、少し加工を手抜きして、鑿での削り仕上げを省いたために、チョウナを垂直に打ち付けた際の状況がよく見えています。本来3Dデータですので、パソコン上では、角度を変えて見たり、斧や鑿をいれる角度や深さも数値化することができます。拓本は二次元のデータですので見た目のままでしか評価できません。今後は、三次元データを用いた石材加工の細かいテクニックや個々の工人の製作時の癖などの解明が期待されます。

構築過程を再現する

石室解体に伴う発掘調査では、前述のように古墳の築造技術や構築過程に関する情報を細大もらさず収集することを心掛けましたが、そも

図10　石材加工痕跡の記録法の比較（縮尺不同）
上：拓本（天井石4西面）　下：三次元モデル（北壁石底面）

そも、なぜ、古墳の構築過程を復元する必要があるのでしょうか。

　古墳にかぎらず物質資料を扱う考古学では、見た目の大きさや形状の類似性だけでなく、どんな技術で、どのような手順（過程）で製作（構築）したのかを考えます。技術や手順が同じであれば、単に形を真似したというだけではなく、製作（構築）した集団どうしが深く結びついていた、あるいは集団が同一であったと理解することができます。高松塚古墳がどのようにして構築されたのかがわかれば、そのルーツの解明につながり、ひいては被葬者の性格を追究する手がかりともなります。また、古墳はある意味、構築する過程自体がお葬式（葬送儀礼）の一環のようなところがあります。その手順を知ることで、当時の他界観や死生観に迫ることができる可能性もあります。

　従来、古墳の構築過程については、**図11**のような平面図と断面図を組み合わせて説明されてきました。このような図では、研究者以外では解読が困難です。また研究者でも、文章と一緒に読み解かないと理解できない場合もあります。

◎古墳（遺跡）はどのような方法で、どのような手順でつくられたか？

どこからきた技術か？

表面的な比較を超えて、共通性や差異を検証

葬送儀礼の手順–当時の他界観

→古墳（遺跡）の内容や性格を深く知る

◎従来は二次元での記録と報告

コマ送り写真と平面図・断面図での提示

→研究者以外では解読が困難

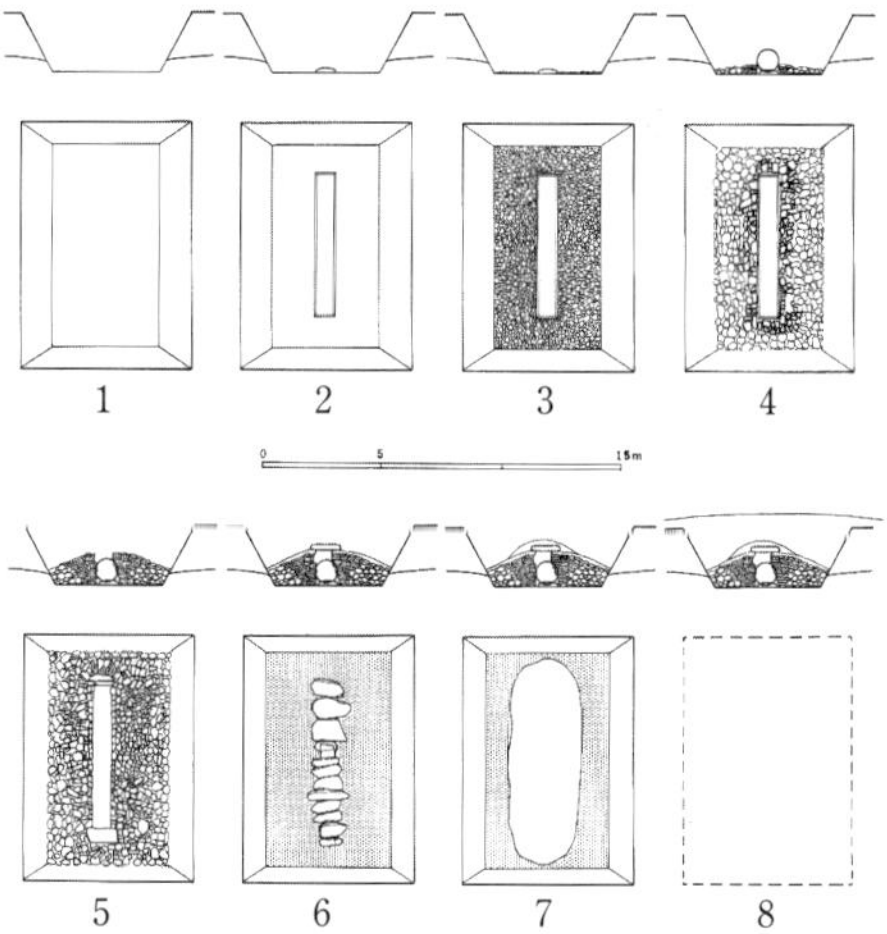

図11　茨木市将軍山古墳の石室構築過程模式図
（帝塚山大学考古学研究室『茨木市将軍山古墳石室移築報告』より）

図11は、大阪府茨木市にあった将軍山古墳の調査成果として作成されたものです。将軍山古墳は一九六四年、高度経済成長のまっただなかに宅地造成によって破壊され、姿を消しました。墳丘の長さが一〇七メートルもある大型の前方後円墳で、現在であれば史跡に指定されて保存されてしかるべき古墳ですが、当時はそれが叶いませんでした。しかしながら、重機が迫ってくるなかでも献

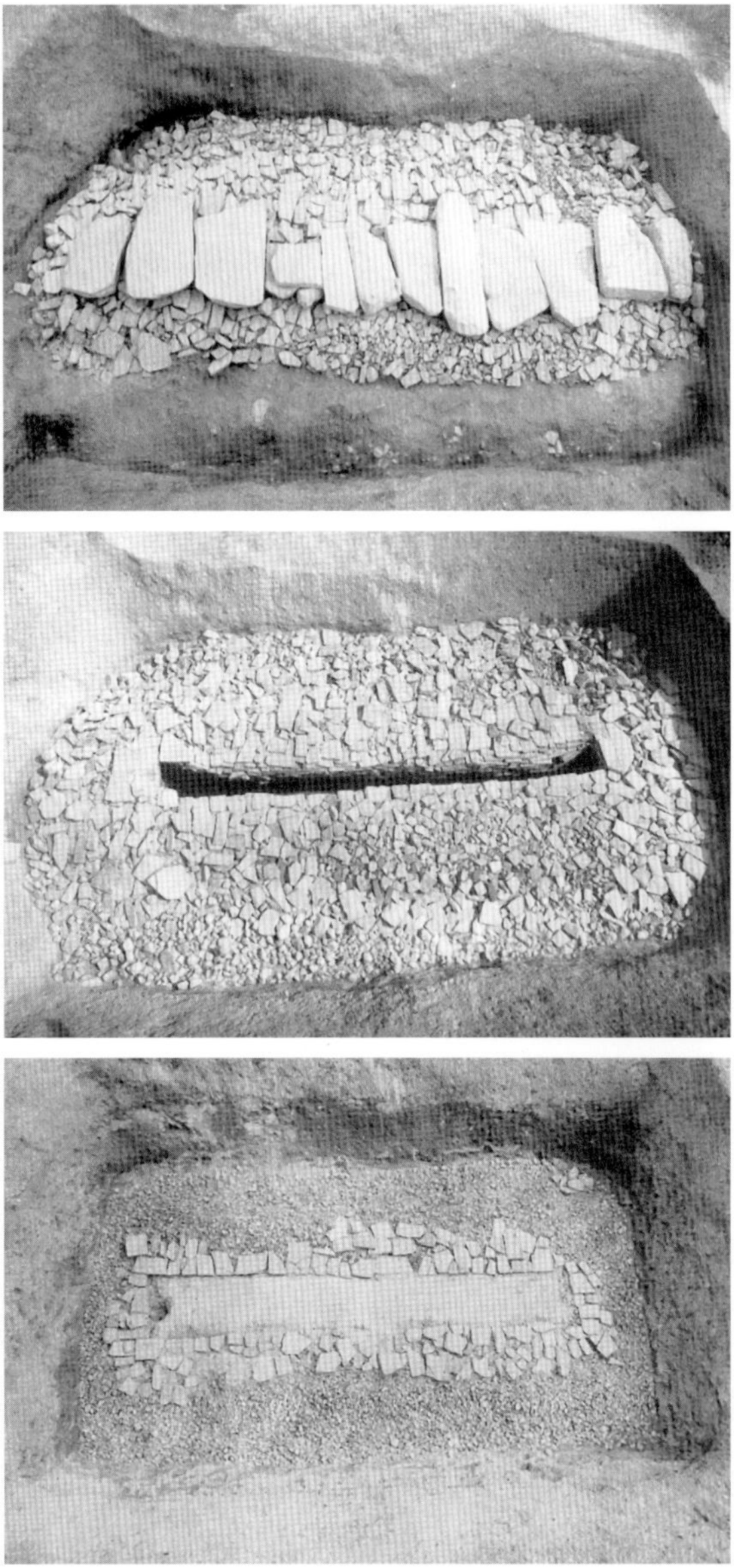

図12　茨木市将軍山古墳の石室解体過程
（帝塚山大学考古学研究室『茨木市将軍山古墳石室移築報告』より）

身的な発掘調査が実施され、記録が残された結果、現在でもその内容を知ることができます。

この古墳は四世紀の築造で、埋葬施設は竪穴式石室です。開発に伴い石室も壊されることとなり、解体しながら記録がとられました。調査後、石室は近くの丘の上に元に近い形で移築復元され、現在でも見学することができます。このようにやむをえず解体されることになった石室が隣接地に移築された例は各地にもありますが、将軍山古墳はその先駆的な例です。

将軍山古墳では解体が進むにつれて、コマ送り状に定点で写真撮影がおこなわれました。考古学の発掘調査は、遺跡が構築された順序を逆方向にさかのぼるようにして進められます。したがって、解体過程の最後の場面から定点写真を反対に巻き戻していくと、それが古墳の構築過程を再現することになります（図12）。同様に図面でも、平面図と断面図でコマ送り漫画のようにして、構築過程を再現します。将軍山古墳の発掘調査は、一九六四年に実施されたものですが、その報告書に掲載されたコマ送り写真と図面は、二〇一三年に文化庁から発行された『発掘調査の手引き』の墳墓編でも、見本として掲載されました。五十年ほど前の記録作成の方法が現在でも推奨されているのです。

石室石材の取り上げ

話を高松塚古墳に戻します。高松塚古墳の石室がいよいよ露出する直前に、一重目の外部の覆屋のなかに、二重目の内部の覆屋を建設しました。内部の覆屋は断熱性を備えており、空調装置で温湿度が厳密に管理されていました。この内部の覆屋の屋根に天窓を開けて、そこからさきほどの将

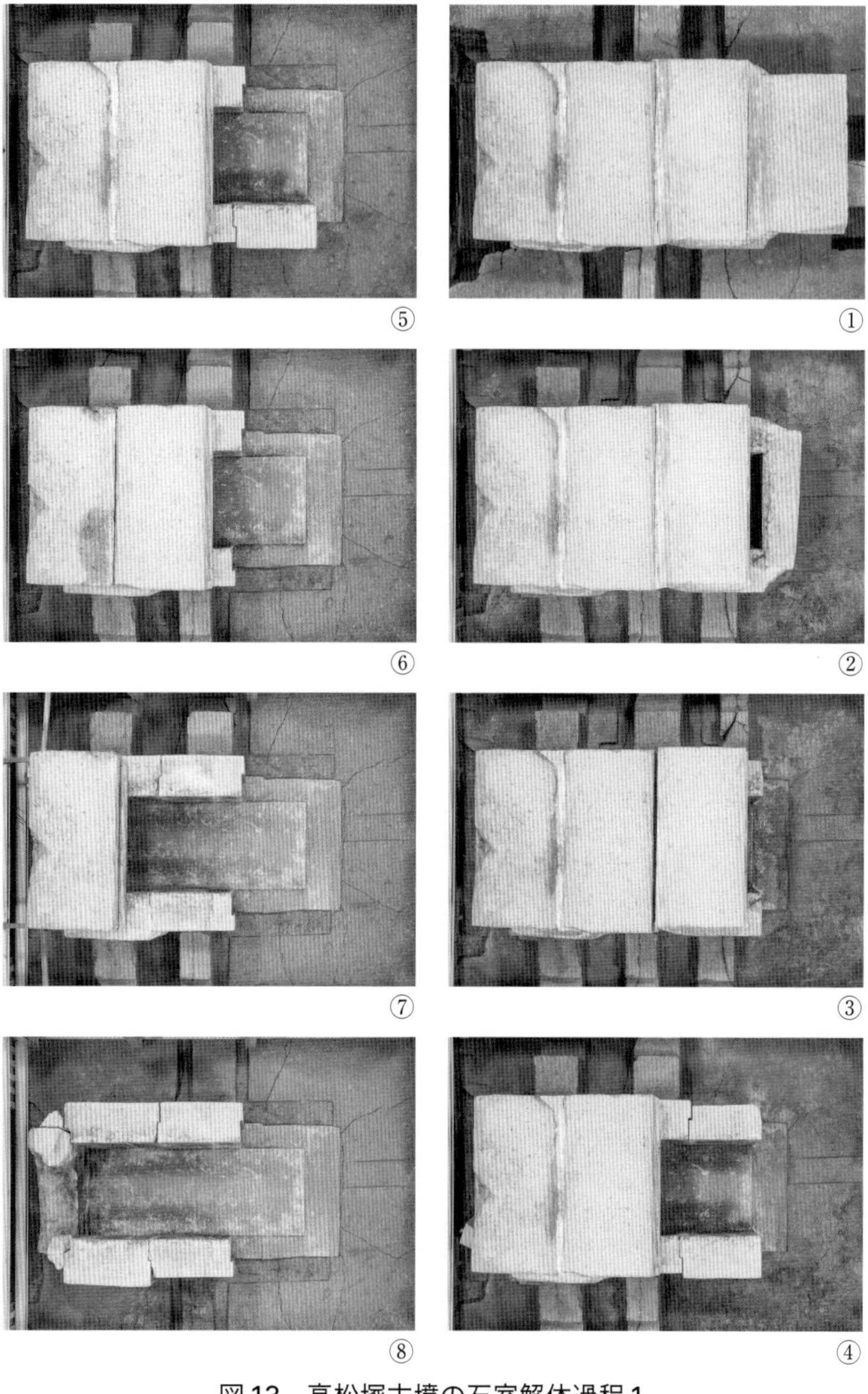

図13　高松塚古墳の石室解体過程1

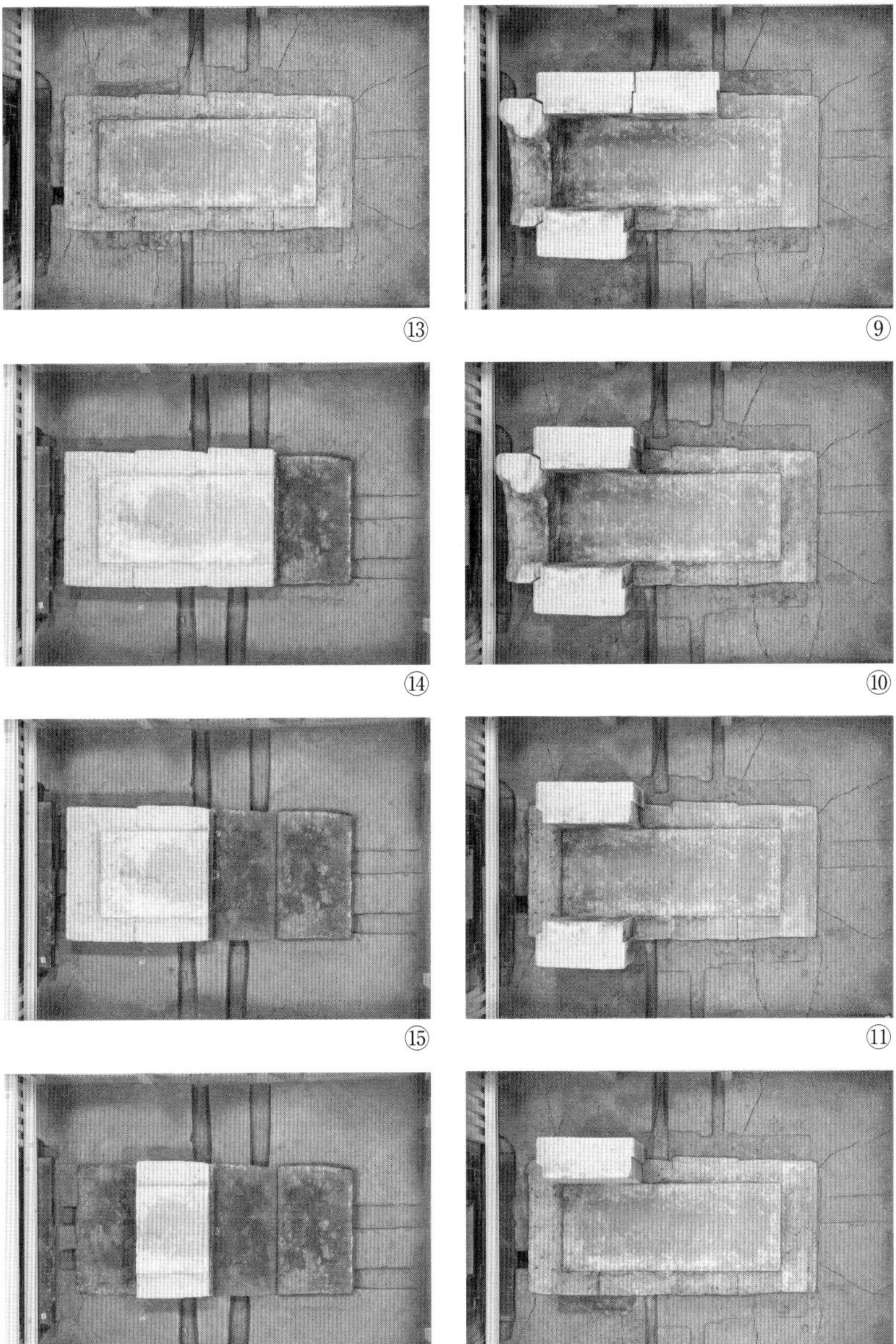

図14　高松塚古墳の石室解体過程2

軍山古墳のように解体過程の定点撮影を行いました。奈文研の写真チームが一石ずつ取り上がるごとに撮影していきました（**図13・14**）。

やはり原則的には構築時に組んでいった逆の順番で石材を取り上げていくのですが、残念ながら完全に忠実な順番では取り上げることはできませんでした。地震で大きく割れている石材があったり、それぞれの壁画のコンディションに差異があったので、それらを勘案して、順序を変更した部分がありました。たとえば南から二番目の天井石は、南北に縦断するように大きな亀裂が走っていたので、安全を期して先に南側の天井石を取り外したうえで、東西南北の四方向からがっちり拘束して取り上げました。

したがって、高松塚古墳の石室解体過程では、定点撮影した写真を巻き戻しでコマ送りしても、残念ながら石材の組み立て順序を厳密に再現することはできません。しかしながら、さきほど紹介した石室の３Ｄモデルを活用すれば、実際に石材を組んでいった順序で再現映像を閲覧することができます。

高松塚古墳の構築過程の再現

いよいよ古墳の構築過程全体の再現へと話を進めます。

図15は、高松塚古墳の壁画が発見された直後の一九七二年に刊行された『壁画古墳高松塚 調査中間報告』（橿原考古学研究所編）に掲載された構築過程の再現図です。やはり平面図と断面図を組み

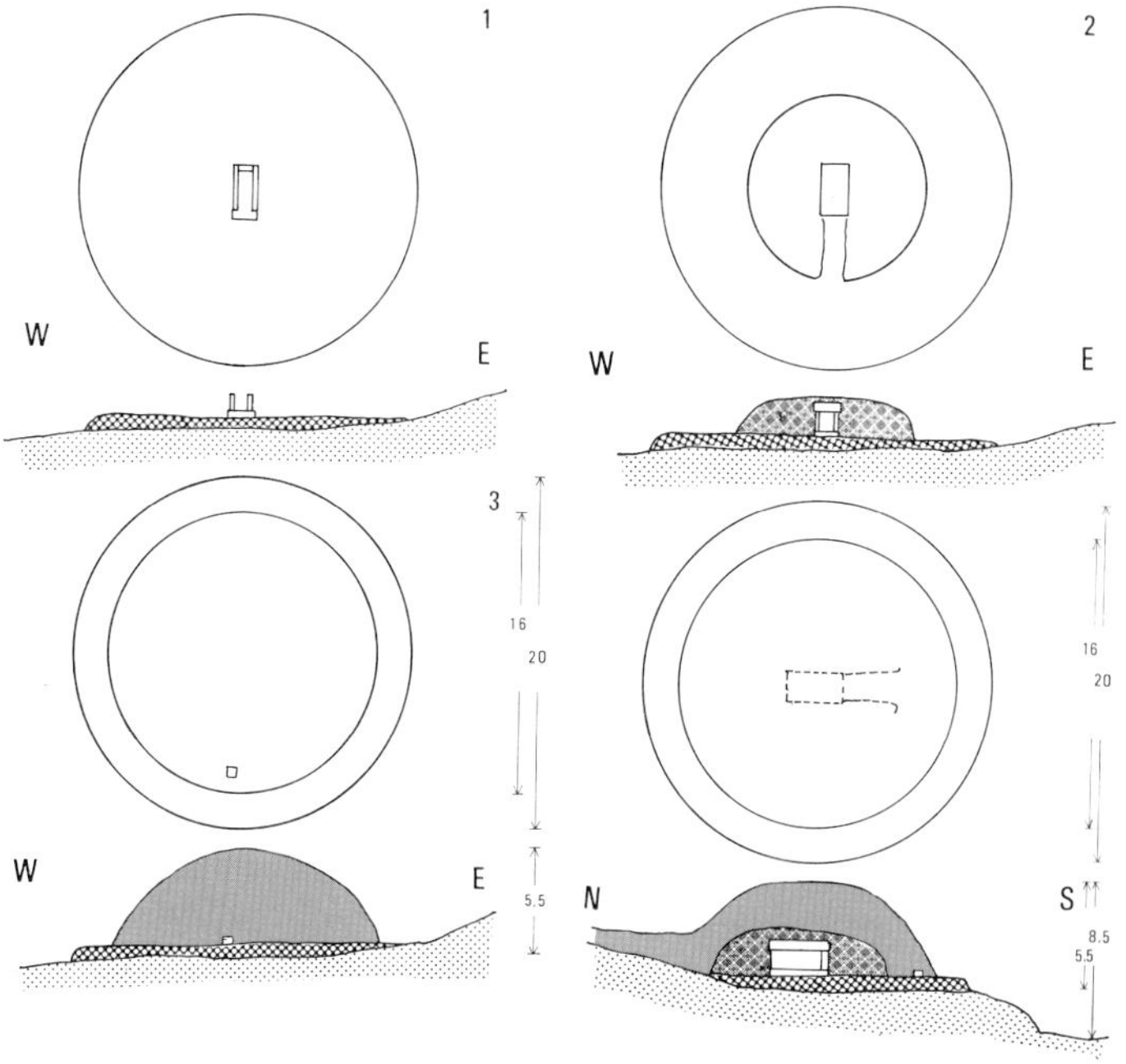

図15 『壁画古墳高松塚　調査中間報告』(1972年) 掲載の構築過程模式図

合わせて構築過程を説明するものです。一九七二年の調査は、石室内部とその前の墓道部分を中心とした限定的な調査であったため、構築過程の概要は把握されていますが、現在からみれば細部には修正すべき点がありますし、少々わかりづらい図になっています。

これに対して、図16が、本年(二〇一七年)刊行の最新の報告書に掲載した断面模式図です。一九七二年の図面に比べれば精度は上がっていますが、これはまだ二次元の図面ですので限界もあります。一方、調査終了後のデータ整理の過程では、発掘調査にもとづく忠実なデータと一部推定部分もまじえて、石室以外の古墳の全体像についても３Ｄモデルを構築しました。このモデルもコマ送りで構築の順序を表現できます。今回の報告書では、そのなかの八コマ分をダイジェストとして取り出して掲載しました（**図17**）。これであれば、古墳の構築過程の流れが理解していただけるのではないかと思います。

ただし、実際にはこのモデルでは、パソコン上ではもっと詳細に構築過程の全容を再現的に閲覧することができます。まだ試作的なものではありますが、現在のところ、**図18**のようなデジタルコンテンツとしてご覧いただけるところまで整理が進んでいます。

紙面上では詳しくご覧いただけないのが残念ですが、高松塚古墳の構築過程はざっと以下のようになります。古墳は南向きの斜面に立地しており、斜面を水平に削り、生じた土でさらに南側に平坦面を広げて、古墳を築く基盤面とします。その上面に二本の溝を南北に掘り、内部には石を詰めて暗渠《あんきょ》にします。二本の暗渠の真ん中に床石四枚を南から順に置き、床石の上面の高さまで周囲を版築で埋めま

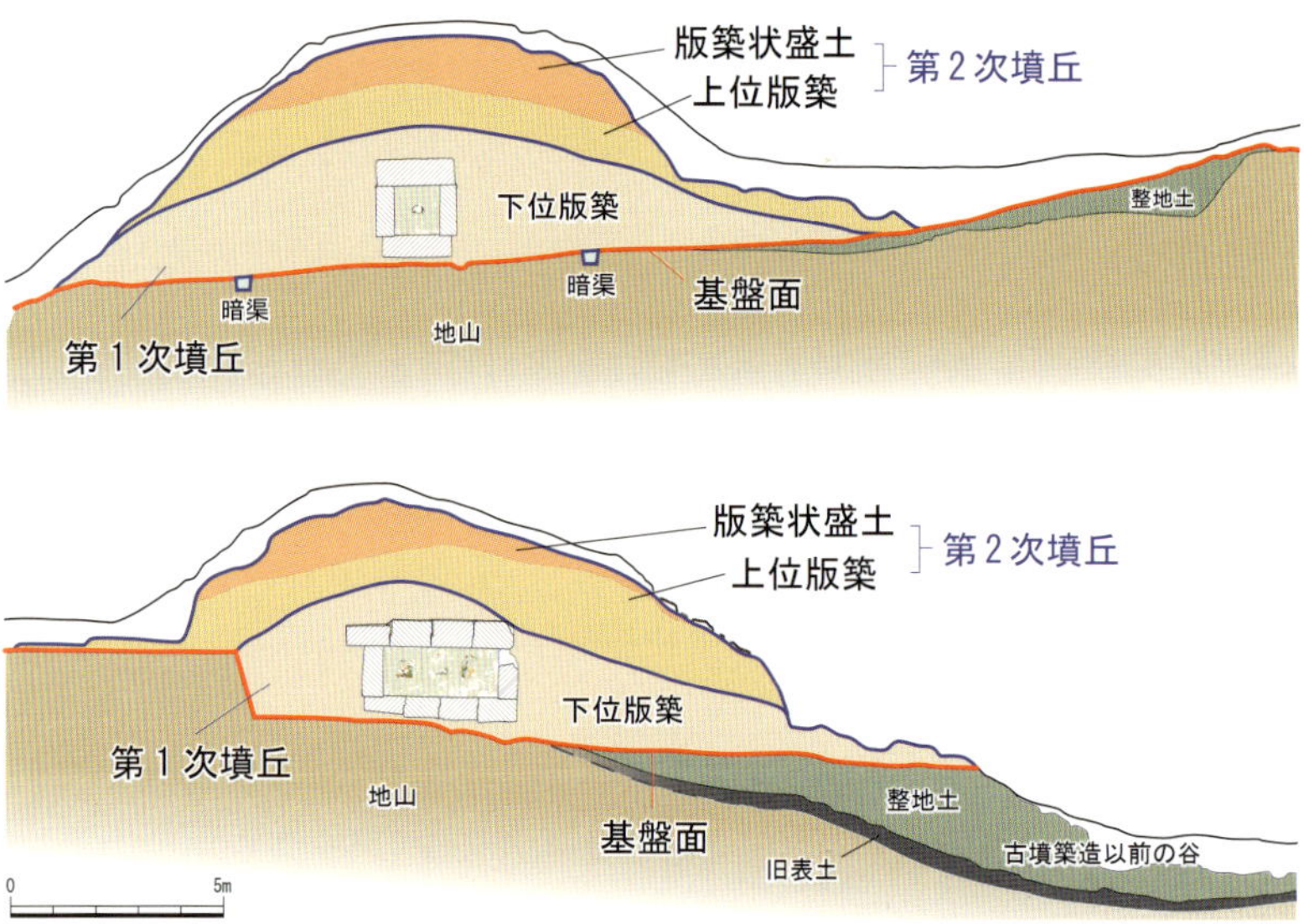

図16　『特別史跡高松塚古墳発掘調査報告』（2017年）掲載の断面模式図

①古墳築造以前の旧地形。墳丘構築位置の南東側に開析谷がはいりこむ。

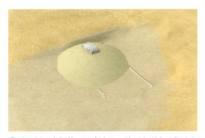

②北側の斜面を平坦に削り出す。平坦面の北寄りに高さ1.5mほどの段差を設け、雛壇状に造成する。

③南東側の谷を埋め立て、平坦面を南に拡張する。その上面に南北2条の溝を掘り、礫を充填して暗渠とする。

④完成した基盤面上に版築を施しながら、床石4石を設置する。

⑤床石上面まで版築で埋める。床石外縁と版築上面を接地面として、壁石8石を組み立てる。

⑥壁石周囲を版築で固定する。壁石上面まで埋めた後に、天井石を架構する。

⑦天井石を埋め第1次墳丘が完成する。南側に墓道を掘り、南壁石を取り外して、壁画を描き、棺を納める。

⑧石室を閉塞する。墓道を埋めつつ、第2次墳丘の構築に移行する。段築や周溝を削り出し、古墳が完成する。

図17　3Dモデルによる高松塚古墳の構築過程

オープニング画面（墓道から石室内をみる）

石室内に棺が納められた様子

図18　高松塚古墳のデジタルコンテンツの一例

す。その後、床石の周囲に壁石八枚を立て、壁石の上面まで埋めて、天井石四枚を乗せます。天井石を埋めたのち、古墳の築造をいったん中断し、進入路（墓道）を掘り南の壁石を外して石室内にはいれるようにします。石室内にはいって下地の漆喰を塗り、壁画を描き、棺を入れ、再び南の壁石を置いて石室を閉塞し、その後、墳丘の土盛りを再開し、最終的に表面の形状を整えて古墳が完成します。

このように、発掘調査で詳しい部分までわかっており、情報量が多い分、説明を聞いている（文章を読んでいる）だけでは非常にわかりづらいと思いますが、再現動画をあわせてご覧いただくと、よくご理解いただけるのではないかと思います。

また、高松塚古墳では、古墳の構築過程が大きく前半と後半の二段階に分かれ、そのあいだに棺を納めて葬送儀礼が執り行われるのが大きな特徴となります。いまのところ、日本の古墳で構築過程の途中で葬送が行われたことが確実視できる例はほかにはありませんが、こうした複雑な工程を皆さんにお伝えするうえでも、三次元での再現動画がきわめて有効となることがご理解いただけるかと思います。

保存施設の３Ｄ記録

皆さんは、遺跡はいつ行っても同じような姿をしていると思われるかもしれませんが、当然、発掘調査の際には大きく景観が変わりますし、その後も遺跡が整備されるとまた姿ががらりと変化します。整備された後もメンテナンスなどで多少景観が変わる可能性もありますし、さまざまな履歴をたどることになります。

とりわけ高松塚古墳は、十数年前までは竹藪に覆われていましたが、石室の解体中はさきほども申し上げたように覆屋で包まれていました（図1上）。そして現在は築造当初の姿として再現され、墳丘表面は芝生で覆われています。このように高松塚古墳は、めまぐるしく姿が変化してきています。こうした遺跡の遍歴を3Dで記録しておくことが、今後のスタンダードになっていくと思いますし、そうあるべきだと思っています。

冒頭でも述べましたように、高松塚古墳の壁画は、一九七二年の発見以来、三十五年間、現地で保存管理されてきました。古墳の南側には、コンクリート製二階建ての保存施設が建設され、一階の機械室には空調施設を置き、二階の通路部分に空気を送り込んで環境調整をおこない、修理者や点検者はその二階部分を通って石室内に出入りしていましたが、その内部は非公開であり、関係者以外はいることはできませんでした。私は解体作業前に予め、石室や施設内部の様子を確認しておくため一度だけはいらせていただきましたが、石室内は非常に狭い空間で、壁画を傷めないようにとヒヤヒヤで、生きた心地がしなかったことを鮮明に覚えています。

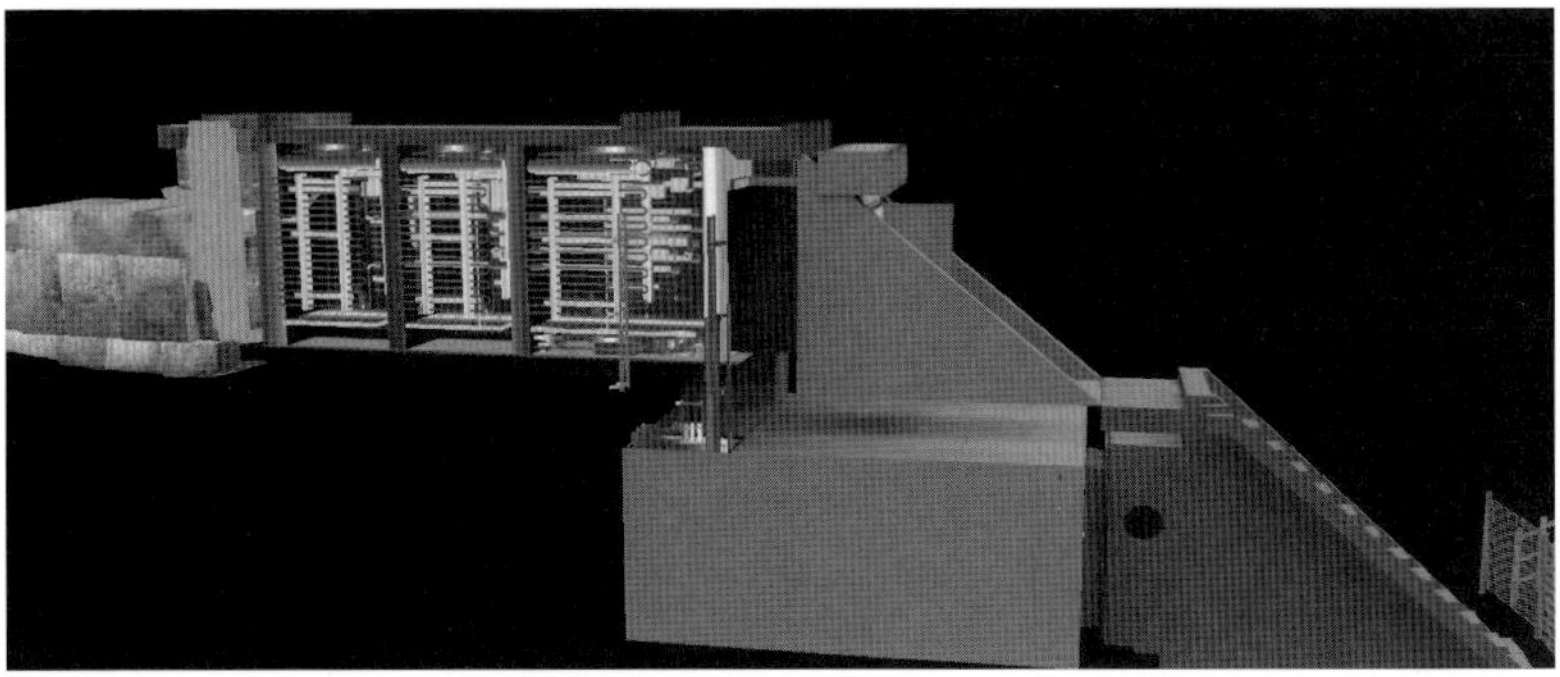

図19　高松塚古墳壁画保存施設の3Dモデル

図20　3Dモデルによる高松塚古墳築造当時の仮想空間

この保存施設のほうも、石室解体後の仮整備の一環で撤去されましたが、それに先立ち、施設の形状や構造を三次元レーザー計測で記録しました（図19）。取得したデータは、墳丘・石室と一体化したうえで、3Dモデルに加工しています。現在、壁画が現地にあったときの高松塚古墳の姿は目にすることはできませんが、作成したCG動画を通じて石室解体前の古墳の姿や非公開であった保存施設内の様子を追体験することができます。

古墳周辺の復元CG

さらに、高松塚古墳が築かれた当時の空間的な位置関係を追体験していただくために、往時の飛鳥・藤原地域の姿をモデル化しています。畝傍山、耳成山、天香具山という大和三山に挟まれた範囲に藤原京の中心部があり、それをのぞむ南郊の丘陵上には、天皇や皇族、有力貴族たちを葬ったとみられる古墳が集中しています。高松塚古墳はその一角に位置しており、その被葬者は藤原京の時代の有力者であったことは間違いないでしょう。

以前、藤原京の巨大なジオラマを作成しており、それを写真撮影してモデル上に組み込んで、当時の仮想空間を作成しました（図20）。藤原京の造営に着手した天武天皇とその后の持統天皇の合葬陵が、藤原京のメインストリートである朱雀大路の延長上に正しく位置していることがご覧いただけます。藤原京と天武陵の造営が一体的であったことを示しています。そのすぐ南西には多くの研究者が文武天皇陵とみる中尾山古墳がありますし、北西へ行くと推古天皇の改葬前のお墓とみる説が有力な植山古墳もあります。

高松塚古墳は中尾山古墳のすぐ南、谷を一つ挟んですぐ隣の丘陵上に位置しています。現在は木々が視界を遮っていますが、築造当時は直接お互いを目視できたものと思います。

三　今後の活用に向けて

現在では、遺跡の発掘調査での三次元計測の利用がかなり普及してきていますが、十年前の高松塚古墳の石室解体事業はその先駆けといえます。ご紹介してきたように、試行錯誤しながらデジタルデータを収集し、十年かけて整理作業を進めてきた結果、調査・研究はもとより、本日の講演会のような場でも三次元計測のデータを活用できる目途が立ってきました。

さきほどの茨木市の将軍山古墳の調査が一九六四年でして、五十年後の書物にもまだその成果が使われていることを考えると、当時としては相当、画期的な調査記録であったと評価できます。現在の技術進化のスピードはこの五十年間とは比較にならないくらい急速ではありますが、今回の高松塚古墳での取り組みも、願わくは、今後五十年とまでは言わないまでも、当面、三次元計測を用いた発掘調査、およびその活用のモデルケースになっていくことを期待しています。

ところで、先の熊本での震災では、熊本城に甚大な被害がでたことは皆さんもご存じと思いますが、熊本県には石室内に原始的な絵画を描いた、いわゆる装飾古墳がたくさんあります。それらの古墳にもかなり被害がでています。現在、奈文研でも、その復興支援にむけた取り組みを始めたところです。じつは、地震発生前から、高松塚古墳、キトラ古墳での経験を、そうした全国各地の装飾古墳の保存・活用へと応用する試みが進められてきました。私も各地で多くの装飾古墳を視察させていただきましたが、古くに調査されたため十分な記録がない古墳もかなりありました。また、壁画の保存には厳密な温湿度管理が必要になりますが、そのための基礎データとしても、3Dでの記録化を進めていく必要があると考えていました。

その矢先に、多くの古墳が地震で損傷するという事態に直面することになりました。3D記録があれば、それを媒体にして元の姿からどれほど変形したのかを正確に把握でき、どのようにしてどこまで復旧すればよいのかを検討するうえで、絶大な威力を発揮できます。結果論でいまから言ってもしかたがないことですが、今後への備えとして、定期的に古墳の3Dデータを蓄積していくことが必要と考えます。

これは何も古墳だけにかぎったことではありません。日本の発掘調査は大半が開発行為に伴う事前発掘です。記録後、姿を消してしまう遺跡のほうがむしろ3Dによる詳細な記録が必要といえるかもしれません。また、史跡等に指定され整備された遺跡であっても、長い目で見れば、メンテナンスが必要になる時期が必ず訪れます。おそらくそれは、次世代、あるいはその次の世代の担当者の仕事となるでしょう。その際の基礎資料となるのは言うまでもなくかつての調査成果や整備記録です。その細部のデータを第三者に正確に継承するためには二次元の記録では限界があります。このように、今後の遺跡の調査や活用では、3Dでの記録が必須になることが間違いありません。

話がややそれましたが、高松塚古墳での取り組みは、このように高松塚古墳の問題だけにとどまらない、今後の文化財の調査・研究・活用において非常に大きな意味を持っていると思っております。

ご清聴ありがとうございました。

（講演当日は、この後、高松塚古墳のデジタルコンテンツを一通り試写した）

第5章
文化財のデジタル文化資源化：見たままの姿を伝え、深層を探る

山口 欧志

埋蔵文化財センター 遺跡・調査技術研究室
アソシエイト・フェロー

やまぐち・ひろし
一九七七年 千葉県生まれ
二〇一一年 中央大学大学院文学研究科博士後期課程単位取得退学
同　年 日本学術振興会特別研究員ＰＤ
二〇一六年 現職
現在の専門分野は考古学

はじめに

文化財の記録はいつの時代もよりよいものを目指して試行錯誤を重ねてきていることと、そのデータの活用も今後いろいろな可能性があるということをお話しさせていただきます。

まず自己紹介です。僕の研究テーマは、古代社会の景観を考古学的に明らかにすることと、文化遺産を記録しそれをどう活用していくかです。活用というと、今年九月に東院庭園で行われた宴で、古代の衣装を着て舞台で演技をさせていただきました。たまにはそのような格好をしております。

ICTってなんでしょうか

単純にいうと、情報処理と通信に関する技術です。いま、医療や土木工事、エネルギー開発などさまざまな分野で注目されています。じつは奈良文化財研究所（以下、奈文研）も、その発足当初からICTを積極的に取り入れて調査研究を行ってきました。特に写真測量は、一九五五年（昭和三十）から日本の文化財の分野では初めて応用し、一九六三年からは地上の写真測量にも着手し、その後さまざまな成果を得てきました。平城宮跡資料館に展示されている仏像の実測図などは写真測量を使って作成されたものです（**図1**）。

また、地中の様子を非破壊で探る遺跡探査技術も開発してきました。この方法は、遺跡の発掘調査前に、どこに、どのようなものがありそうかといったある程度の情報を収集することができるので、この情報を基に発掘計画を立てることができます。さらに、これらの方法を全国の自治体に普

図1　平城宮跡資料館に展示されている図化機と実測図

及させる活動も進めています。

文化財、特に遺跡など埋蔵文化財の調査は、一度きりです。大半の遺跡は調査が終われば取り壊されるか埋め戻され、二度と同じ状況に出合うことはできません。特に遺跡の発掘調査が明らかにする人間活動の痕跡は、私たちの目の前に現れた瞬間から外気に触れて劣化するので、文字通り色褪せていきます。さらに、開発を契機に発掘調査された遺跡の多くは土木工事により失われます。

遺跡の調査に携わる者は、いつのときも、遺跡の保存保護のためにより多くの情報を可能なかぎり素早く正確に記録することに努め、より質の高い調査方法の向上を目指してきました。より多くの情報を得ることのできる理想的な発掘調査を実現するための道具立ての一つとして、ICTが導入されてきたのです。近年では、デジタル技術を用いた文化財の記録方法や、取得したデジタルデータをどのように活用するかの開発と研究を重ね、文化財を守り・活かし・将来に伝える、文化財資源化の検討も進めています。
ちなみに、文化財資源化は文化財資源のデジタル記録と保存、活用等からなります。本日はこのうちの記録と活用に絞ってお話しさせていただきます。

一　遺跡のデジタル記録

アラシャン・ハダ遺跡

モンゴルにあるアラシャン・ハダ遺跡（**図2**）は、旧石器時代に岩絵が描かれて以降、契丹《きったん》文字やアラビア文字、漢字などさまざまな時代の銘文が発見された岩壁の遺跡です。この場所は人類活動の痕跡を連綿と残す重要な遺跡といえます。**図3**の大きな岩とその背景の岩などに、絵や銘文が描かれていますが、これら岩の劣化や崩壊が危惧されています。この遺跡をモンゴルの国立文化遺産センターと共同で、記録方法の普及や人材育成を図りながら現在の様子を詳細に三次元で記録する調査を実施しています。

その方法は、岩壁全体は小型レーザースキャナーを使って広範囲に記録し、岩絵や銘文はより詳細に計測できるレーザースキャナーを使って記録します。そして取得し計測したそれぞれのデータを合成し遺跡全体の三次

図2　アラシャン・ハダ遺跡と調査の様子

元モデルを作成するというものです。これにより、個々の岩絵や銘文だけでなく、岩の大きさや、その岩にどのように亀裂がはいっているかなどをパソコン上で調べることができます。数年後、同じ場所を記録すれば、どのように変化したかという資料を作成することができ、遺跡のこれからの保存・保護に役立てることができます。

オラーン・ヘレム墓

近年、モンゴルで壁画を持つ古墳が初めて発見されました。オラーン・ヘレム墓です。

この遺跡は、ウマとヒツジしかいないような草原のなかを自動車で数時間かけて進んだところにあります。周囲には現代の建物がまったくありません。現地には、遺跡を保護するための覆い屋とちょっとした倉庫がありますが、ほかになにもありません。当然、電気や水道、ガスなどもありません。

オラーン・ヘレム墓は七世紀ごろに築かれた唐風の古墳で、モンゴルとカザフスタン共和国の発掘調査によって発見されました。その内部には青龍や白虎などの壁画が描かれています（図4～6）。一番奥の部屋には棺があり、これを囲む壁面には女性が複数人描かれています。

図3　アラシャン・ハダ遺跡の岩画群全体

普段、照明設備等は整備されていないため、内部は真っ暗です。この遺跡の調査は、人物やウマなどさまざまなものが描かれていますが発掘当初より退色していることがわかりました。そこで、このような状態をどう記録するかを考えるところから始めました。

この遺跡の調査では、半径約四〇メートルの墳墓内に三次元レーザースキャナーを持ち込み、約一五〇地点ほどの地点から細部まで計測していき

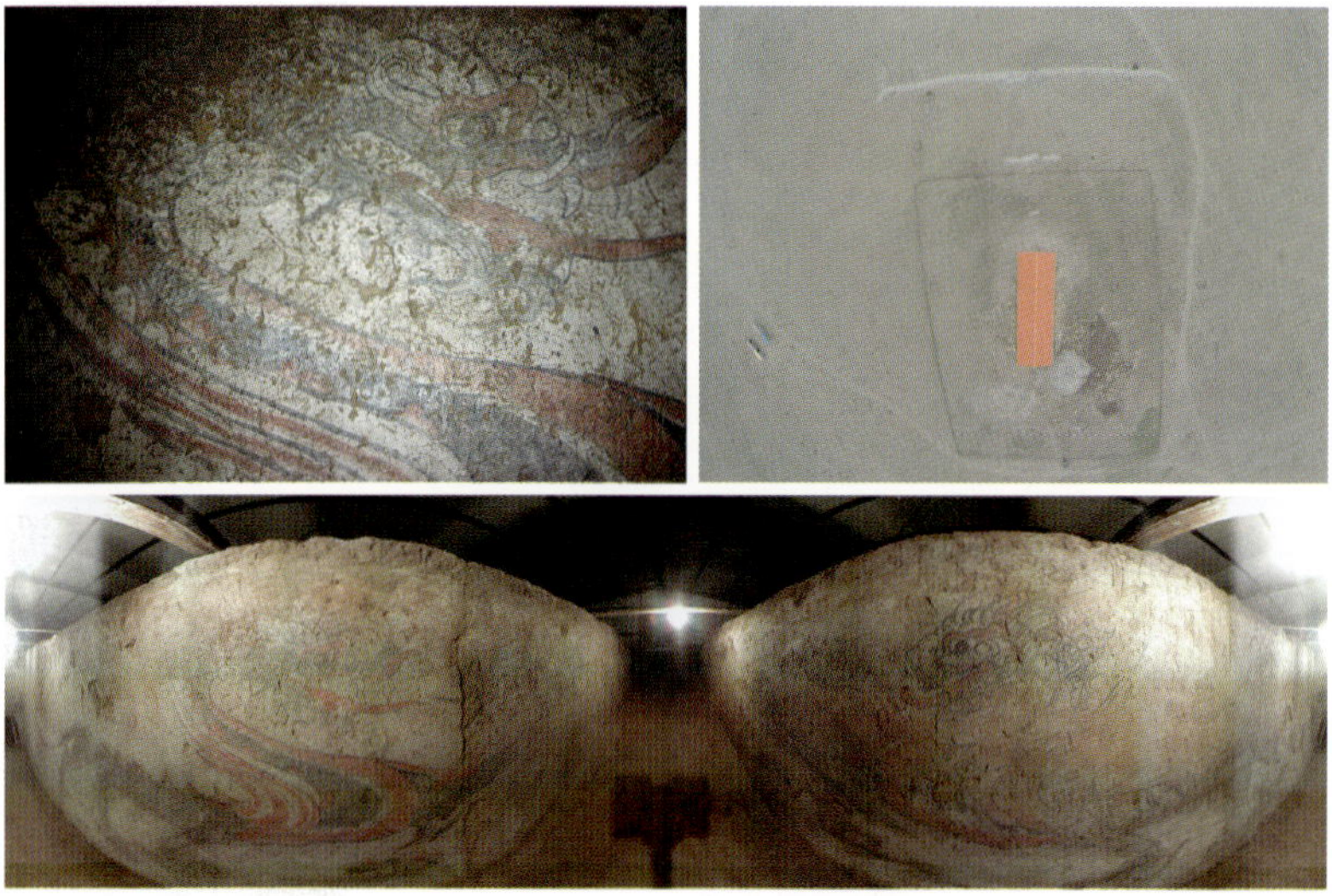

図4　オラーン・ヘレム墓

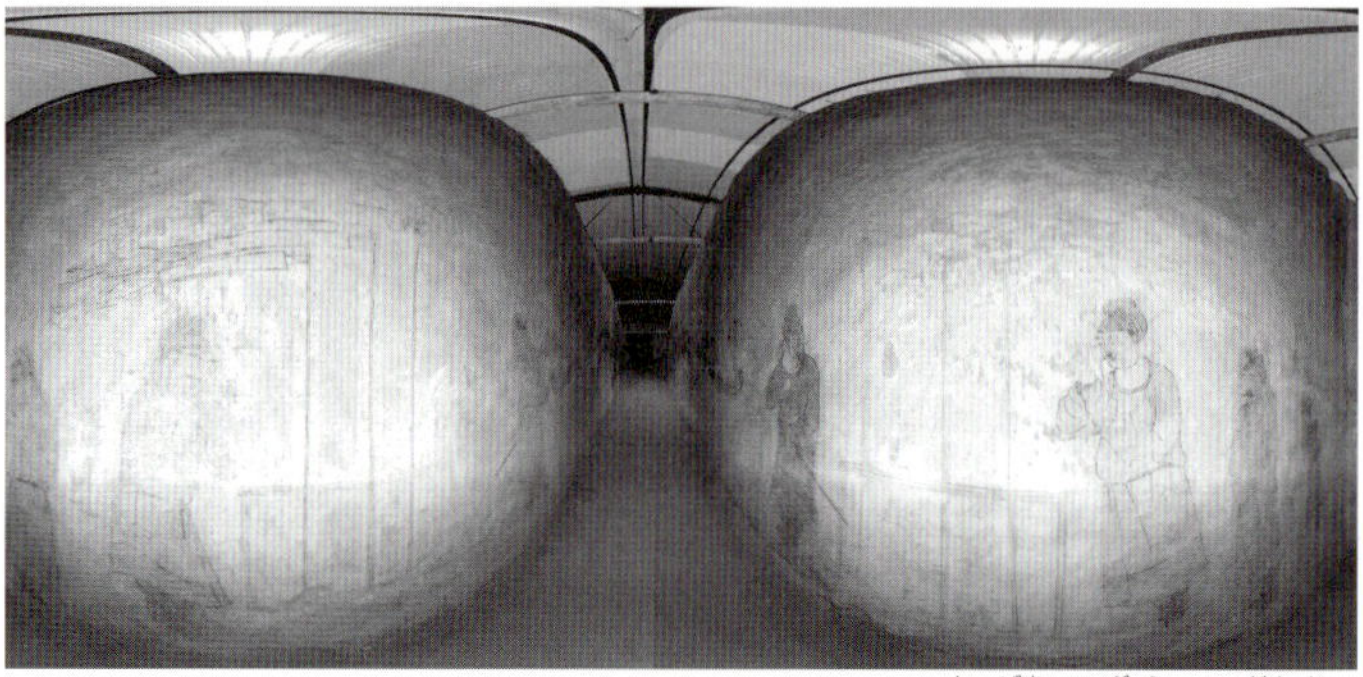

図5　オラーン・ヘレム墓の壁面に描かれた列戟《れつげき》と儀衛《ぎえい》、男侍《だんじ》

ました。

　また、この墓のもっとも奥の部屋の付近からは鎮墓獣《ちんぼじゅう》や武将俑《ぶしょうよう》も出土しているので、それらも三次元で計測・記録して自在な角度から見られるようにしています（**図７**）。これらのデータは、ハラホリンに所在するカラコルム博物館でのデジタル展示に利用されています。また、バーチャルミュージアムとし

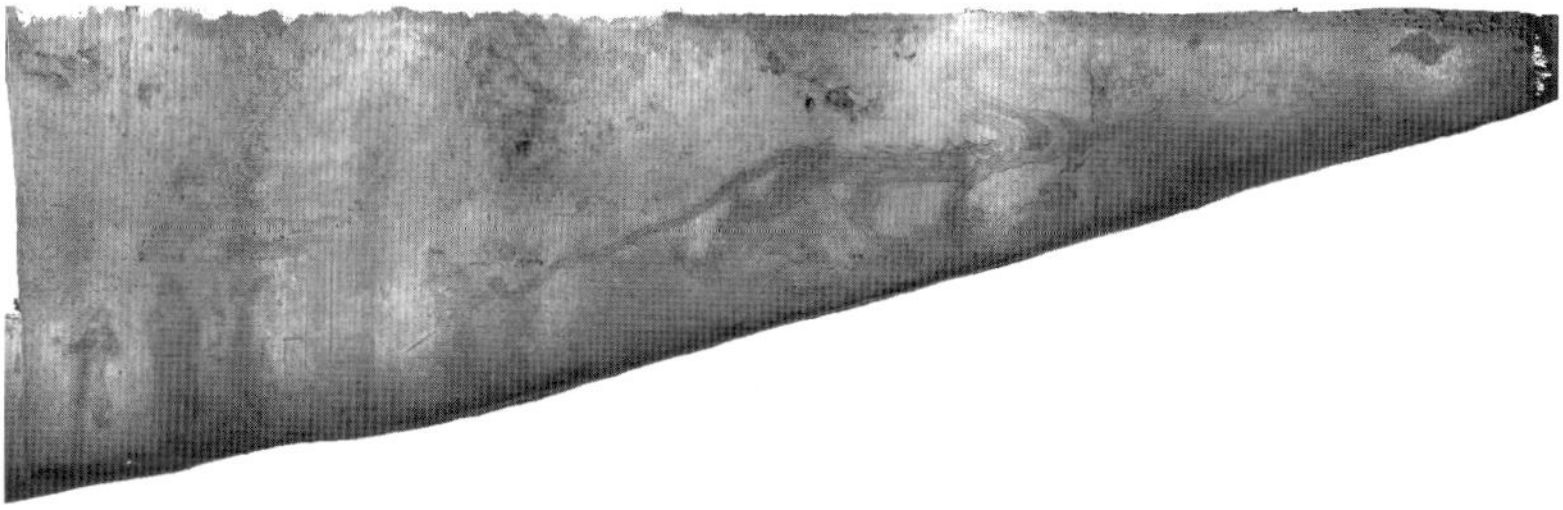

図６　東壁に描かれた青龍

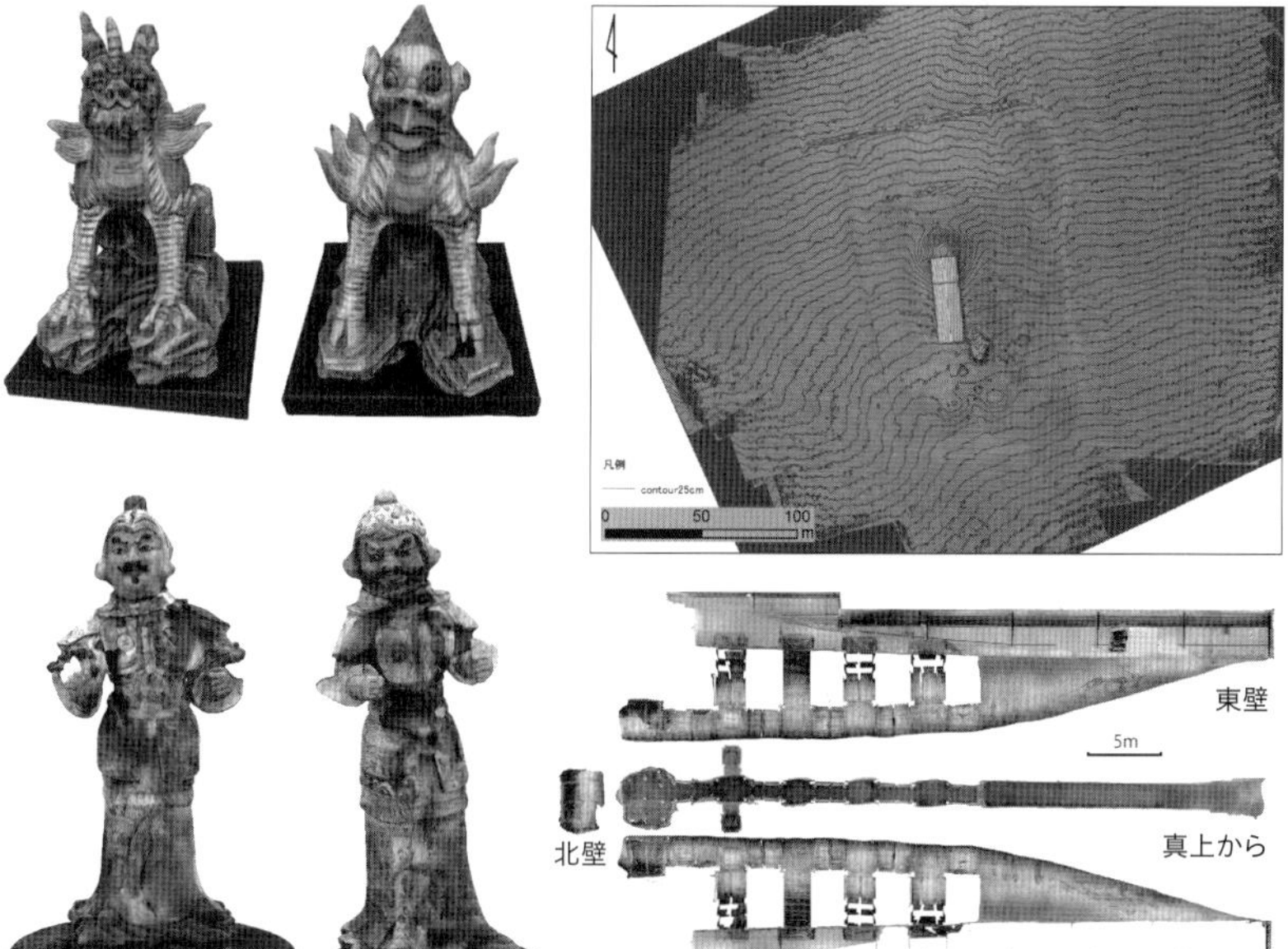

図７　オラーン・ヘレム墓調査の各成果
（右上：周辺地形、右下：展開図、左上：鎮墓獣、左下：武将俑）

てカラコルム博物館のウェブサイトからでも閲覧することができるようにしました。

さらに、墳墓の内部だけでなく、外部の状況もドローンを飛ばして記録しています。それらのデータをすべて合成して、入り口から一番奥の玄室まで、どのような壁画が描かれているのかわかるような基本図面を作成しました（**図7**）。レーザースキャナーのような比較的新しい機材を使って計測したとしても、基本的な図面は従来のものを踏襲し、さらに、どのように図を表現すればよいかを検討しながら進めています。

図8は、ABC放送さんと彩色設計さんと私の共同で作成したCGモデルです。紙の図面だけでは伝わりにくかった様子をより多くの人に伝えることができます。

当初の色を復元すると**図9**のようになります。発見当初は色鮮やかでしたが、残念なことにどんどん劣化が進むので記録は大事です。記録がなければどのような状態であったか、保存や保護ができませんし、活用もできません。今後も記録をベースに考えていく必要があります。

ドンゴイン・シレー遺跡

日本（大阪大学・大澤孝教授）とモンゴル（モンゴル科学アカデミー歴史・考古学研究所）の共同で科学研究費による調査を進めているドンゴイン・シレー遺跡（**図10**）では、発掘調査により突厥《とっけつ》文字が石柱に刻まれた高さ三メートルから五メールの碑文が十四基出土しました。モンゴルで一番数が多く碑文が出土した遺跡です。通常は、多くても二、三基です。

図8　三次元モデルから作成したCG

図9　築造当初の復元イメージCG

この調査では、皆さんがお持ちのデジタルカメラやスマートフォンでも撮れる画像から、プログラム処理によって三次元モデルを作成するSfM-MVSという技術（図11）を用いて遺跡と碑文の三次元計測を進めています。図12はドローンで撮った現地の様子で、その写真で白いのはゲルというモンゴルの遊牧民が使用する伝統的な移動式の住居です。遮るものがないので、かなり遠く、たとえば、二〜三キロ先からでも確認することができます。遺跡が立地する場所は、遠くからも見えるランドマークとして象徴的な場だったのではと考えています。

この遺跡も近くに街はなく、人よりもウマやヒツジがやってくることが多いような場所にあるため、テントに泊りこんで発掘調査を行いました（図13）。もちろん水道も電気もガスもありません。調査に必要な電気は発動機を回して得るようにしました。

私はこのような環境で調査する経験が多かったので、文化財の記録は、最先端の技術やより高精度な機材を用意して臨むのがいつでも最良とはかぎらず、期間や調査環境といった

図10　ドンゴイン・シレー遺跡

調査条件に応じた最善の機材と方法を選ぶことが重要だと考えています。ただし、そのためには選択を可能にする備えが必要です。とはいえ、機材や方法のすべてをそれぞれの大学や調査機関が試すことは容易ではありません。ですから奈文研のように、文化財調査に役立つさまざまな技術や機材を開発・試験して、実際の調査に応用を試みていくことは、今後ますます重要になると考えています。

ところで、この調査でも実際の作業を通して、モンゴルの歴史・考古学研究所の人たちに三次元モデルを作成するレクチャーをしています（図14）。図14の棒は五メートル程度の長さがあり、その先

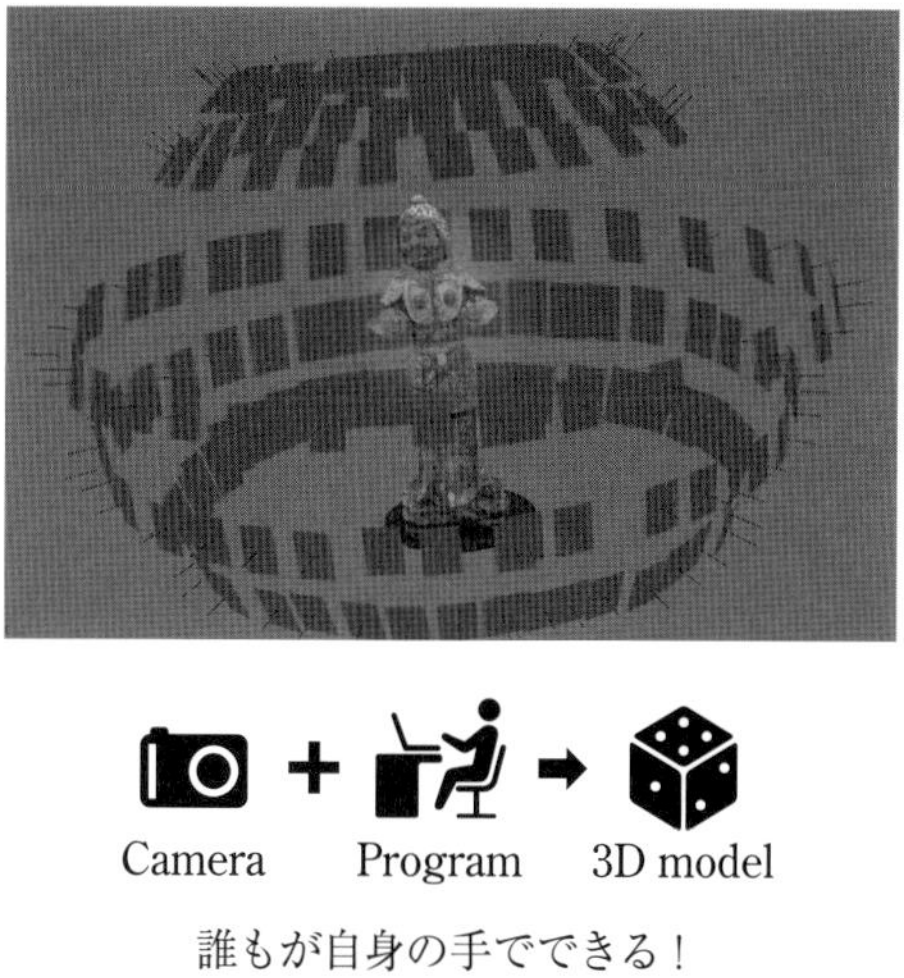

図11　SfM-MVSによる三次元モデル化と特徴

図12　ドンゴイン・シレー遺跡の遠景

図13　ドンゴイン・シレー遺跡調査のための宿舎

端に一キログラムほどのカメラをつけて持ち歩くのですが、実際やってみるとこれがかなり重い。けれども、モンゴル人はヒョイっと持ってスタスタと歩いていくのでかなり助かります。そうして百枚ほどの写真で合成した三次元モデルが図15です。この三次元モデルはパソコン上で角度を自在に変えることができます。紙に鉛筆で書くこれまでの実測と並行して三次元モデルを作成することで、これまでの確かな調査記録を担保しながら、遺跡の形状と色彩をより迅速に記録できるようになってきました。図16はドローンを使って遺跡周辺の測量図を作成している様子です。取得したデータは、遺跡の保存・保護事業計画の基礎データとして活用するだけでなく、碑文の解読の基礎資料としても活用しています。

図14　モンゴルの研究者に技術を伝える

ベレーヴェン寺院跡

詳細な衛星写真や航空写真の入手が難しい地域の遺跡調査では、近年ドローンを用いた空中写真撮影や微地形計測が普及し始めています。モンゴルのベレーヴェン寺院跡は（図17）、国指定の文化遺産で、十七世紀ごろに造営を開始した仏教寺院跡です。かつては寺院が複数建立され、僧坊などが広く展開していましたが、二十世紀前半の宗教弾圧により破壊され、廃墟となりました。

現在は中心建物が日本などの支援を受けて再建され、人々が訪れる信仰の地になっています。こ

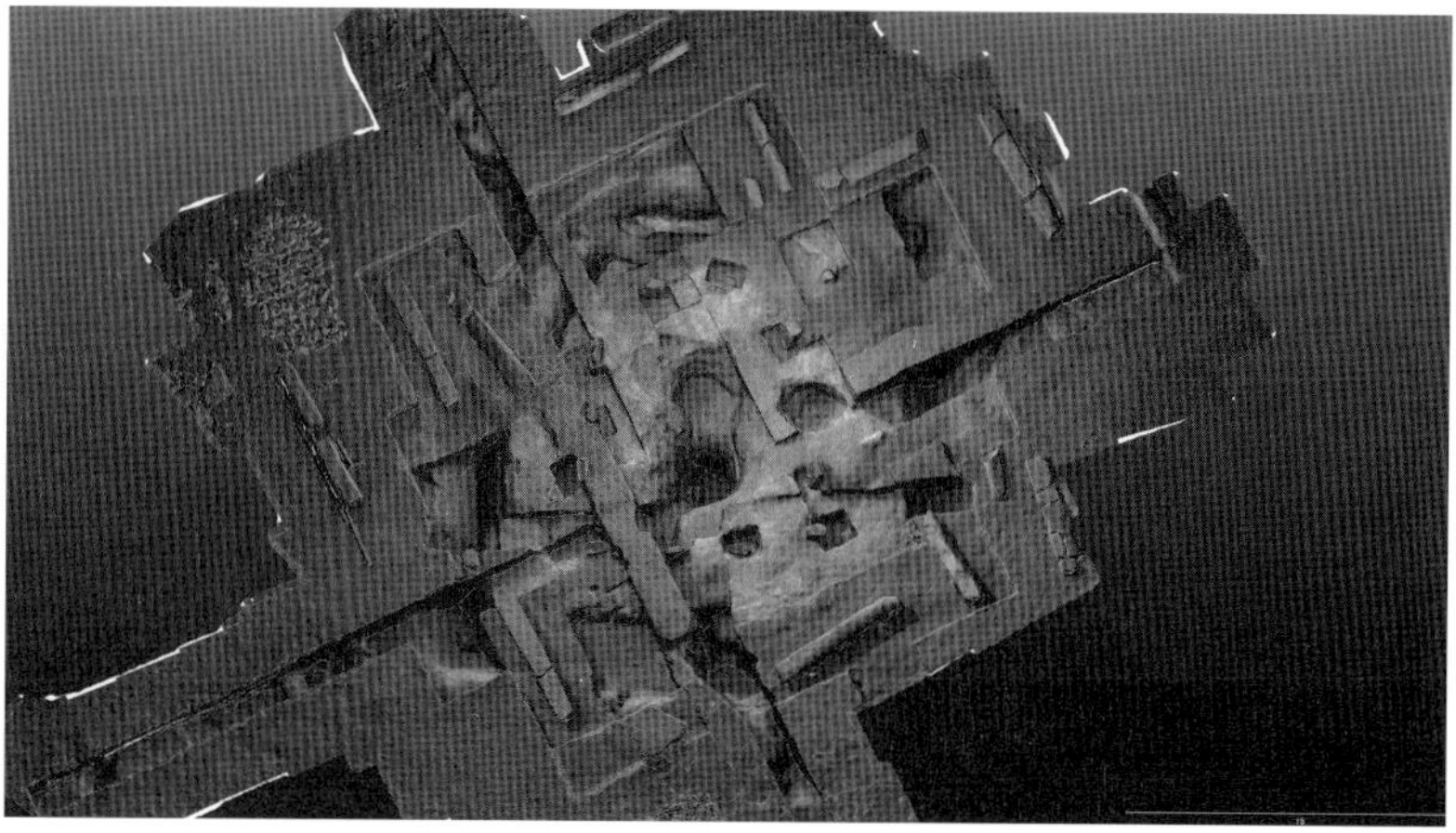

図15　ドンゴイン・シレー遺跡の三次元モデル

図16　ドンゴイン・シレー遺跡でドローンによる撮影

遠　景

中心建物

寺域の把握

図 17　ベレーヴェン寺院跡

の寺院跡の古写真は数枚残っているものの、宿坊や僧院がかつてどこまで展開していたかは不明です。そこで、科学研究費による研究プロジェクト（研究代表 大谷大学・松川節教授）では、寺院管理者の協力を得て、ドローンを飛ばしたり、実際に歩いたりして調査しながら寺域の把握を試みています。

黒川遺跡群

もちろん、日本国内でも同様の方法を用いた遺跡の記録を進めています。ただ、僕が奈文研に入所したのが二〇一六年で、奈文研で作成したデータをまだ紹介することができず、今回は平城宮以外の地域の資料が多いことをお詫びしておきます。

富山県上市町に所在する国史跡、黒川遺跡群を構成する黒川上山墓跡は、平安時代末から鎌倉時代に築かれた墓跡で、まるで餓鬼草紙に描かれた中世の世界をそのまま残すような重要な遺跡です。土饅頭のように土が盛られ、そこに石が置かれた、餓鬼草紙の世界の通りの状況が残っている非常に珍しい遺跡です。

現在、この遺跡の保存・保護を目的とした保護事業が進められています。この保護事業により遺跡を未来に伝えることはできますが、残念ながら発掘調査によって明らかにされた遺跡の景観に変更を加えることは避けられません。そこで現状を三次元で詳細に記録する調査を進めています。

現在ある測量図では、等高線や石が集中している状況がよくわかりますが、これを一般の方が読み解こうとしても、さきほどのような遺跡の状況はイメージしづらいと思います。これに対して写真や三次元レーザースキャナー、ドローンを使って作成した三次元モデルでは、遺跡の凹凸や質感を現地にいるような感覚で見て取ることができます。

また、高解像度の三六〇度パノラマも作成しています（図18）。最近ではVRというゴーグルをはめて、ぐるっと周囲を見渡すと、自分の向きにしたがって風景が流れていくようなものにも使われています。このような三次元モデルやパノラマ画像を、今後建設される予定のガイダンス施設などでも利用していただけるような取り組みを進めています。

海中遺跡の記録

遺跡は陸上だけでなく、水中にも存在します。小豆島には大坂城の石垣などに使用された石材の石切場が数多くあります。その石切場には、石材の運搬中に取り残された石や、石を割る際に施した矢穴が残った石が陸上だけでなく海中にも広がっています（図19）。それらをすべて記録して石切場の実態を明らかにするプロジェクト（代表：本書にも登場する高田祐一）のお手伝いをしながら、遺跡・調査技術研究室のプロジェクトとして水中の遺跡の記録の手法の開発と研究も進めています。

図20の画像は、船の上から水中にカメラを入れて撮影した写真を用いて三次

図18　黒川遺跡群の高解像度360度パノラマ

元モデルを作成したものです。従来であれば、何度も海中に潜って写真を撮ったり、海中に棒を立てたりして実測をしていました。それでは大変体力を消耗しますし、とても寒い時期にはできません。海中に潜らずに、より安全、より迅速に記録できるようになってきました。

図19　小豆島石切場遺構

地域の石像物や遺物の記録

遺跡や遺構よりも小さな石像物や遺物の三次元記録も進めています。なかでも石像物は日本各地に数多くあり、地域の歴史や文化を伝えるそれぞれ唯一無二の存在です。石像物のなかには文字が刻まれているものがありますが、その多くは長期にわたる風雨や寒暖差で劣化が進行し、現在では判読しにくい状態にあります。

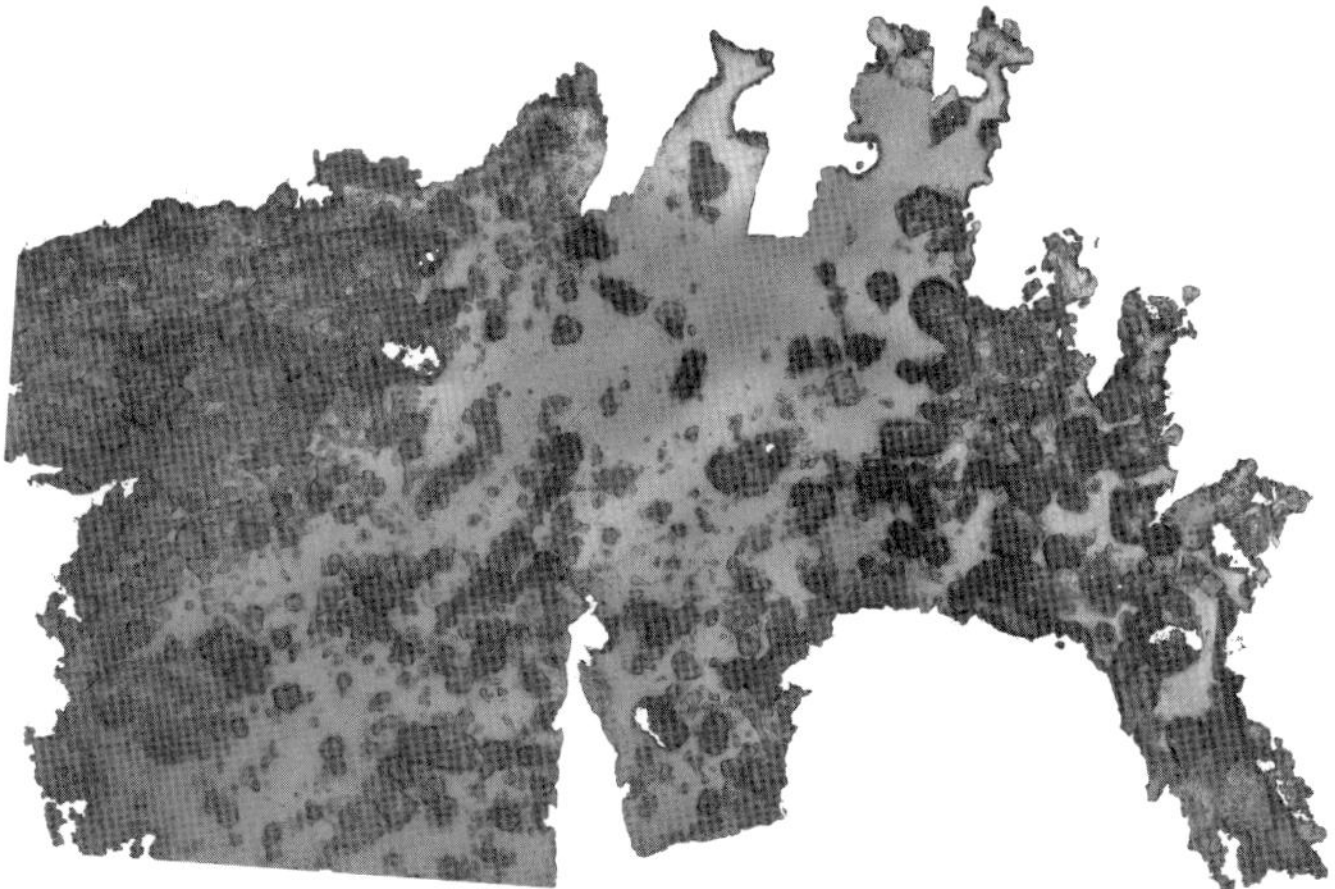

図20　小豆島石切場遺構の三次元モデル

そこで、石像物を三次元モデル化し、陰影によって色を変えることで判読できるようにする試みも行っています。図21は奈良市内にある道標を三次元モデルにしたものです。こうした三次元モデルをつくると、書かれている文字を奈良文化財研究所と東京大学史料編纂所が開発した『MOJIZO』で判読することが可能になります。また、これがどの位置にあるかGPSなどで測り、経緯度の位置情報を含むデータベースを作成すれば、地域の文化遺産を一元的に把握する取り組みに貢献できると考えています。

出土瓦の三次元記録

奈良文研の考古第三研究室では、長年にわたり出土した瓦の整理と研究を進め、六百点を超える標準資料の作成を重ねてきました。図22で後ろに並べられている瓦が標準資料です。現在、私が所属する遺跡・調査技術研究室と共同で出土瓦の三次元記録を進めています。

図23上段は、少し高価なスキャナーで作成したモデル、下段がSfM-MVSという方法で写真から作成した三次元モデルです。とても細かい点まで見比べると、より精緻なのは上段のモデルですが、普通のデジタルカメラを使って作成した画像でも十分な三次元モデルを作成できることがわかりました。この方法であれば、全国の自治体や大学の研究者、大学院生や大学生でも導入することが可能

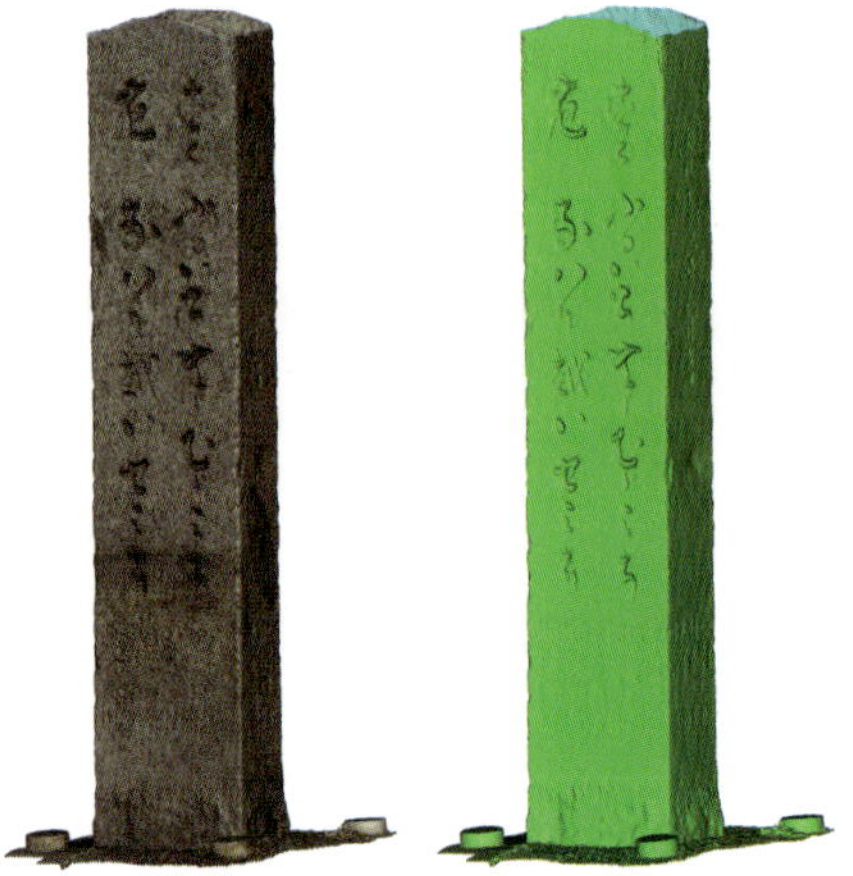

図21　石造物の三次元記録と可視化
（奈良市内の道標）

です。したがって、全国各地で出土する瓦の范《はん》を同定し、生産と流通などを考える基礎資料としてより多くの人が利用することができます。

瓦の范の同定は、拓本や基準資料をまとめた書籍を参照して見当をつけ、最終的には実物を用いて比較しています。しかしこの作業は大変な時間と手間がかかります。そこで、基準資料をすべて三次元デジタル記録してインターネット上で閲覧できるようにし、范の同定や出土瓦の表面に観察できる

図22　出土瓦の三次元記録

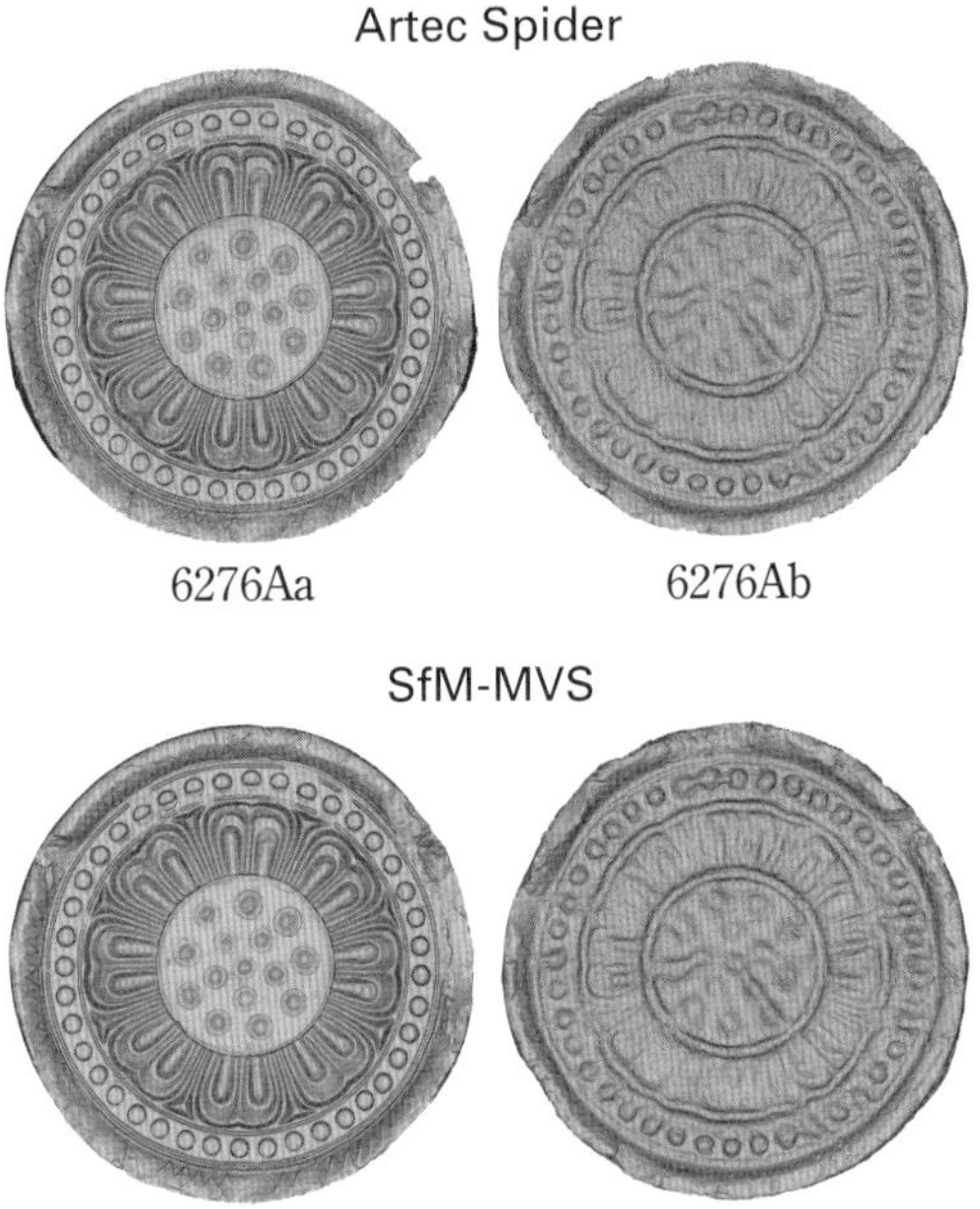

図23　出土瓦の三次元モデル
（中村亜希子氏作成）

細かなキズの観察を実現しようと取り組みを進めています（図24）。

小さな痕跡の記録

さらに肉眼ではとらえにくいほど小さな○・○一ミリから数センチ程度の痕跡の記録も進めています。土器には種子《しゅし》圧痕《あっこん》とよばれる植物の種子が埋め込まれた痕跡が見つかることがあります（図25）。この痕跡を記録し、種子の同定などを進めると、土器を製造した当時の自然環境の復元や農耕史の解明につながります。稲籾のような非常に小さなものでも、重要な資料となります。

これまでの方法は、圧痕にシリコンを充填しレプリカを作成して走査型電子顕微鏡で観察するものが主です。この方法だと形状と大きさはわかりますが、高価な機材を使うことと、資料へ薬品を使用するため、多くの研究者や機関は導入することは困難です。

そこで、昆虫を細部まで撮影している小檜山賢二氏に深度合成というデジタルカメラによる写真撮影法を教えていただきました。図26の画像は、手前から奥のほうへピントを少しずつずらして撮影したもので、これらを合成してすべての部分にピントがあった画像を作成します。そう

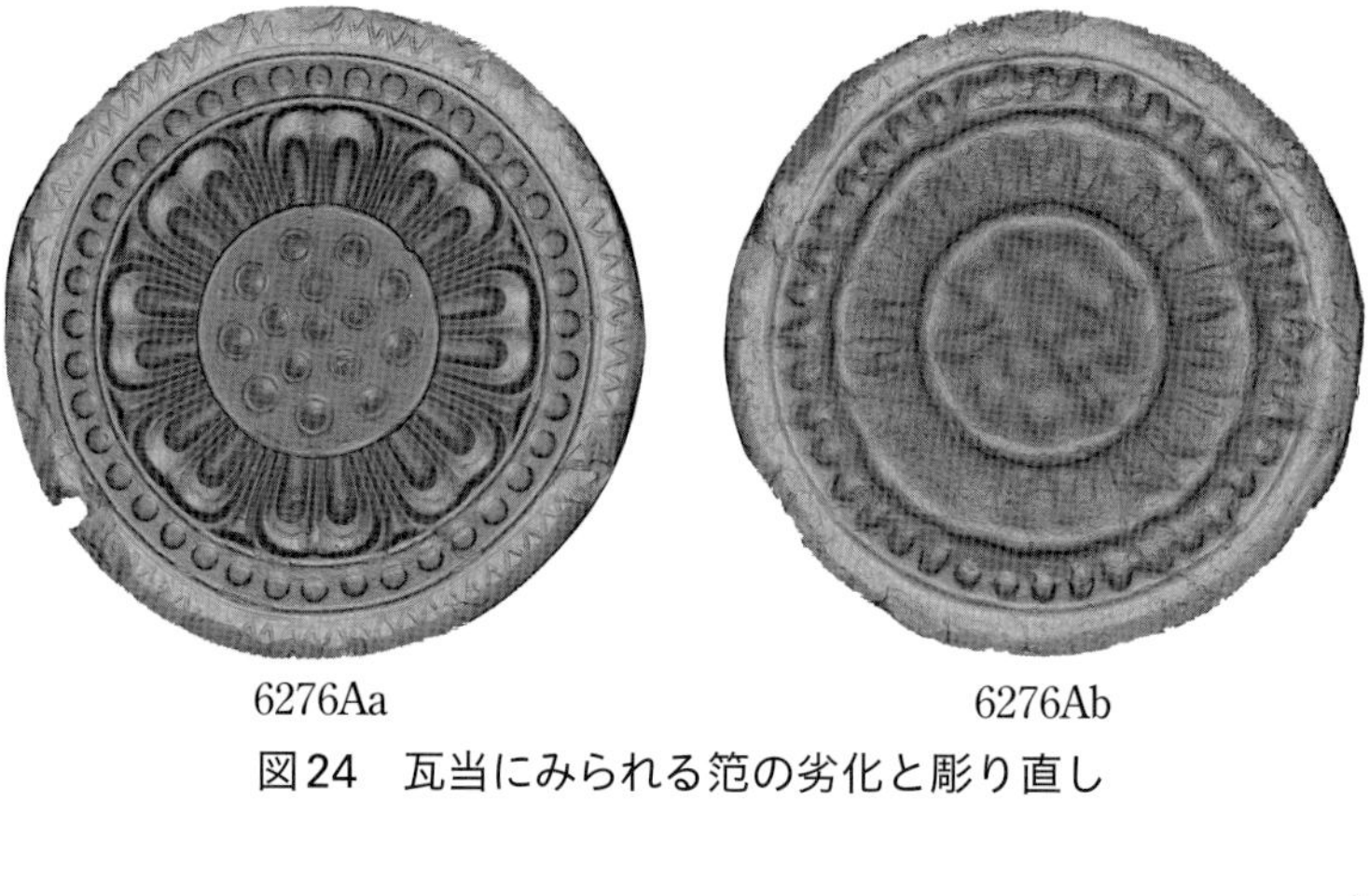

6276Aa　　6276Ab

図24　瓦当にみられる笵の劣化と彫り直し

すると、通常の撮影法では確認することができなかった資料の微細な部分を明瞭に捉えることができるようになります。この方法とSfM-MVSを組み合わせ、写真撮影のみで種子痕跡の三次元モデルを作成する方法の開発を進めています。

この方法を用いると、画像だけでも圧痕のなかの様子を観察することができます。たとえば、**図27**は顆粒状の突起と長軸方向の隆起が確認できます。肉眼では見ることができません。三次元モデルを作成すると、稲籾の三次元の形状をそのまま見ることができます。この方法は、普通のデジタルカメラとマクロレンズを用いて、誰もが作成することができる点にこれまでにない特徴があります。

図25　土器の種子圧痕

旧大乗院庭園から出土した籾殻圧痕を残す遺物を対象に3Dモデルを作成すると、顆粒状の突起が見えます（**図28**）。その遺物を用いて、こわごわシリコンレプリカをつくり、遺跡・調査技術研究室の村田泰輔さんに手伝ってもらってSEM（走査型電子

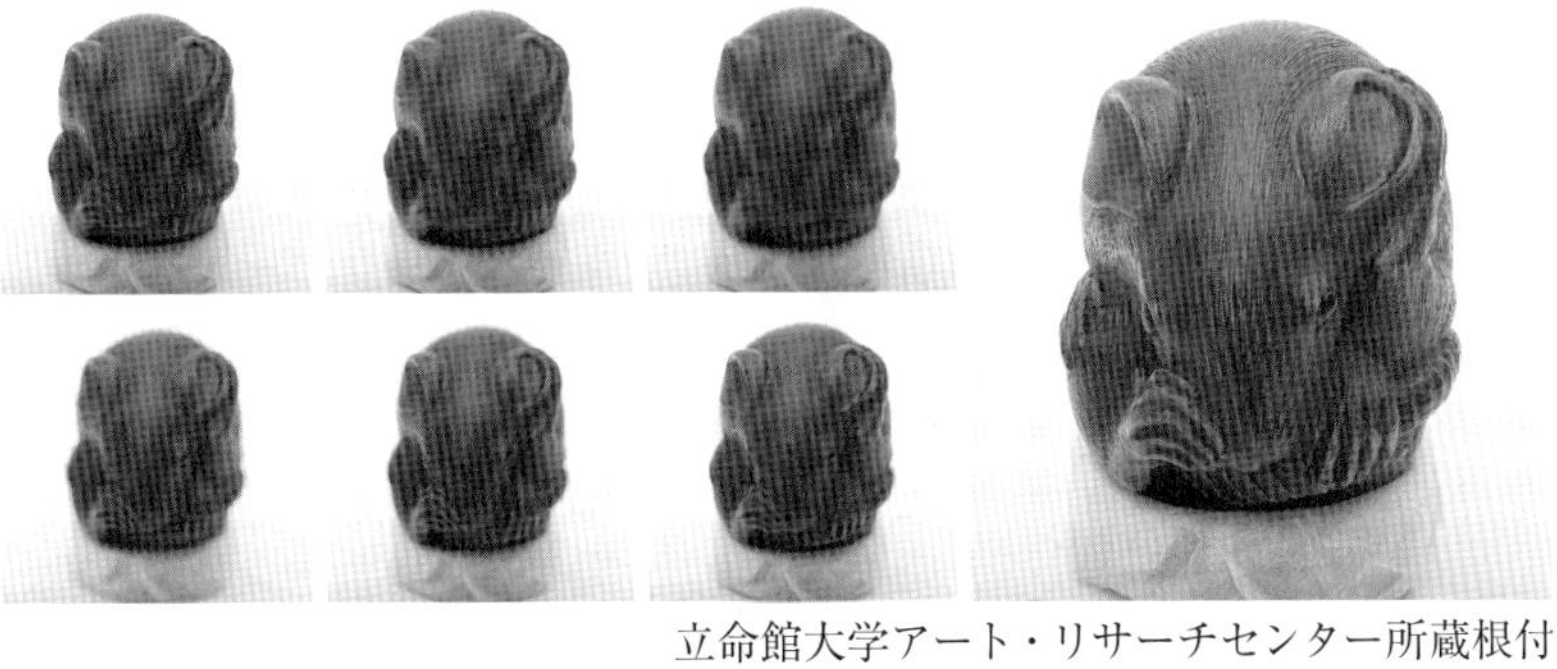

立命館大学アート・リサーチセンター所蔵根付

図26　根付の深度合成

顕微鏡）で観察して比較してみました（図29）。左側のものがボコボコしているのは、私がシリコンレプリカを作成する際、資料にシリコンをぎゅっと押すのがこわかったので空気がはいっているためです。今回私が考案した方法ですと、〇・〇一ミリ以下の細かな痕跡も観察できます。この方法は、まだ海外に例がないので、これから洗練と普及を進めていきたいと思います。今後は、圧痕だけでなく、石器や動物の骨に見られるような細かな痕跡の記録にも応用したいと考えています。

二　まとめ

文化財の記録について、これまでの取り組みをお話しさせていただきましたが、方法に完成はありません。これまでにご紹介した方法は、文化財からより詳細に、より豊富な情報を取得しようとする試行錯誤の過程にあり、まだまだ洗練させる必要があります。もっとよい方法があるのではと日々考えながら進めています。

また、今回お話しした文化財の記録方法の多くは、全国の多くの調査機関や個人が導入できる方法です。今後も少しずつではありますが、普及に向けた取り組みも進めていきたいと考えています。

そして取得したデータは保存するだけでなく、活用することができます。文化財の保護・保存を基礎に研究や活用を進めるには、デジタルデータもこれからは重要な鍵になると考えています。具

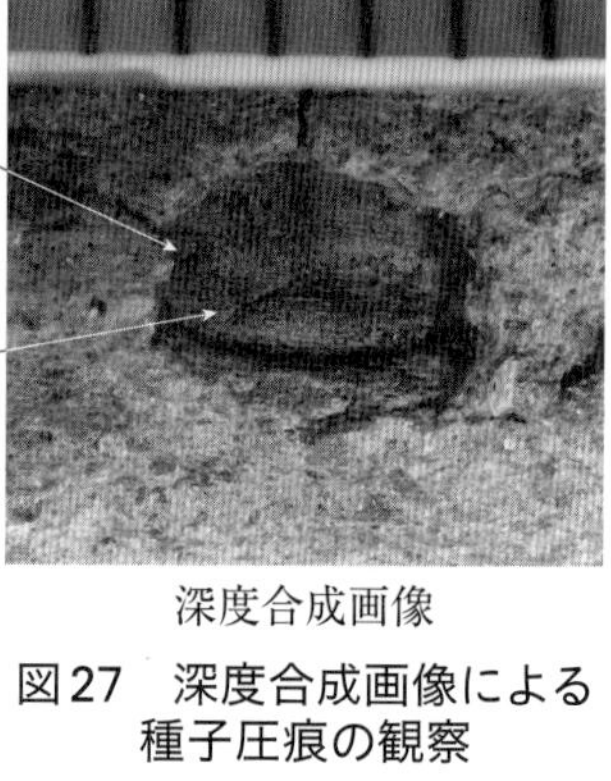

深度合成画像

図27　深度合成画像による種子圧痕の観察

体的には平時に文化財のデジタル三次元記録を蓄積することで、文化財の減災計画の立案や災害発生後の文化財レスキューに大きく役立ちます。

あるいは、MR（Mixed Reality）など、現実とデジタルデータを組み合わせて展示をよりわかりやすく説明する方法や、三次元プリンタなどでレプリカを作成して、見るだけでなく手に触れて感じることができるようにしたり、最近、学校ではプログラミング教育が始

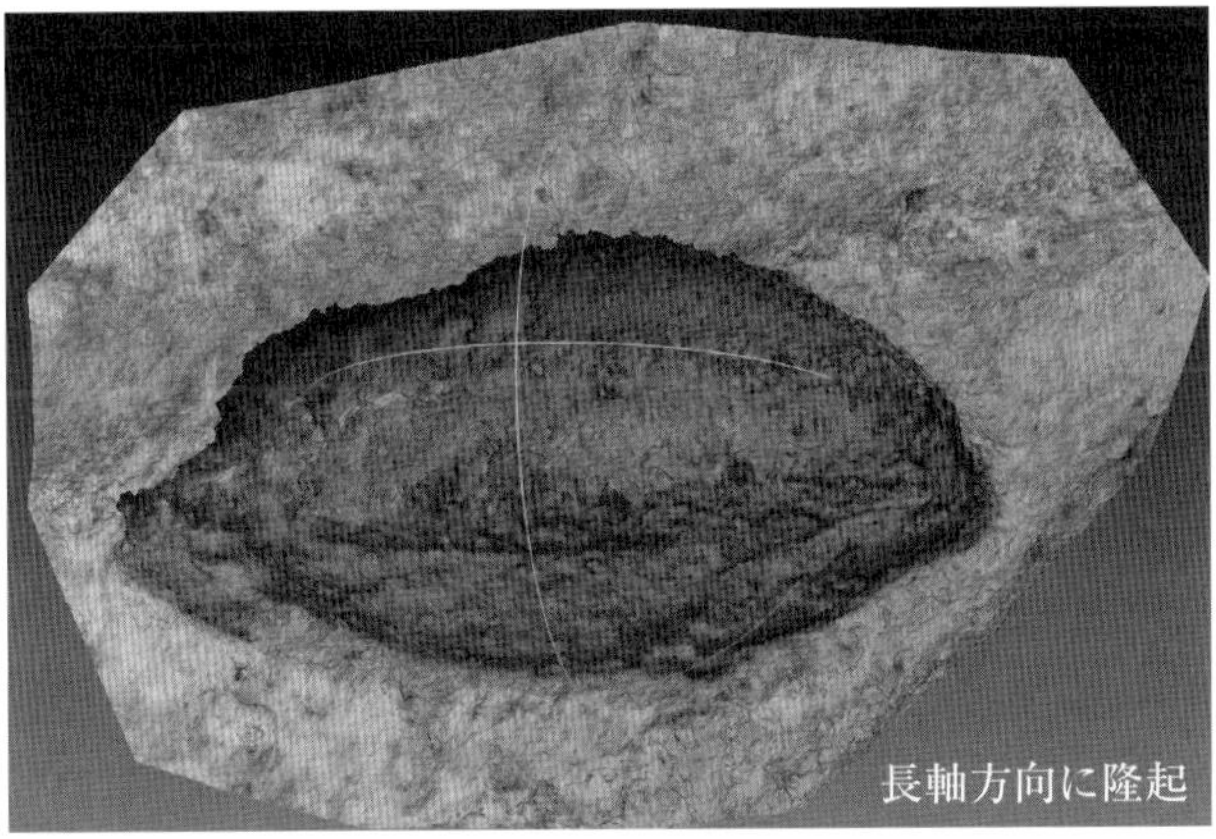

図28　種子圧痕の三次元モデル（凹凸を反転）

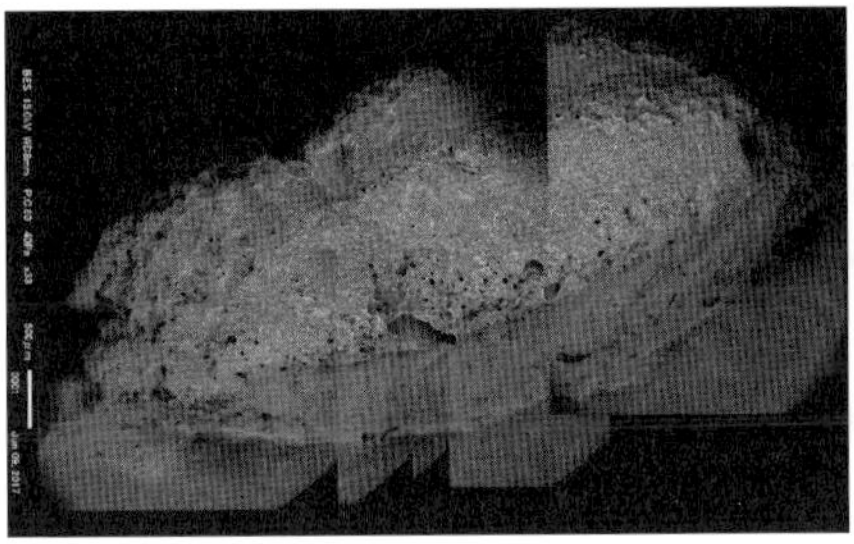

レプリカSEM画像

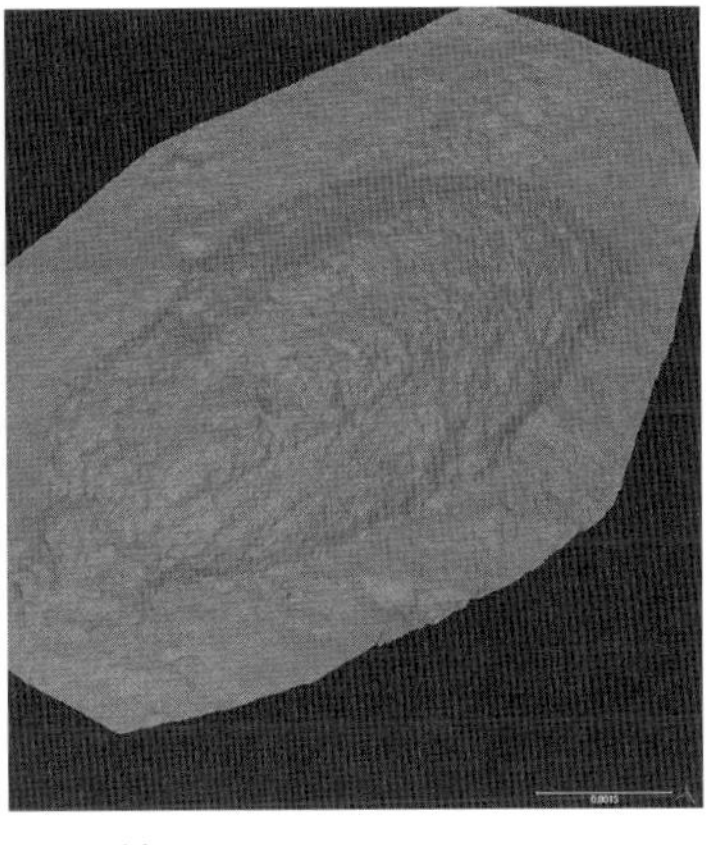

深度合成×SfM-MVS
による三次元モデル

図29　SEMとの比較
（開発した手法（右）とレプリカSEM法（左）による成果の比較）

まっているので、そのなかで検討されているゲーム「マインクラフト」上で、地面を掘ったら遺構や遺物がでてくるようにするコンテンツとして利用したりと、さまざまな可能性があります。あるいは、プロジェクションマッピングとして文化財のデジタルデータを映画館のように自分の部屋に投影したりといった、さまざまな可能性があります。

おわりに

文化財を守り、活かし、次世代に伝えるためには学術的な調査方法の洗練はもちろん、多くの人が文化財をより楽しむことが大切だと思います。そうした楽しみこそが、文化財と人をつなぐ架け橋になり、人と人をつなぐきっかけになると思います。

これまで文化財のデジタル記録についてお話ししてきました。しかしもちろん、本物の文化財はその時・その場にだけあります。文化財のデジタル化やその活用も、本物の文化財が存在してこそ、本来の意義と一層豊かな可能性を持ちます。皆さんも是非、地域の歴史が宿る文化財を訪れ、その土地の空気とともに文化財を楽しんでください。

図版出典
図8・9　ABC朝日放送・彩色設計・山口欧志「オラーン・ヘレム墓CG」『報道特別番組　草原に目覚めた壁画を救え～モンゴル地下古墳の謎～』二〇一五年。

第6章 発掘された歴史的地震・火山災害痕跡データベース ～考古学の新たな挑戦～

村田 泰輔

埋蔵文化財センター 遺跡・調査技術研究室
アソシエイト・フェロー

むらた・たいすけ
一九七二年 東京生まれ
日本大学大学院総合基礎科学研究科博士課程修了。博士（理学）
専門は地理学、地質学、陸水学
フィールド科学を中心に活動。近年はその経験を生かし考古学における災害科学の研究を進める

はじめに

私から提供する話題は、文化財にこれまでと違った方向から光を当てることで、地震や火山噴火といった自然災害への「防災や減災のための新しい備え」にしようという取り組みについてです。自然災害とどのように私たちが付き合っていくかという課題は、「これまで」も、そして「これから」も人間社会にとって絶えることのない問題です。そしてこの問題の解決に向けた特効薬はなく、「地道」にさまざまな人の「知恵を結集」していくしかありません。他の方々からの話題提供とは少し方向性が異なり、また「デジタル技術で魅せる文化財」とよぶにはやや重い話題かもしれません。しかし僭越ながらこれを機に、皆さんに自分のこととして関心を持ってもらえればと考えております。

一 「天災は忘れられたる頃来る」

これは、故寺田寅彦博士がいいだしたといわれる有名な天災への警句です。東日本大震災や熊本地震、また御嶽山の噴火などにも当てはまりますが、これまで「防災」を目指して、地震や火山噴火予知に向けた数多くの取り組みが行われてきたにもかかわらず、なかなかその成果を具体的かつ十分な形で示すことができていません。それは何故でしょうか。細かな要因はいくつも考えられます。たとえば、近代的なシステムによる地震や火山活動の観測の充実化やそれらに携わる人材の育成などは、いまだに重要な課題でしょう。しかし問題なのは、そのような情報の蓄積が始まっていまだ一世紀がたっていないという点です。このため、じつは「忘れられたる」ほど古い地震や火山噴火について、発生のメカニズムや周期性など、わかっていないことが数多く存在しています。非常に困ったことに、私たちの生活に甚大な被害を与えた、東日本大震災を引き起こした東北地方太平洋沖地震は、「低頻度大規模地震」とよばれる「なかなか発生しないが、発生すると規模が大きい」地震に分類され、同様の被災をもたらした地震は、近代的な観測データの蓄積以前にしかないのです。

寺田博士は大正の関東大震災に際して、「調査の必要から昔の徳川時代の大地震の記録を調べているが、今度われわれがなめたのと同じような経験を昔の人が疾うになめ尽くしている。それを忘却してしまって勝手なまねをしていたためにこんなことになったと思う。」（松本哉、二〇〇二）と友人への手紙のなかに認めています。土地の履歴を詳らかにするともいえる発掘調査や地質調査、そしてまさに歴史を記録する史資料が、この近代的観測のできなかった時代のデータを補完することができるとしたら、私たちの将来にどれほど有意義なものとなるでしょうか。

一九九五年の阪神・淡路大震災、二〇一一年には東日本大震災に加えて、二〇一四年には御嶽山の噴火もありました。二〇一六年には熊本地震が発生しました。これに被災程度の小さな地震、火山噴火を加え、さらに大雨や台風といった気象災害まで考慮すると、私たちは災害と隣り合わせで生きているといわざるを得ません。昨晩（二〇一七年十月六日）十二時少し前には、有感地震があり、東北地方太平洋沖地震（通称、三・一一）の余震だそうです。私たちはいまだ三・一一の爪痕からも逃れられていないのです。

「火山列島」「地震大国」「台風銀座」ともよばれる日本において、それらによって引き起こされる災害に対する防災や減災は、私たちの命に即座にかかわり、生活に大きな暗い影を常に落としていることを忘れてはなりません。ここでは、文化財に少し違う角度から光を当てることで、発掘調査などの成果の莫大な蓄積が将来の防災・減災に役立つこと、それらの多くの情報と経験を共有し、知恵を絞って災害に向き合うための、奈良文化財研究所（以下、奈文研）の始めた新しい取り組みについて紹介することにします。

二　近年の災害と防災意識の高まり

阪神・淡路大震災から二十二年が過ぎ、東日本大震災から六年余りを数え、いままた南海地震や東南海地震に備え、いかに防災、減災対策を講じていくのかが喫緊の課題として、改めて強調されるようになっています。そうしたなかで、埋蔵文化財の発掘調査を通じて、災害の軽減に貢献するには何をすべきか、という問いかけもなされています（第六十四回埋蔵文化財研究集会事務局、二〇一六）。

これまでの大災害を経て、さらに次の大災害が予測されるなか、いわゆる低頻度で大規模な災害事象について、その実像を解明し防災・減災対策につなげようとする調査研究が現在進められています。それが、「災害の軽減に貢献するための地震火山観測研究計画」です。この研究計画は、地震や火山噴火の実像を解明するには、これまでの自然科学的調査研究だけでなく、文献史料や考古学などの人文科学により、歴史災害を調査研究することが重要であるとしている点に特色があります。

二〇一一年三月十一日、私たちは東北地方太平洋沖地震とそれに伴う大津波、さらにはそれによって引き起こされた東日本大震災によって、これまでに予想されえなかった大災害に直面し、単なる自然災害と断じることのできないほど甚大な社会的被害を受けました。このことは、火山噴火や地震、さらにそれらに伴うさまざまな自然災害を研究する者にとって、災害発生予測の難しさを改めて突きつけられたと同時に、災害発生予測や防災、あるいは減災についての研究の重要性を強く再認識させられることになりました。

前述の「災害の軽減に貢献するための地震火山観測研究計画」は、この課題の解決に向けて、文部科学省に設置されている科学技術・学術審議会で二〇一二年に建議されたものです（**図1**）。この建議に沿って二〇一三年、審議会の測地学分科会・地震火山部会・次期計画検討委員会が二〇一四年度から二〇一八年度までの研究計画を定めました。この計画のなかで、低頻度で大

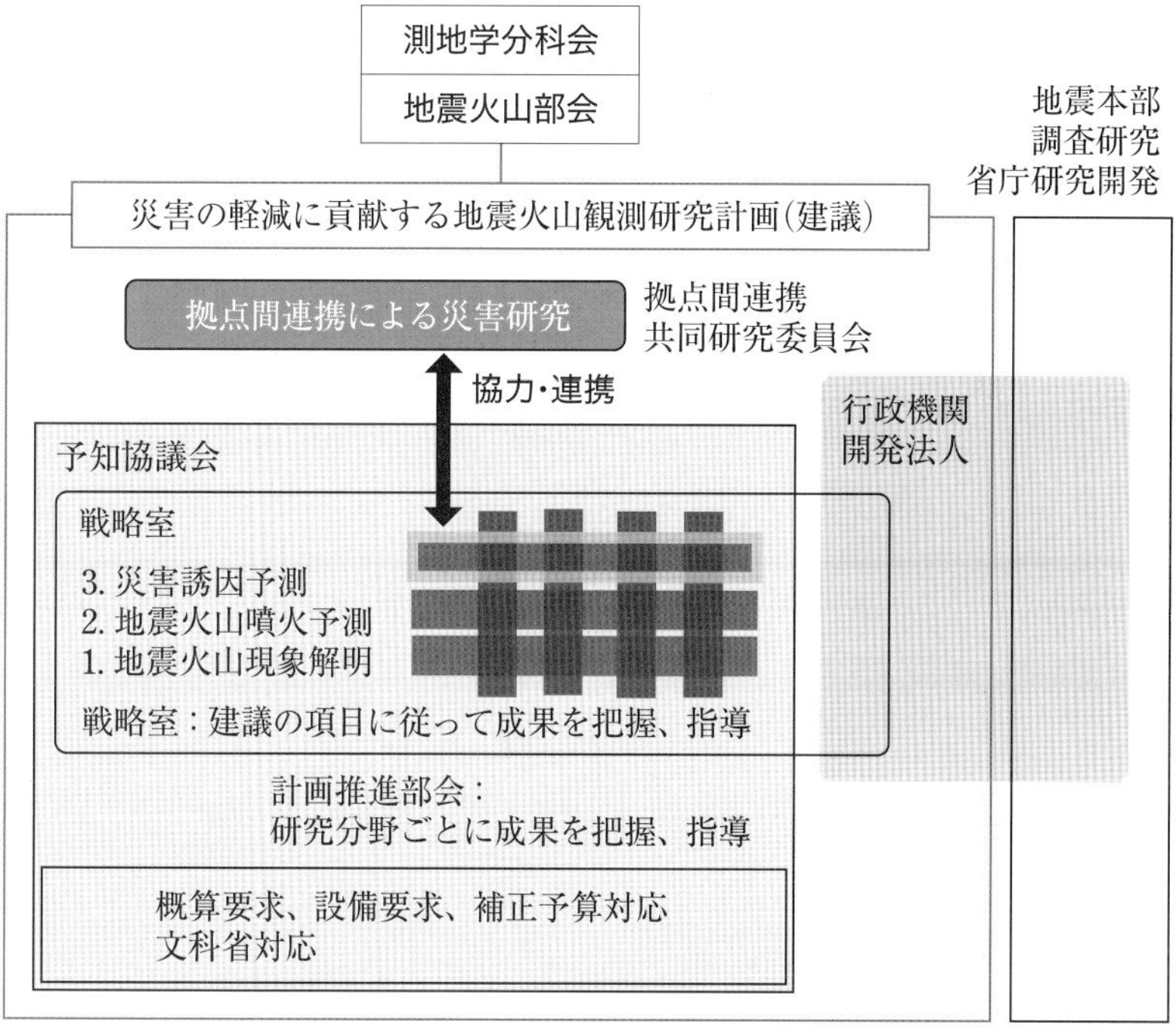

図1　予知協議会からみた地震火山研究体制

規模な地震・火山噴火現象を解明するうえで、歴史資料や考古・地質学的痕跡などのデータを収集・分析することの重要性が指摘され、また、その結果をデータベースにして公開・活用する必要性が述べられました。

三　歴史災害と災害痕跡調査

従来、地震や火山噴火と予知に関する研究計画は、全国の大学や関係機関からなる「地震・火山噴火予知研究協議会」が協力・連携して推進してきました。そして、新たな建議と研究計画を踏まえて、二〇一三年の八月に、この予知研究協議会から奈文研に対して、協議会のなかに新設される「史料・考古部会」への参加要請がありました（**図2**）。

この史料・考古部会は、地震・火山噴火に関する近代的な観測データが整う以前の資料を収集・調査・分析・活用し、低頻度で大規模な地震や災害現象などの理解と解明に資することが、その役割となっています。部会には東京大学史料編纂所（以下、編纂所）と奈文研が参加してお

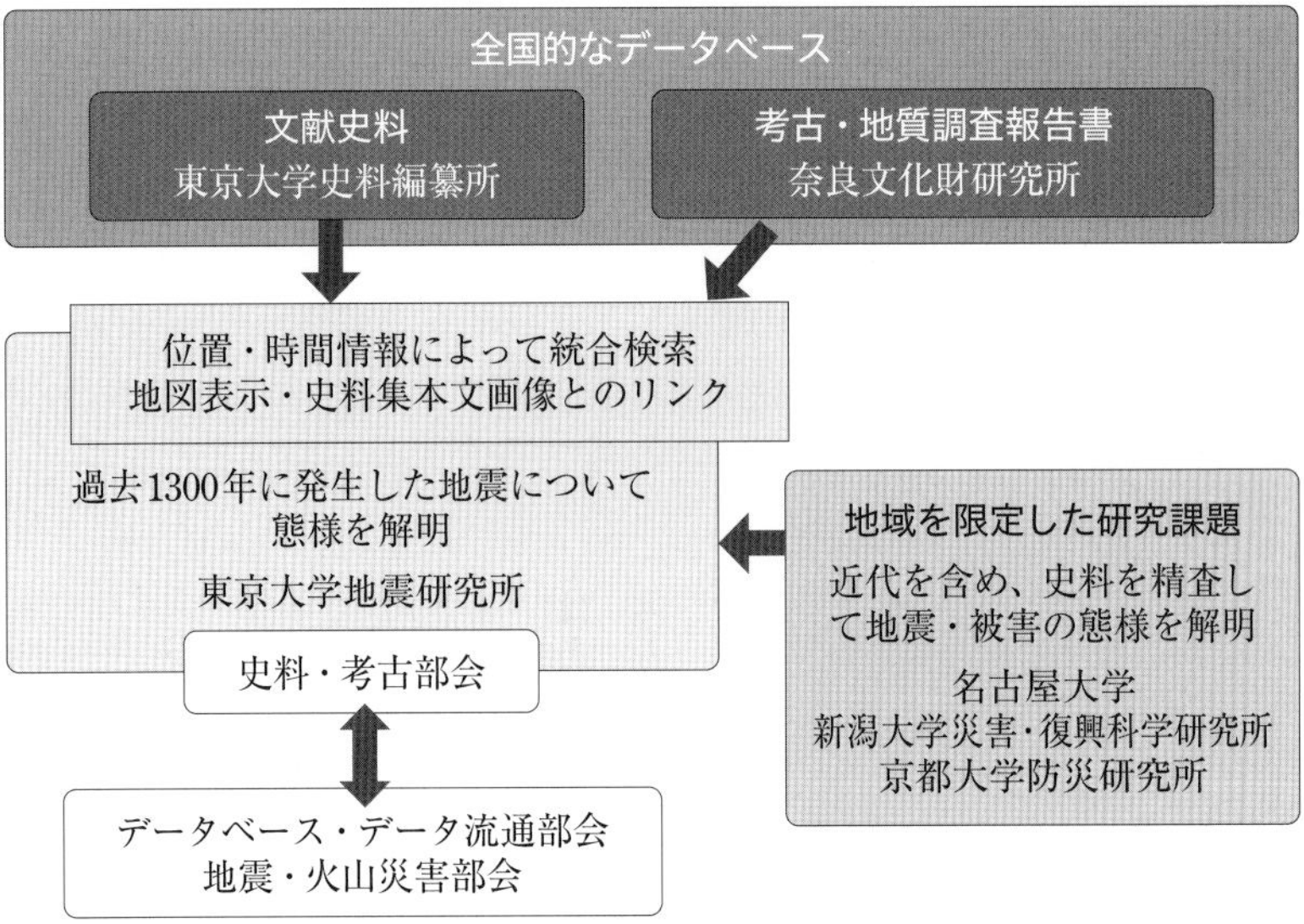

図2　史料・考古部会体制

り、編纂所は近世史料の地震に関するデータベース構築・公開を、奈文研は災害痕跡の考古・地質的データの収集とデータベース構築・公開を担っています。奈文研では「考古資料および文献資料から見た過去の地震・火山災害に関する情報の収集とデータベースの構築・公開」という課題で調査研究を進めています。そして、両者のデータとともに、編纂所がすでに構築した古代・中世地震・噴火史料データベースもあわせて、総合的な研究・活用を推進しようとしています。

四　各地の身近な災害と災害履歴の見直し

しかし、大きな災害をもたらすのは東日本大震災クラスの低頻度大規模な地震などだけではありません。「地震大国」ともよばれる日本では、活断層を震源とする内陸型地震が、マグニチュード六から七クラスの地震を比較的頻発させます。この内陸型の地震とは、すなわち私たちの生活圏の近隣で発生する地震であり、ときに都市直下型の地震として甚大な被害をもたらしています。先頃の「平成二十八年熊本地震」（M七・三）や鳥取県中部での地震（M六・六）はその典型例といえるでしょう。さらに、昨年は特に台風や豪雨に伴った気象災害も各地で顕著になっています。

では、私たちはこの「災害」を単なる「自然現象」の産物として受け入れられるのでしょうか。残念ながら現代の科学技術は、地震や火山噴火といった地球規模の自然現象をコントロールする術を持ち合わせません。そのため、完全なる防災は望むべくもないのです。しかし、それらの発生メカニズムを理解し、私たちの暮らす土地の構造や履歴を「識る」ことによって、災害を野放図に一人歩きさせない、すなわち「減災」を目指すことはできるのではないでしょうか。

では、災害の痕跡は「どこ」に、「どのよう」に残るのでしょうか。奈文研による平城第五三〇次調査(奈良県)で検出された、南海トラフが震源と推定される地震による液状化と噴砂《ふんさ》の痕跡(**図3**)や、多肥北原西遺跡(香川県)で検出された内陸型の地震によると推定され

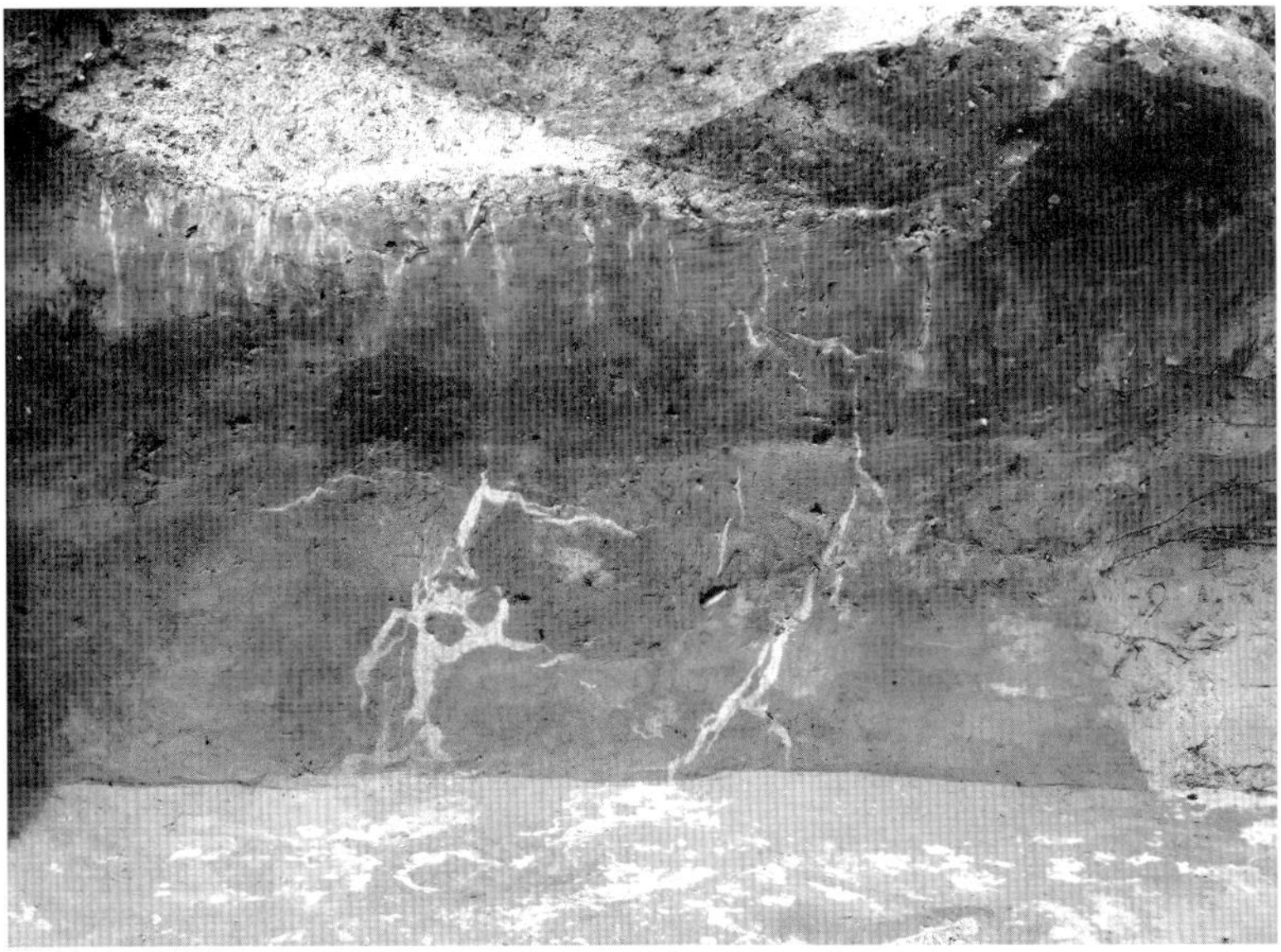

図3　平城第530次調査(奈文研)で発見された南海トラフが震源と推定される地震による液状化と噴砂の痕跡

図4　多肥北原西遺跡(香川県)で検出された内陸型の地震によると推定される液状化による噴礫の痕跡

る、液状化による噴礫《ふんれき》の痕跡（**図4**）などは、「地層の中」から発見されています。液状化は、一般に臨海部低地や氾濫原といった低湿地部を中心に広がる軟弱地盤で発生しやすいといわれています。この軟弱地盤とは、橋や道路、建物といった建築物を建てる際に、それらを支えるだけの強さを持たない地盤を指しており、多くの場合、未固結の柔らかい砂、あるいは水分を多く含んだ常に柔らかいシルトや粘土とよばれる細かな粒子、さらに間隙の多い植物が腐って土になったような有機質土や泥炭から成り立っています。さまざまな土質工学的な実験から、このような水気が多く緩く締まりのない地盤では、震度五弱の地震の揺れで液状化が発生することがわかっています。このため、発掘調査で検出された液状化の痕跡は、その土地が震度五弱を超える巨大地震に被災したことを示していることになるのです。多肥北原西遺跡の事例では、砂ではなく握り拳から赤ん坊の頭ぐらいの大きさの石が地下から吹き出しています。液状化に伴う被災は地盤沈下と噴砂だけなどと楽観視している場合ではありません。

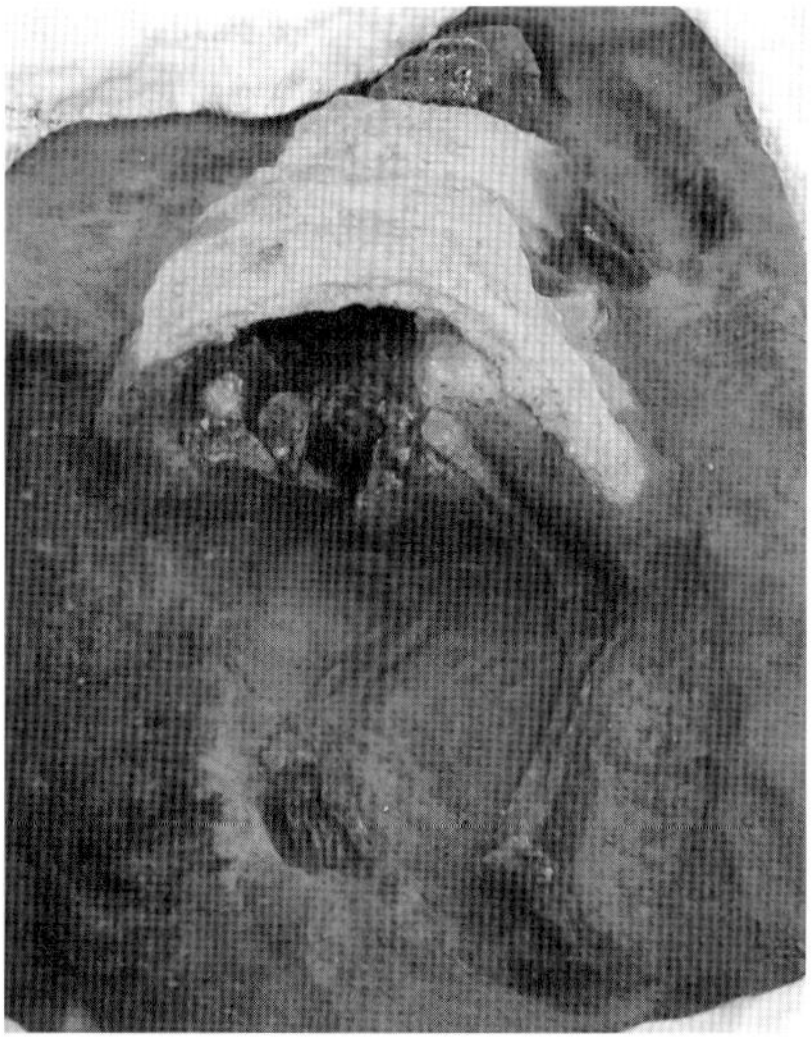

図5　金井東裏遺跡（群馬県）で発見された火砕流で落命した古墳時代人

火山噴火による災害痕跡はどうでしょうか。**図5**は、金井東裏遺跡（群馬県）で見つかった火砕流で落命した古墳時代の人です。火砕流の灰から逃れたかったのでしょう、顔を覆った生々しい姿が残りました。これは「遺跡の中」から発見された事例といえるでしょう。火砕流の恐ろしさや、発生予測の困難さ、さらには避難の困難さをこのような過去の事例からもっと詳細に学ぶことができていれば、雲仙普賢岳（熊本県）や有珠山、駒ヶ岳（北海道）、さらには御嶽山（長野県、岐阜県）などでの被災をもっと小さなものにできたかもしれません。

いずれにしても、これらは大地に記録された災害の痕跡といえるでしょう。一方で、人の記憶や心のなかから立ち現れる災害の痕跡もあります。**図6**は、浅間山の天明三（一七八三）年の噴火の様子を描いた絵図面です。実際の火山噴火と較べれば、マグマがこれほど天をついて噴き出すことはないはずです。しかしその誇張こそが、浅間山で発生した火山噴火の恐ろしさを私たちに伝えていると考えられませんか。おもしろいことに、人は「伝えたいこと」を「伝えたい形」で伝えるのだという事例もあります。**図7**は同じ浅間山の噴火を異なる人が捉えて残した絵図です。さら

図6　浅間山の天明三（1783）年の噴火の様子を描いた絵図面

に図8は同じ噴火によって発生した泥流によって宿場町が被災した様子を伝えています。記録者によってそれぞれ伝える内容と伝え方が違うのが、人間の記録の仕方です。文書も同様です。記録者の所属した社会や集団、地位や身分といったものが、同じ一つの事実を異なった形で伝える要因にもなりますし、過去にあったことの伝聞を、書き残すこともあります。そうすると、災害が実際にいつ発生したか怪しい場合もでてきます。

さらに、現代の地図ほ

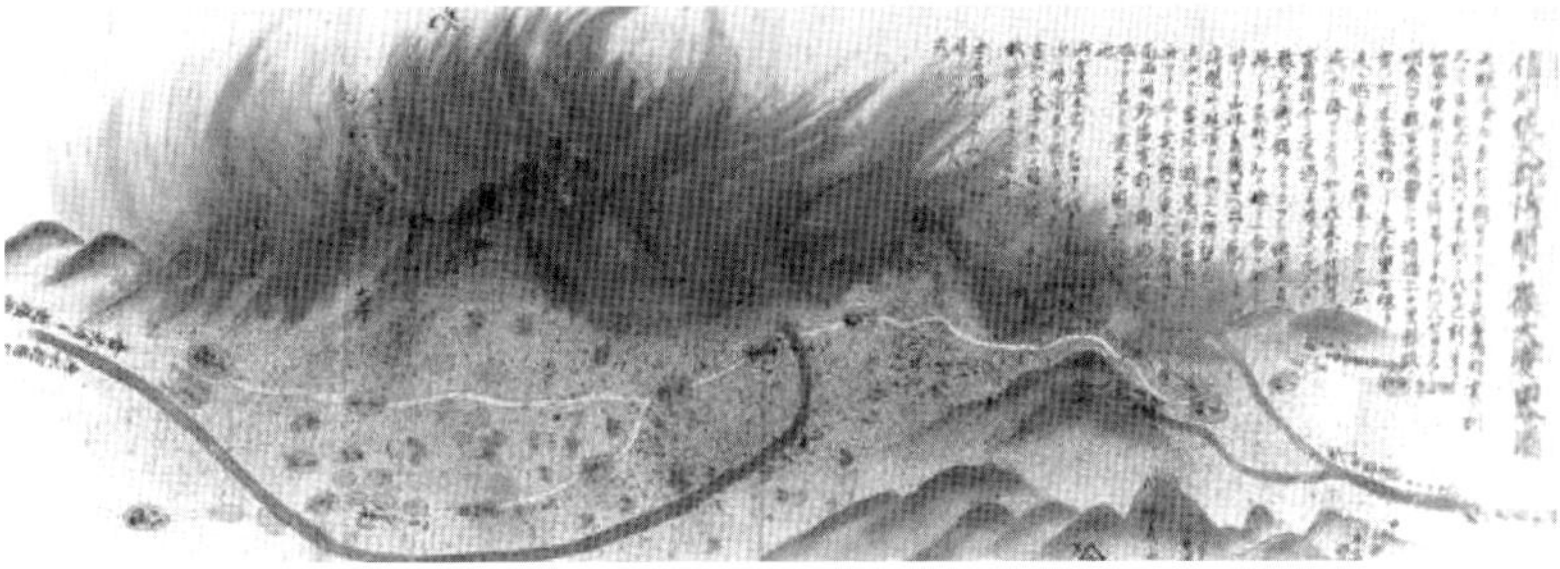

図7　浅間山の天明三（1783）年の噴火の様子を描いた絵図面2

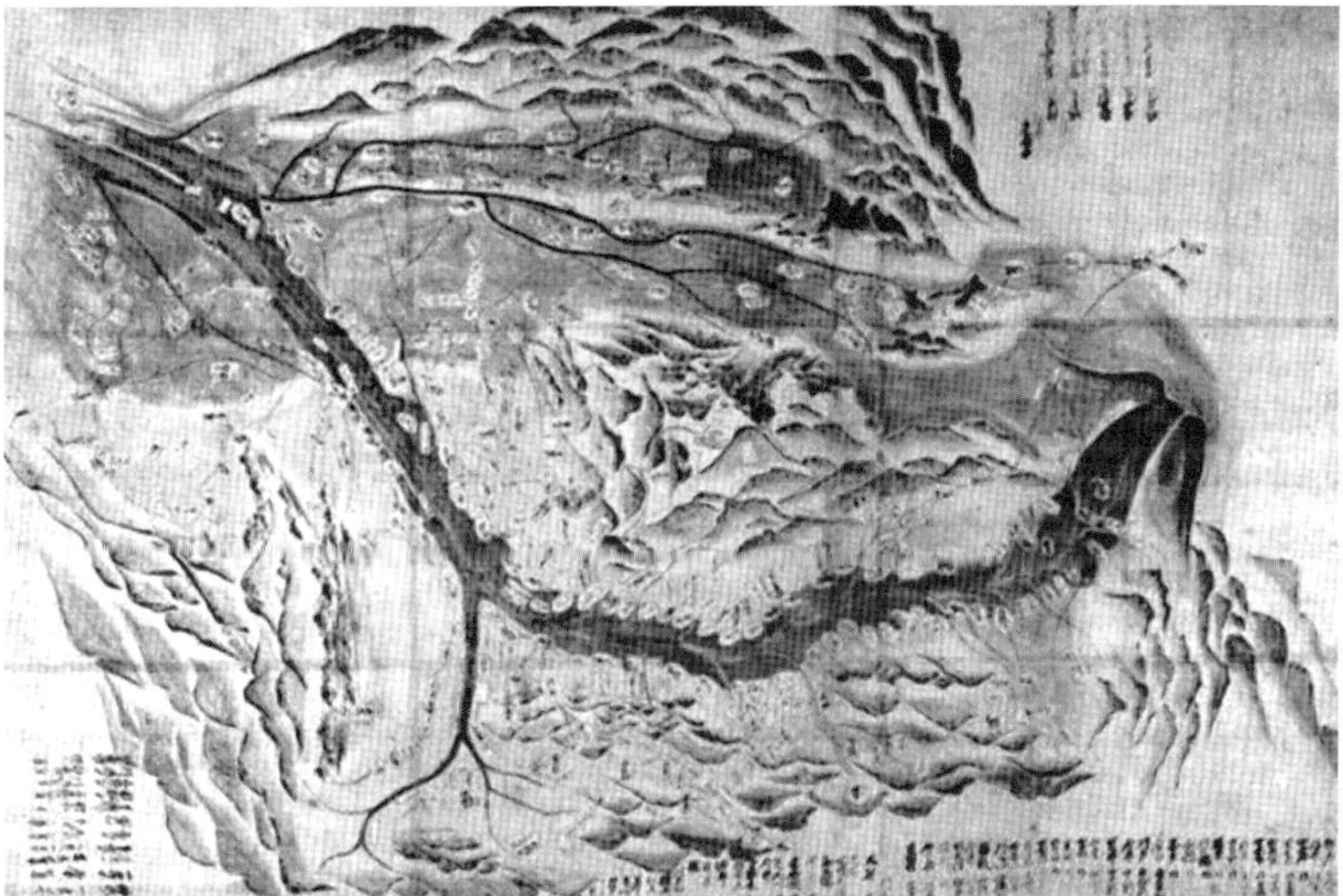

図8　浅間山の天明三（1783）年の噴火の様子を描いた絵図面3

どの精度ではなくても、まさに定点観測のように災害や被災状況、その後の復興までの様相が記録されている事例もあります。図9a～eは、十七世紀後半から十八世紀後半にかけての群馬県前橋城の絵図面です。それまで平城であった厩橋城は、酒井重忠の大改修によって三層三階の天守を持つ近世城郭となり、十七世紀なかごろから一八世紀初頭、厩橋の地が「前橋」と名を改められるとともに「前橋城」と名を変えています。大老酒井忠清を輩出するなど藩の歴史は栄華を誇りますが、その裏腹に堀川の水源として、あるいは城の要害の一部としての坂東太郎ともよばれた利根川の氾濫におおいに悩まされます。実際に度重なる洪水によって被災した城郭の修復や、利根川の流れを変えようと、今日でいうバイパス水路を敷設しています（図9b）。しかし自然の力を読み違えたのでしょうか、利根川の河道をコントロールしきれず、城郭の浸食を止めることはできませんでした（図9c）。その結果、十八世紀に酒井氏の後を引き継いだ松平朝矩のころには本丸の移転を余儀なくされ（図9d）、ついには松平家の川越への転封を契機に、明和六（一七六九）年、三重櫓の天守閣、大手門などが取り壊され、廃城となってしまいます。図9eの三の丸の堀には水田が描かれ、その水田が発掘調査で確認されています（図9f）。

このように災害の痕跡は大地（地質）や遺跡、さらに人の記憶のなかに記録されており、①地質学的・地理学的アプローチ、②考古学的アプローチ、③文献史学的アプローチを通して、私たちの目に見える形となって現れることは思った以上に多いのです。そのため、過去の災害について、本来は「いつ」「どこで」「なに」があったかを知ることのできるチャンスは十分あるはずなのです。ところが

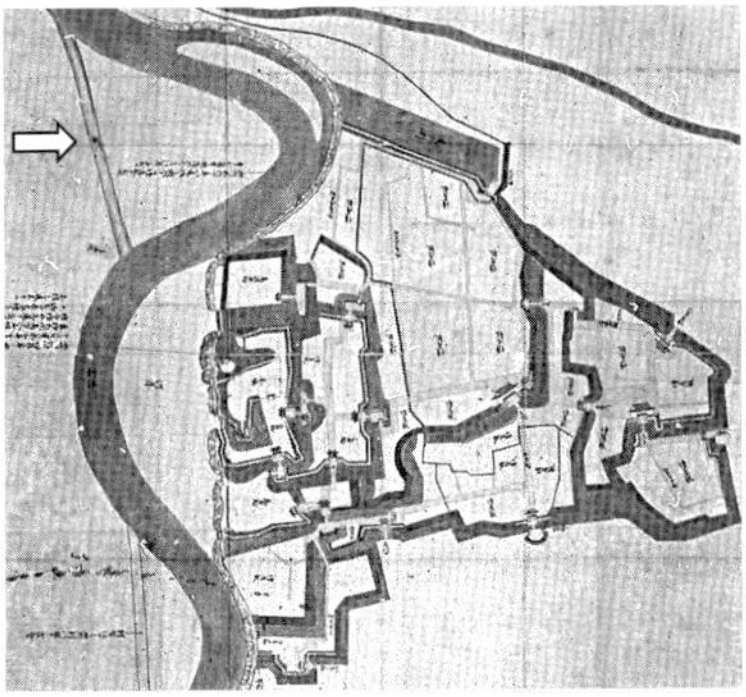

b　前橋城絵図2　天然の要害であった利根川が洪水で城郭を削るため、流れを変えようと西側に直進する堀を普請したもの

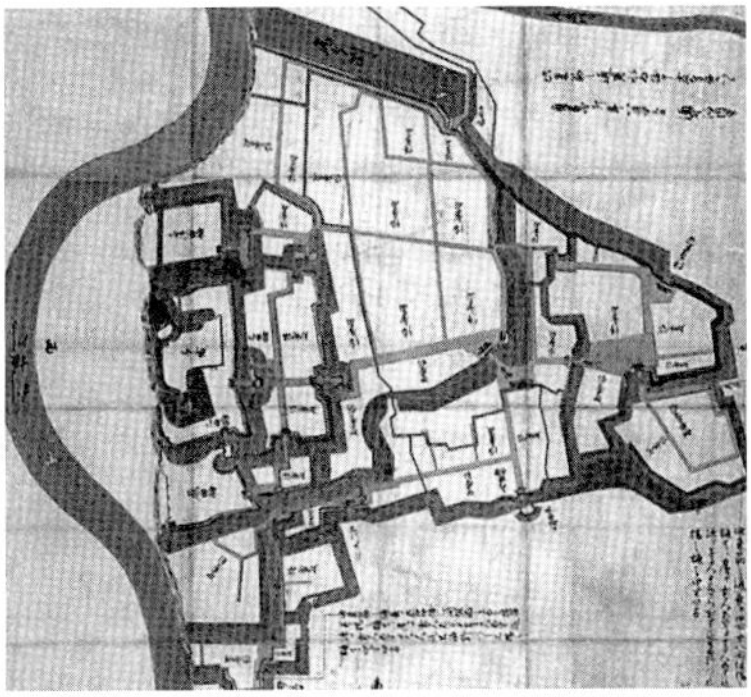

a　前橋城絵図1　貞享四(1687)年、元禄の風水害以前の様子がわかる

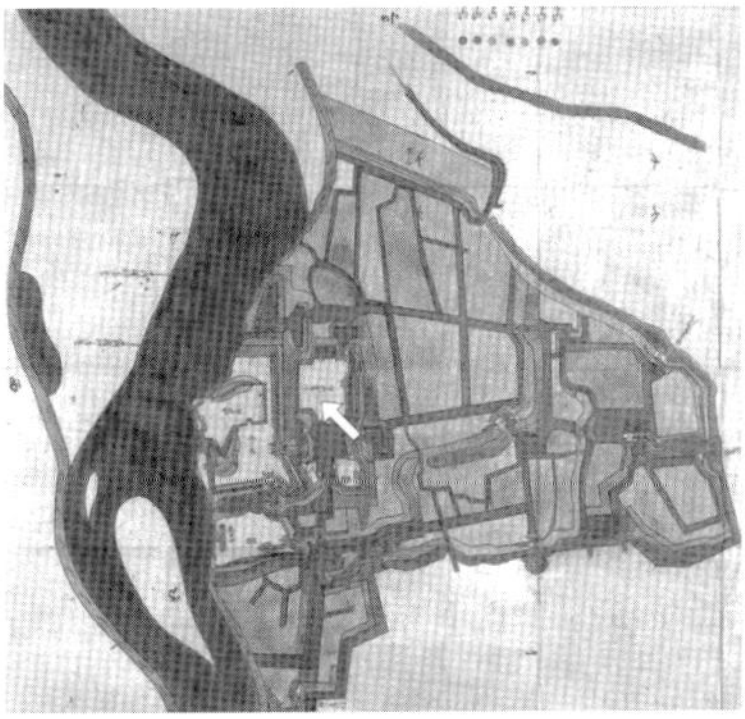

d　前橋城絵図4　松平氏入封後の絵図。城が大きく削り取られている様子がわかる。三の丸には御殿が見える(矢印)

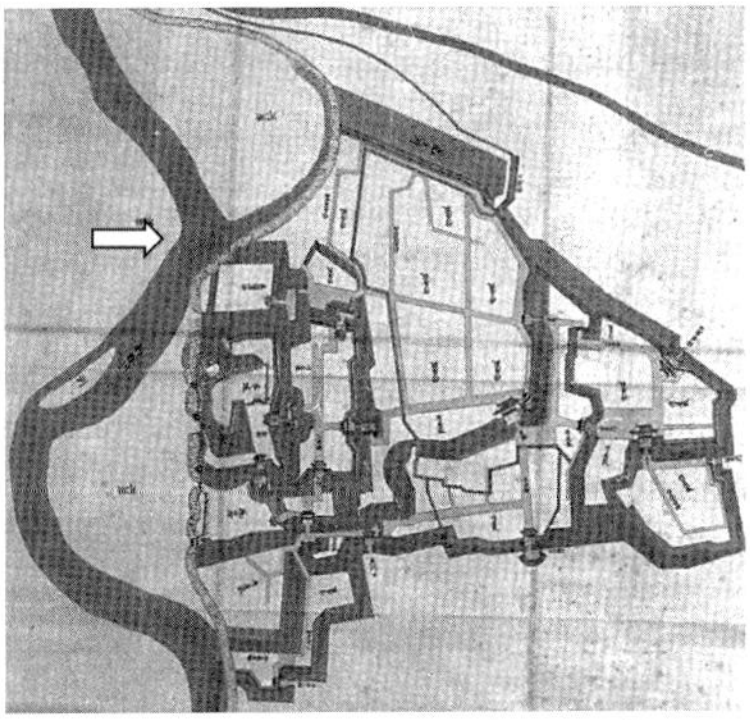

c　前橋城絵図3　流路変更工事で利根川の流れは変わったが、意に反して城を直撃するようになる。この後、城は崩落し始める

f　発掘調査で明らかになった廃城期の堀につくられた水田。天明泥流の上につくられていた

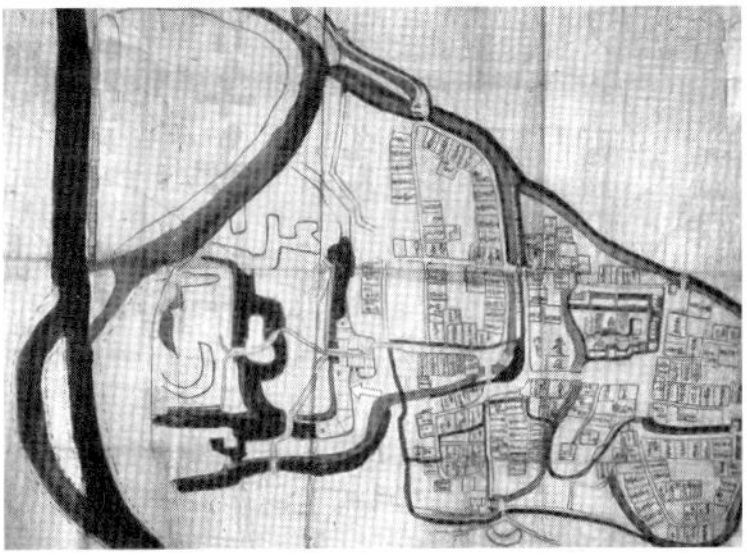

e　前橋城絵図5　廃城期の絵図。三の丸の堀には水田(矢印)が描かれている

図9　17世紀後半から18世紀後半にかけての群馬県の前橋城の絵図面

実際にはちょっとした関心や知識がなかったために、過去の災害にかかわるさまざまなサインを見逃してしまっていることがとても多いのです。

またすでに少し触れてきましたが、地形や地質の記録を考える場合には、地域ごとの特性・特質があるだけでなく、たとえば、地盤形成過程についても歴史的な経緯を考慮する必要があります。これまで知られていなかったような災害痕跡とともに、地盤形成に関する新たな考古・地質学的情報が埋蔵文化財発掘調査の過程で副次的にもたらされることは珍しくありません。すなわち歴史学的情報とともにこの考古・地質学的情報を収集・整理・分析し、データベース化することで、「いつ」「どこで」「どのような」災害が発生したかという各地の災害履歴を再構成することが可能となるのです。

こうした観点から、広範囲に被害をもたらす、ごくごく低頻度で大規模な災害の歴史をはじめとして、各地の自然地理学的あるいは人文地理学的条件を踏まえた、身近な地域ごとの歴史的な災害現象の実像を調査・研究・分析し、各地の災害史について再構成することは、これからの防災・減災対策の検討を進めるうえで、きわめて重要かつ有効な手法であると考えられます。

五　埋蔵文化財発掘調査と災害痕跡

発掘調査で認められる地震痕跡が、自然科学的な調査研究対象として広く注目を集め始めたのは、一九七〇年代なかごろ（昭和五十年前後）以降のようです。一九七九年には、松島義章・伴信夫らにより長野県諏訪湖畔にある荒神山遺跡において、縄文時代中期中葉の住居址《じゅうきょし》に床面の食い違いや地割れが認められ、糸魚川―静岡構造線の動きに伴う断層により変位を受けたものであることが報告されました。これは、発掘調査で認められた地震痕跡のうち比較的早い時期に報告された事例の一つとみられます。

その後、一九八〇年代なかごろ（昭和六十年前後）になって、埼玉県や群馬県、滋賀県、京都府などでは遺跡における噴砂や地割れといった地震痕跡が相次いで検出され、一九八五年から一九八七年にかけて報告されています。また、考古学関連の学会においても発掘調査により発見された地震痕跡について報告が行われたり、「地震考古学」という学際的な分野が提唱されたりしました。

そうした状況のなか、遺跡で発見される地震痕跡研究の意義が見直されることとなった転機は、平成七（一九九五）年の阪神・淡路大震災です。翌年には、埋文関連救済連絡会議および埋蔵文化財研究会により全国の地震痕跡検出遺跡が集成され、資料集として刊行されました。それによれば、発掘調査による地震痕跡検出例は合計三七八遺跡にのぼり、北は北海道から南は鹿児島県にいたるまで、全国各地に認められていることが明らかとなりました。これ以降、「地震考古学」が浸透していったと思われ、発掘調査において地震などの痕跡の検出・調査などもある程度一般的なこととして受け止められるまでになっていったと考えられます。

ところが、二〇一一年三月に東日本大震災に見舞われたことが契機となり、あらためて歴史災害から学ぶことの重要性が再認識されることとなったのは、これまで述べてきた通りです。そうした観点から、発掘調査（現場）においてもこれまで以上に、歴史災害痕跡に対して注意が向けられることとなりました。「発掘された地震痕跡」がまとめられてから今日まで、災害痕跡の発掘調査事例は膨大な件数にのぼると考えられ、さらに今後もその件数が増加し続けることは間違いありません。こうした考古学的調査研究状況から、全国の災害痕跡データを再度とりまとめてデータベース化し、災害研究や防災・減災に役立てられるかたちにする必要性がますます高まっているといえます。

六 これまでの成果と課題

(a) 基盤となるデータ資源

災害痕跡のデータベースを構築するための作業は、まず発掘調査によって明らかとなる地質情報のうち、特に地震や火山噴火の活動履歴、すなわち災害の痕跡についての情報を収集・調査することから始まります。この作業において重要なことは、「災害痕跡を見逃さない」と同時に、不明確な情報に拠って「未発生の災害をつくりださない」という点です。本事業の目的は災害予測や減災研究の基盤となることですから、その基盤となる情報の正確性はきわめて重要な問題となってきます。ところが、過去の災害についての情報がどれほど正確であるかについて保証することは、当時の発生現場に立ち合えない以上非常に難しいことです。加えて重要なこととして、地質から得られる情報は、近代的な技術を用いた観測データに比べると量も質も大変かぎられたものであることを十分理解しておく必要があります。このような限定的な条件の下で、なお発掘調査の成果を活用する利点としては、①開発事業に伴って調査が行われることが多いため、地表付近のごく浅い範囲ではあるものの、非常に多くの地点の地質情報が蓄積されていること、②居住域における一般的な地質調査が、主に基盤地質を調査するためのボーリング・コアやジオスライサーといった小面積・大深度で情報を収集するのに対して、発掘調査は面的調査を行うため、地層の断面・平面を連続的に観察することができ災害痕跡の調査・検証に適していること、さらに③地層を遺構や遺物包含層と対応づけながら調査を進めるため、土器編年や遺構によって堆積層に比較的詳細な編年を与えることができ、地質年代としては短い期間ではあるものの詳細な時間分解能で災害発生時期を捉えることができる確率が高い、という三つの点があげられます。

また災害の痕跡を識別・評価するうえで、根本的な問題もあります。たとえばある地震によって引き起こされた災害は、断層や地割れ、液状化、噴砂、さらに斜面崩落といった地震の発生過程によってもたらされるものもあれば、斜面崩落によって河川が塞き止められ、大水や洪水が発生するといった災害が重なり、次の災害が発生するといった複合的なものもあることを忘れてはなりません（**図10**）。すなわち、ある地震ないし火山噴火によって引き起こされる災害は、必ずしも一つの現象に集約するのではなく、じつは多様で複雑な、ときに元来の災害とはかけ離れたかたちで現出することがあるということです。これは火山噴火においてもまったく同様といえます。実際、今日の私たちもこのような事例をよく目の当たりにしているはずです。災害としての現象事例が一気に複雑で取り扱いにくいものに感じられるようになったと思いますが、現出した災害それぞれを丁寧にたどり、それがどのようなもの（質）で、どのくらいのもの（量）であったかを明らかにすると、ある地域での被災の規模が浮き彫りになってきます。さらに、それらの災害が、どのように（組合せ）、広がっていたか（分布）を明らかにすることができれば、災害の全体規模を評価するうえで重要な情報となるのです。特に分布については、緯度・経度といった水平面的な情報だけでなく、その場所の履歴が重要で、時間軸として層序情報を含む位置情報が細かく明らかになるほど災害の全体像が明確化していきます。

一方、災害を評価するうえで「災害痕跡がない」という情報も大変重要です。地震や火山噴火に伴うさまざまな災害は、広域に同様の影響を与えると一般的に思われがちですが、前述の通りその現出はさまざまな形態をとります。その結果、地形や地質、さらに当時の気象などわずかな条件の違いで「被災しない地域」が「被災地」の隣接地に存在することは十分あり得るわけです。このような情報は、災害規模の理解に直接的にはつながりませんが、災害の「発生メカニズム」を解明する非常に重要な手がかりとなってきます。すなわち「被災情報」を探すことで災害の実情を把握すると同時に、「被災しない地域」が何故存在したのか調べることで、災害自体の特性を理解することができるようになるわけです。

これらのことを踏まえ、発掘調査で検出された「層序」や「遺構」と

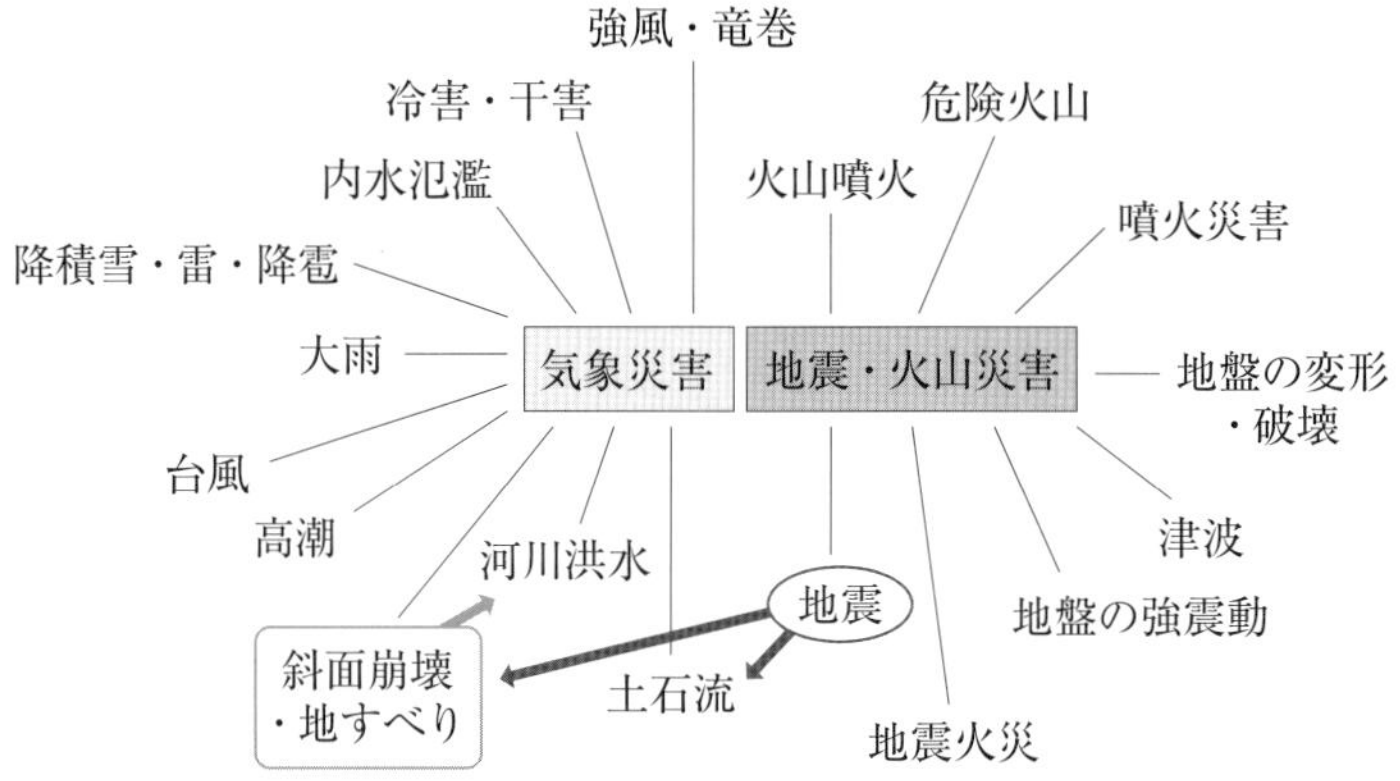

図10　私たちを取り巻く自然災害

いった、地質学あるいは考古学的なデータ群から災害の痕跡情報を収集することになります。そしてそのデータの資源としては大きく二つの領域があげられます。一つはすでに公表された発掘調査成果です。主なものとしては、地方公共団体等から発刊されている発掘調査成果報告書が対象となりますが、それらに加えて学術論文、大学の発刊した学術紀要、出版社の発行した書籍など、情報の出典について明確な記載がなされているものを情報源としています。基盤情報とした引用文献についてはすべて出典記載を行うとともに、奈文研が運用する全国の遺跡資料リポジトリ『全国遺跡報告総覧※1』と連動して、資料の閲覧ができるように構成しています。

二つめのデータ資源としては、現在進行中の発掘調査があげられます。情報の収集・調査対象となる遺跡は、既存の公表データの場合と同様に、考古学的、あるいは野尻湖における調査のような自然史学的発掘調査、さらに学術調査や行政調査といったすべての発掘調査となります。実際には、各地での発掘担当者から寄せていただいた情報に基づき、筆者が行った現地での視察、あるいは現場の写真や図面といった発掘調査情報が収集・調査の判断材料となっています。現在、このような基準に則り、全国規模での調査を二〇一四年より開始し、すでに一万を超える遺跡でさまざまな災害痕跡の存在を確認し、データベース化への取り組みを行っています。

(b) 災害痕跡から災害の発生時期を探る

これまでに「いつ」「どこで」「どのような」災害が発生したのかを探る重要性とその可能性につい

て述べてきました。「どこで」と「どのような」という要素については、簡単ながら具体的な事例を用いながら説明しましたが、次に「いつ」を探るための課題についてお話ししたいと思います。この項では、時間軸の決定にかかわる重要な課題についても触れていきたいと思います。

早速ですが、過去の災害が「いつ起こったのか」を突き止めるにはどのようにしたらよいのでしょうか。もっとも簡単なのは、発生した災害に何年何月と文字で記されている場合でしょう。これは人によって記録されたときに起こる現象で、第四章でも述べました。しかし人が文字を持つ以前、また人が関心を持たなかった、あるいはさまざまな原因から記録することができなかった場合はどうでしょうか。加えていうと、過去の災害についての伝聞・伝承は、人それぞれの感覚や感情といった偏向が加わってしまう可能性があることをやはり第四章で触れました。この偏向の可能性は、災害発生日時についてもあり得ることで、たとえば有名な『平家物語』の巻第十二には「大地震」として文治地震（一一八五年）の話がありますが、当然のことながら『平家物語』の成立は鎌倉時代とされていますので、地震の経過や被害についてかなり細かく描写されているものの、そのじつは地震発生よりも、はるか後年になって記述されたものであり、細かな日時情報は偏向している可能性があるわけです。このように確実な記録と思えるものが、じつはそうでもないといった容易でない現実において、災害についての検証をどのようにしていけばよいのでしょうか。

史料を用いる場合には、さまざまな面からその正当性、妥当性を検討する史料批判は重要でしょう。一方で、人とは関係なく記録が残る大地（地質）の記憶を利用することも有効な手段です。

現在（二〇一七年十月六日）、奈文研の本庁舎の建て替えを行っていますが、その地下から液状化による砂脈と噴砂の痕跡が検出されました（図11）。写真（図12）の一番下部に砂の層があり、そこから砂脈が上に向かって伸びています。さらによく見ると途中でその砂が水平に広がる層が何枚かあることが確認できます。これは、震度五弱以上の地震が引き起こした液状化現象によって、何度も噴砂が発生した結果と考えられます。ひと昔前までは、一度液状化した場所は地下間隙水が十分に脱水し、地盤が安定化すると考えられていましたが、じつはそんなことはなく、弱い地盤では何度でも液状化現象は発生するのだという重要な情報を私たちに伝えてくれています。いずれにしても、何度も噴砂が存在するということは、大きな地震があまり発生しないといわれる奈良県でも、じつは震度五弱以上の巨大地震を何度もこれまでに経験しているということを示しています。私たちが完全にそのことを忘れ去っている端的な事例です。

　ではこの地震群はいつ起こったのでしょうか。巨大地震の発生時期を探っていきましょう。写真で見える一番下の層に、液状化して砂脈や噴砂の由来となった砂層があり、その上に灰色の泥が堆積しています（図13中の紫色の部分）。粒子の大きさは、砂とシルトが混合する砂質シルトでした。この堆積物は遺物から奈良時代のものであることがわかっています。その堆積物を掘り込んだ溝や被覆した堆積物（図13中の褐色、黄褐色の部分）は奈良時代から九世紀ごろのものです。これは同時期の遺構の新旧関係から確認されています。その上の堆積物（図13中の灰色部分）からは、十二〜十三世紀のものと考えられる瓦器の破片が出土しました。さらに上の堆積物（図13中の青灰色部分）からは

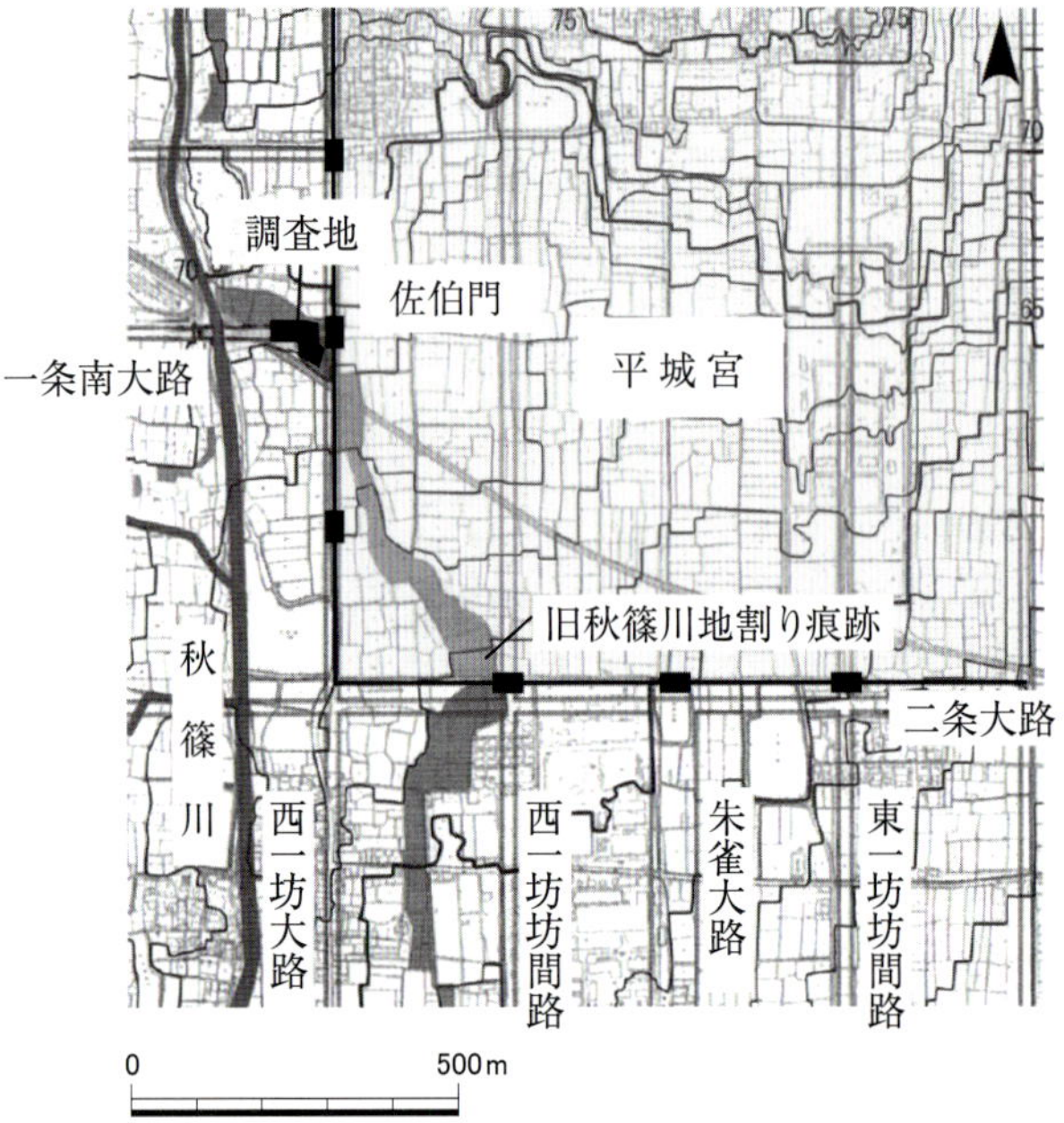

図11　平城第530次調査地と周辺の遺存地割

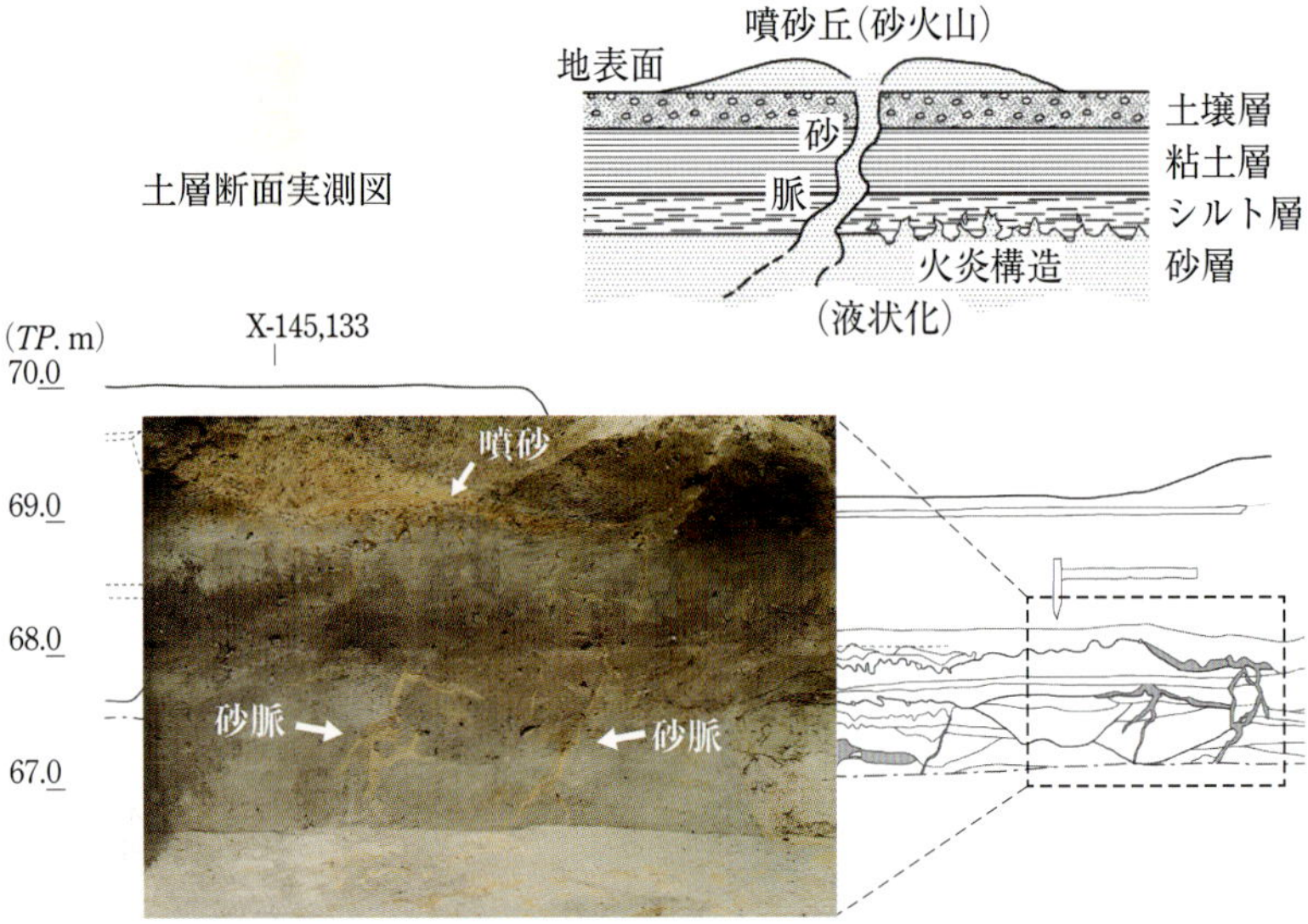

図12　平城第530次調査により発見された液状化による噴砂の層位

十三〜十四世紀の青磁碗の陶片が見つかっています。この堆積物より上は残念ながら現代人の活動で土が攪拌され、中世から近世、近現代の堆積物が混じる攪乱土となっています。

さて、遺物や遺構によって土の堆積時期が明らかになってきました。ではいま一度地震の痕跡とその時期を比較しながら読み解いていきましょう。地震痕跡としては液状化、砂脈、そして噴砂が捉えられています。このうち地震の発生時期を捉えるには、当時の地表面に吹き出した「噴砂」がどの層位にあるかを検討することがもっとも明瞭です。どこにあるでしょうか。一つめは奈良時代の堆積物の中に水平に広がる噴砂の跡が見られます。二つめは奈良時代から九世紀ごろまでの堆積物と十二〜十三世紀の堆積物のあいだです。三つめは十三〜十四世紀の堆積物の直上

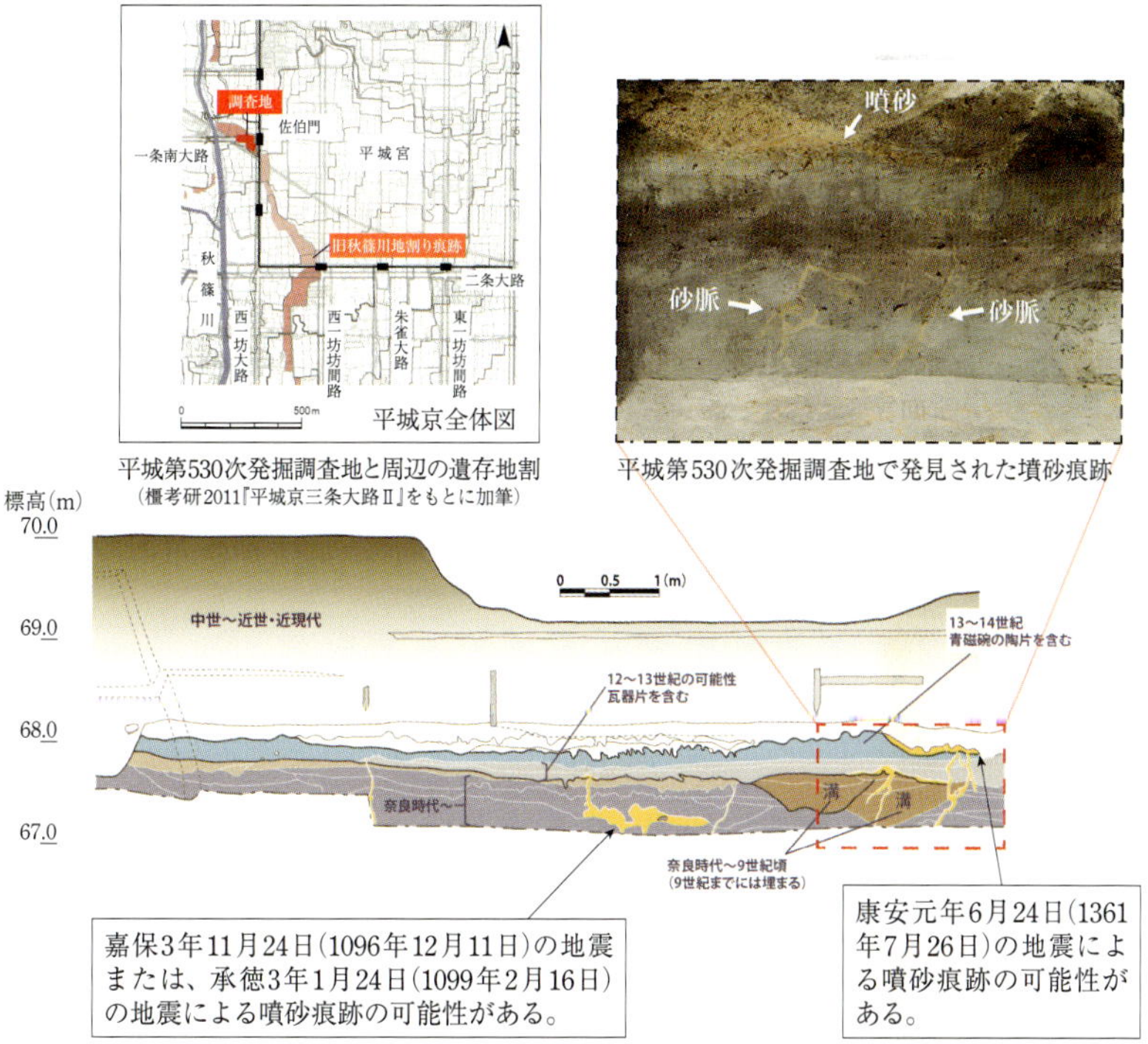

平城第530次発掘調査地と周辺の遺存地割
(橿考研2011『平城京三条大路Ⅱ』をもとに加筆)

平城第530次発掘調査地で発見された墳砂痕跡

図13　噴砂の層位と時代

にあります。そうなると、地震の発生した時期は、①奈良時代、②九世紀から十二世紀もしくは十三世紀、③十三世紀もしくは十四世紀以降に絞り込まれてきます。

少し話がそれますが、地質（私たちの足下の大地の構成物のこと）から時間軸の情報を読み取るためにはいくつもの手法があります。一般的に地質学的レベルとしていわれる時間解像度は数百年から数十万年です。地質は地球規模で、あるいは数十メートル程度のごく狭い範囲で変化していくのですが、それは堆積システムすなわち地形が変遷していくことで発生します。そして地形が変われば環境も変わり生態系も変遷していきます。その変遷速度は地質の変化よりもはるかに速く、そのなかで保存されていく生物遺存体を用いた放射性炭素年代の時間解像度は、数十年から数百年程度です。一方、人の社会文化様相の変化というものも時間軸になります。たとえば土器型式の変化や、遺跡で見いだされる遺構の切り合いなどがそのよい事例としてあげられますが、数年から数十年の時間解像度を持っています。さらに地質に含まれる要素ではありませんが、古文書など文字記載のある史料であれば、数時間から数日の時間解像が得られます。このような解像度の異なる時間軸情報を重ね併せて、すでに述べたような①～③のように災害の発生時期を解き明かしていくわけです。

もう少し詳しく見ていきましょう。液状化を発生させる地震は震度五弱以上ということをすでに述べました。奈良県は内陸部の盆地でいくつかの活断層が走っていますが、これらが動かないかぎり、それほど大きな地震が発生する地域ではありません。また現在の地質学の研究成果からは、これらの断層のほとんどが動いたのは歴史時代以前であったことがわかっています。そうなるとどのような地震がこれほどの揺れをもたらしたのでしょうか。可能性としては南海トラフ地震ではないかと考えています。ここで史料とつながってきます。①はやや時期の幅が広く不明瞭ですが白鳳地震（六八四年）、七三四年、七九四年の地震が候補としてあげられます。このうち七三四年の地震は畿内七道地震なのか生駒断層帯の活動によるものかはいまだ議論の渦中にあります。七九四年の地震も、実際には地震ではなかった可能性が議論されています。そして②は一〇九六年か一〇九九年の南海トラフ地震、③は康安元（一三六一）年の南海トラフ地震が史料から候補としてあがってくるのです。

このようなことがわかることに、どのような意味があるのでしょうか。まず私たちの将来の減災と大きくかかわってきます。地震はよく周期性を保って繰り返すといわれています。繰り返すという表現が正しいかは少々問題がありますが、いずれにしても地殻すなわち地球が活動をしているかぎり、地震発生率が一定の周期で高まるのは避けられない事実です。東日本大震災が十分に予測できなかったのは、この周期性が捉えられていなかったことも大きな原因の一つでした。そのため地震発生時期が特定されることは、とても重要なことなのです。さらにもう一つ重要なことがあります。史料には地震が発生した日時が記されているだけではありません。地震が発生する前後にどんなことがあったのか、どのような揺れだったのか、さらにどのような被害を及ぼしたのかといったことが記されていることが多いのです。これは今日の私たちに、地震の事前予測のヒントや発生時の避難先や避難方法、減災に向けたインフラストラクチャー整備への重要な手がかりとなってきます。そしてこのことは地震にかぎったことではなく、火山噴火、津波、大雨など人々が関心を持ったさまざまな自然現象が対象となっているのです。

ただし課題もあります。個々の災害痕跡の種類、発生の場所や時期、そして場合によっては周辺の被災状況について知ることはできても、災害の全体像を捉えるのがなかなか困難な点です。昨晩（二〇一七年十月六日）の福島沖の地震では、東京も揺れました。すなわち災害による被災範囲はかなり広範囲にわたって波及するのであって、しかもその現出する状況も地域差があるため、将来の防災・減災に取り組むのであれば、個別の地域性にとらわれるだけでなく、全体としての被災状況が見えてこないと私たちの明日の生活には役立ちません。それには広範囲でデータをつなげていき、一つひとつの災害について発生のメカニズムを検討するとともに、被災構造の検証と評価をしていくことが大切な視点になります。結局のところ「温故知新」が必要となってくるのです。数千年前の情報でも、今日の私たちの生活に役立ってくることは、ここまでの説明でご理解いただけるのではないでしょうか。同時にせっかく蓄積させた情報に対して、私たちの記憶、興味、関心を風化させない取り組みが必須です。私たちは常に関心を持って、古い時代に何が起こり、いま何が起こりそうかを、その土地の履歴を見ながら、その土地を中心に全体を見渡していく必要があります。私たちの科学力をもってしても自然災害を完全に防ぐことはできません。しかし防災ではなく確実な減災に

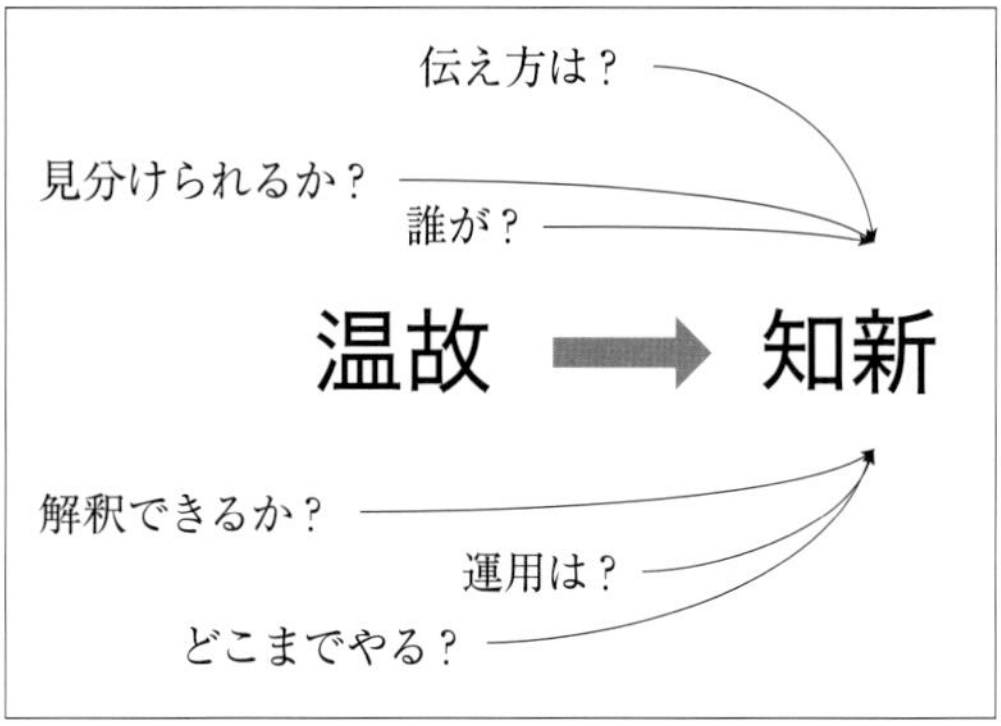

図14　防災・減災に向けた「温故知新」を取り巻く課題

向けた取り組みは進めていくことができるのです。

ところがここにもう一つ課題があります。いうのは簡単ですが、どう伝えるか、誰がやるか、運用はどうする、いつまでやり続けるのか、「知新」に課せられている課題です（図14）。

（c）災害痕跡データベース構築への取り組み

現在、さまざまな形態のデータベースが提案されていますが、私たちは「災害発生予測、減災を目指した研究のための基盤資料整備」をキーワードにしていることから、情報要素の時間的・空間的な位置関係が視認しやすい、地理情報システム（GIS）型データベースを目指しています（図15）。このデータベースは大きく四つの柱からなっています。まず重要な一つめの柱は、考古発掘調査の成果を活用して災害痕跡を読み取る（図16）ことにより、災害の種類や発生時期を整理して、「災害痕跡データベース」を作成することです（図17）。

二つめの柱は、点群情報としての災害痕跡について、考古学的、地質学的、地理学検証を加え、発生した災害現象を「古地形図」上に復元することです。この「古地形図」には重要な意味があります。災害による被災は地形や地質に大きく依存しています。地質は私たちの目に直接触れることはなかなかないのですが、地形はまさに景観として存在します。昔、海や川であったところが、いまは住宅地になっているとか、開発によって山や台地がなくなっているなどはよくあることです。昔といまで地形がまったく変わってしまっているにもかかわらず、過去の災害現象を現在の地図上に並べ

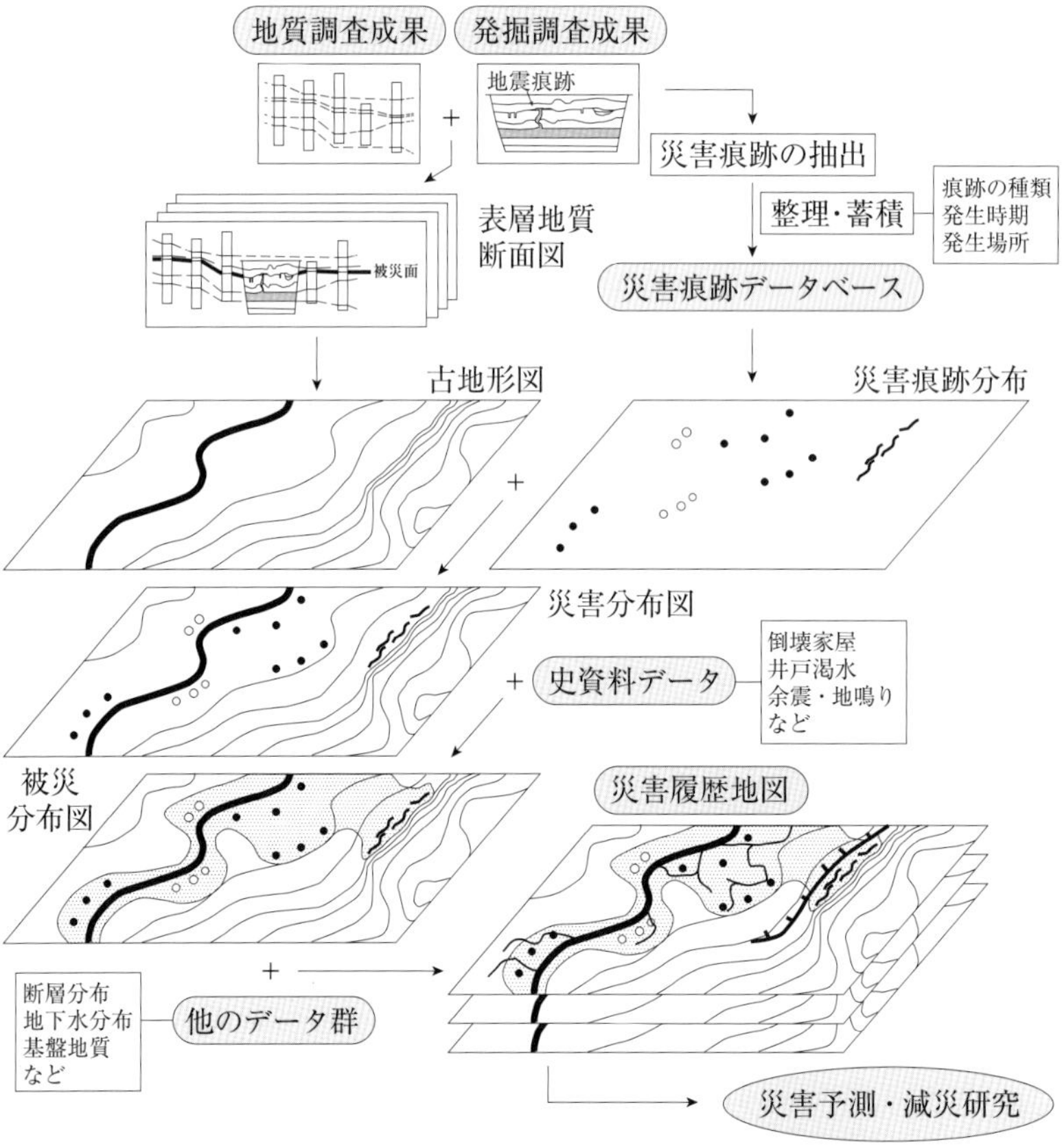

図15　歴史災害痕跡データベースの基本概念

図16　発掘調査から発見される災害痕跡の情報収集・分類・入力

ふりがな	
書名	上の原II遺跡/上の原III遺跡/木下屋敷遺跡/岩出原遺跡
副書名	関越高速自動車道埋蔵文化財発掘調査報告書
シリーズ名	新潟県埋蔵文化財調査報告書
シリーズ番号	第21
発行年月日	1980年3月31日
奈文研書籍番号	214.11‖2‖21
NII書籍番号	BN10440752
備考	

1

ふりがな	うえのはらにいせき		事業	関越高速自動車道建設に伴う			
名称	上の原II遺跡						
調査区	昭和54年度調査区		調査期間	1979年9月17日-10月12日			
調査次	昭和54年度調査次						
旧住所	新潟県長岡市川口町大字西川口字西倉上の原3992-1ほか						
所在地							
位置備考							
幹番/枝番		市町村コード		緯度		経度	
遺跡	有	時代				災害痕跡DB入力	本報告チェック
調査区分	本調査	地質備考	河岸段丘		写真		
地質情報	有				△	要・不要	

2

ふりがな	うえのはらさんいせき		事業	関越高速自動車道建設に伴う			
名称	上の原III遺跡						
調査区	昭和54年度調査区		調査期間	1979年10月13日-31日			
調査次	昭和54年度調査次						
旧住所	新潟県長岡市川口町大字西川口字西倉上の原						
所在地							
位置備考							
幹番/枝番		市町村コード		緯度		経度	
遺跡	有	時代				災害痕跡DB入力	本報告チェック
調査区分	本調査	地質備考	河岸段丘		写真		
地質情報	有				△	要・不要	

3

ふりがな	きのしたやしきいせき		事業	関越高速自動車道建設に伴う			
名称	木下屋敷遺跡						
調査区	昭和53年度調査区		調査期間	1978年11月14日-12月10日			
調査次	第1次調査						
旧住所	新潟県北魚沼郡川口町大字中山字中山200						
所在地							
位置備考	魚野川右岸						
幹番/枝番		市町村コード		緯度		経度	
遺跡	有	時代				災害痕跡DB入力	本報告チェック
調査区分	試掘調査	地質備考	河岸段丘/緩傾斜		写真		
地質情報	有				△	要・不要	

4

ふりがな	きのしたやしきいせき		事業	関越高速自動車道建設に伴う			
名称	木下屋敷遺跡						
調査区	昭和54年度調査区		調査期間	1979年5月7日-25日			
調査次	第2次調査						
旧住所	新潟県北魚沼郡川口町大字中山字中山200						
所在地							
位置備考							
幹番/枝番		市町村コード		緯度		経度	
遺跡	有	時代				災害痕跡DB入力	本報告チェック
調査区分	本調査	地質備考			写真		
地質情報	有				△	要・不要	

5

ふりがな			事業	関越高速自動車道建設に伴う			
名称	岩出原遺跡			川口町岩出原地区			
調査区			調査期間	1979年6月4日-30日			
調査次							
旧住所	新潟県北魚沼郡川口町岩出原						
所在地							
位置備考	魚野川左岸						
幹番/枝番		市町村コード		緯度		経度	
遺跡	有	時代				災害痕跡DB入力	本報告チェック
調査区分	本調査	地質備考	段丘		写真		
地質情報	有				△	要・不要	

図17　災害痕跡データベース（遺跡ごとのカルテの様子）

ても簡単には理解ができないのです。

三つめの柱は、その災害分布と史料が記録する被災情報を対比することで、「被災分布図」を作成する点にあります。古地形図は、災害痕跡情報を蓄積する段階で得られる、遺跡分布や表層地形、地形情報を中心に地質調査の成果など既存の調査・研究成果を利用して作成しています。被災分布図は、史資料から家屋倒壊や井戸渇水、鳴動などの記録を抽出することによって、被災評価を加えつつ作成します。四つめの柱は、GISを導入することで、災害現象の空間的・時系列的特性を視覚的に表示することにあります。このことによって、災害予測や減災に向けた高度な解析や迅速な判断を可能にするデータベース「災害履歴地図」を作成することが可能になります。災害履歴地図を構成するデータは、時系列的に階層（レイヤー）化した「災害分布図」を主軸として、産業総合研究所や国土地理院などを中心に公開が進む断層、地層、地盤、地下水や火山の分布などのデータを取り入れることを可能にするクロスプラットフォームなデータベース構造を目指しています。この結果、過去の被災状況の空間的・時系列的履歴が捉えられるだけでなく、災害現象とそれを取り巻くさまざまな要素との応答性について、より高度な解析を可能にすると考えられます。

(d) 熊本地震

二〇一七年八月までに私たちが調査した結果、発掘調査によって過去に被災していることが判明している調査地点は四七七地点あります。熊本地震にかかわるさまざまな情報が明らかとなった後

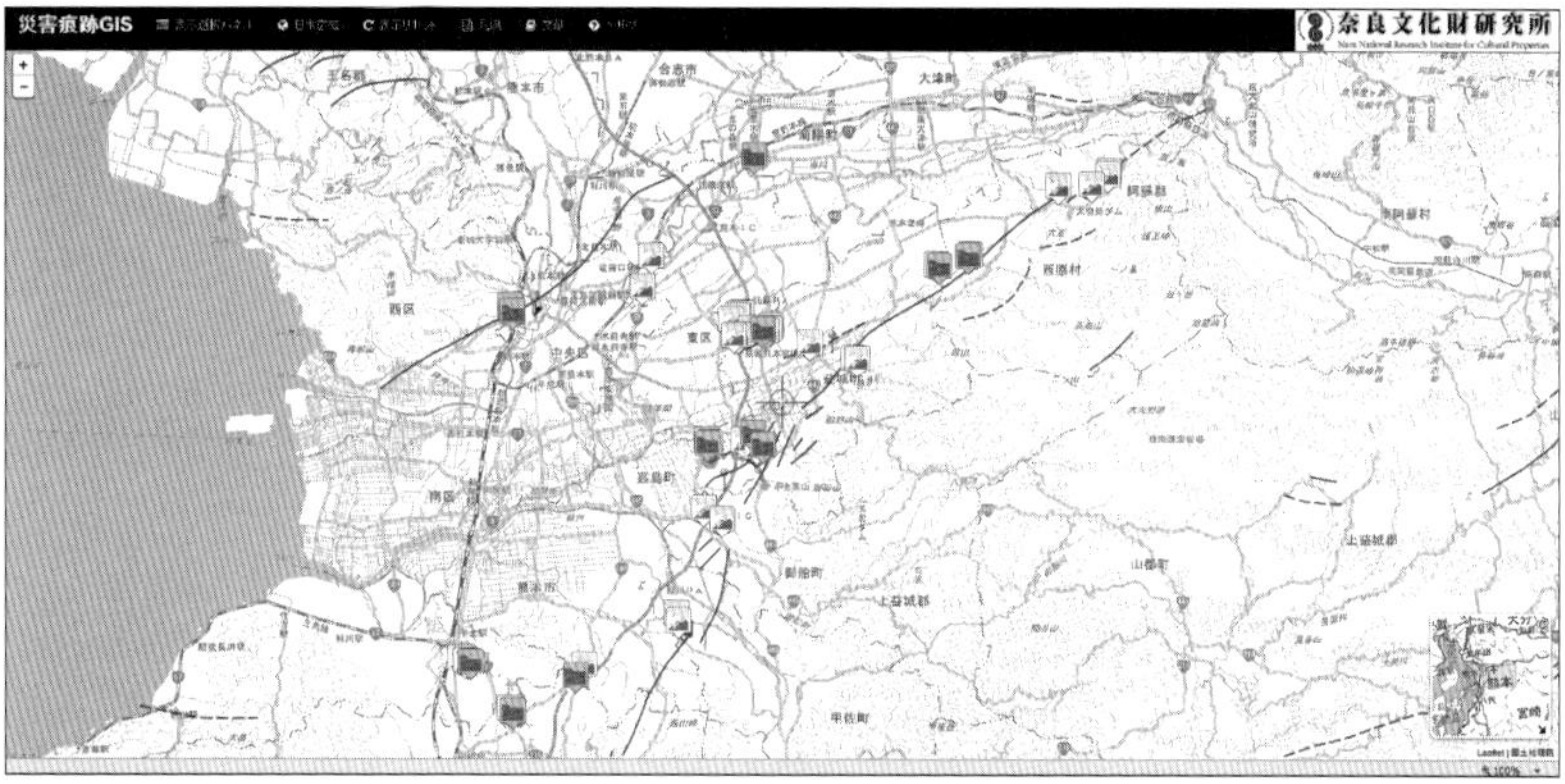

図18　熊本市周辺で見つかった災害痕跡が検出された遺跡と活断層の分布

に断層の位置と重ねたところ、被災遺跡の位置と断層の位置が非常によく対応しています（図18）。この四七七地点のうち三〇四地点も当てはまるのです。益城《ましき》町も熊本城も含まれます。すでに発掘調査をして、調べられていて、知っていたはずのこの情報を活用できていなかったわけです。悔しいかぎりです。このような警報がもっと早く発せられたらと思っています。すでにお話しした通り、史料によって災害発生時期の特定が進めば、それぞれの発掘調査で発見された災害痕跡が、いつのどのような災害によるものであったかが絞り込まれていきます（図19）。地震などこないと思っていても、じつは記憶や記録が埋もれていただけなのです。たとえば何世代かおきに繰り返すような、人が思う以上の長い周期で地震が発生する傾向があるのだということがわかっていれば、いくらでも対策はあるはずです。

七　私たちの未来に向かって

現在進行している考古資料から抽出される災害情報とそ

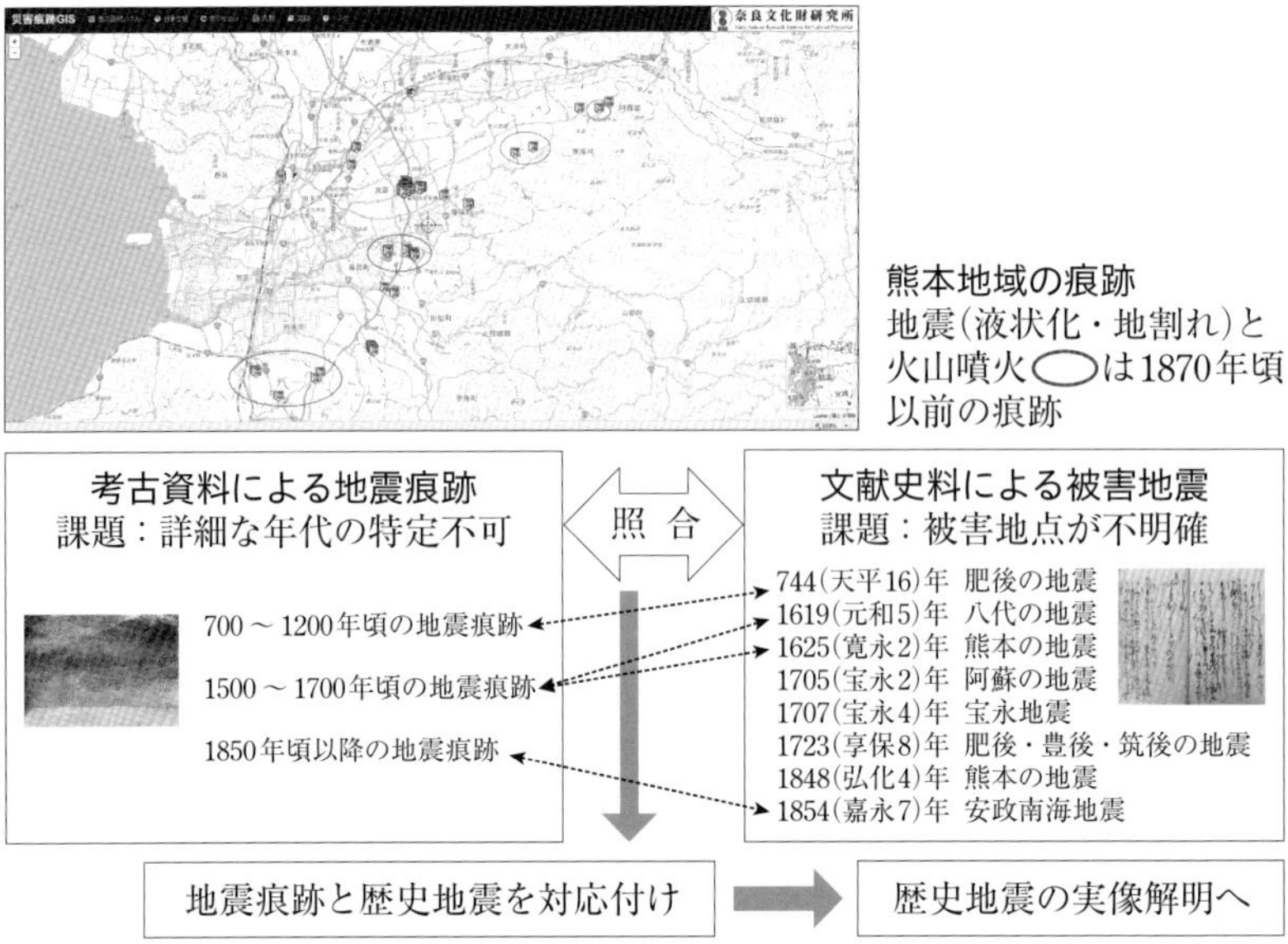

図19　考古資料に文献史料を照合した歴史地震の実像解明

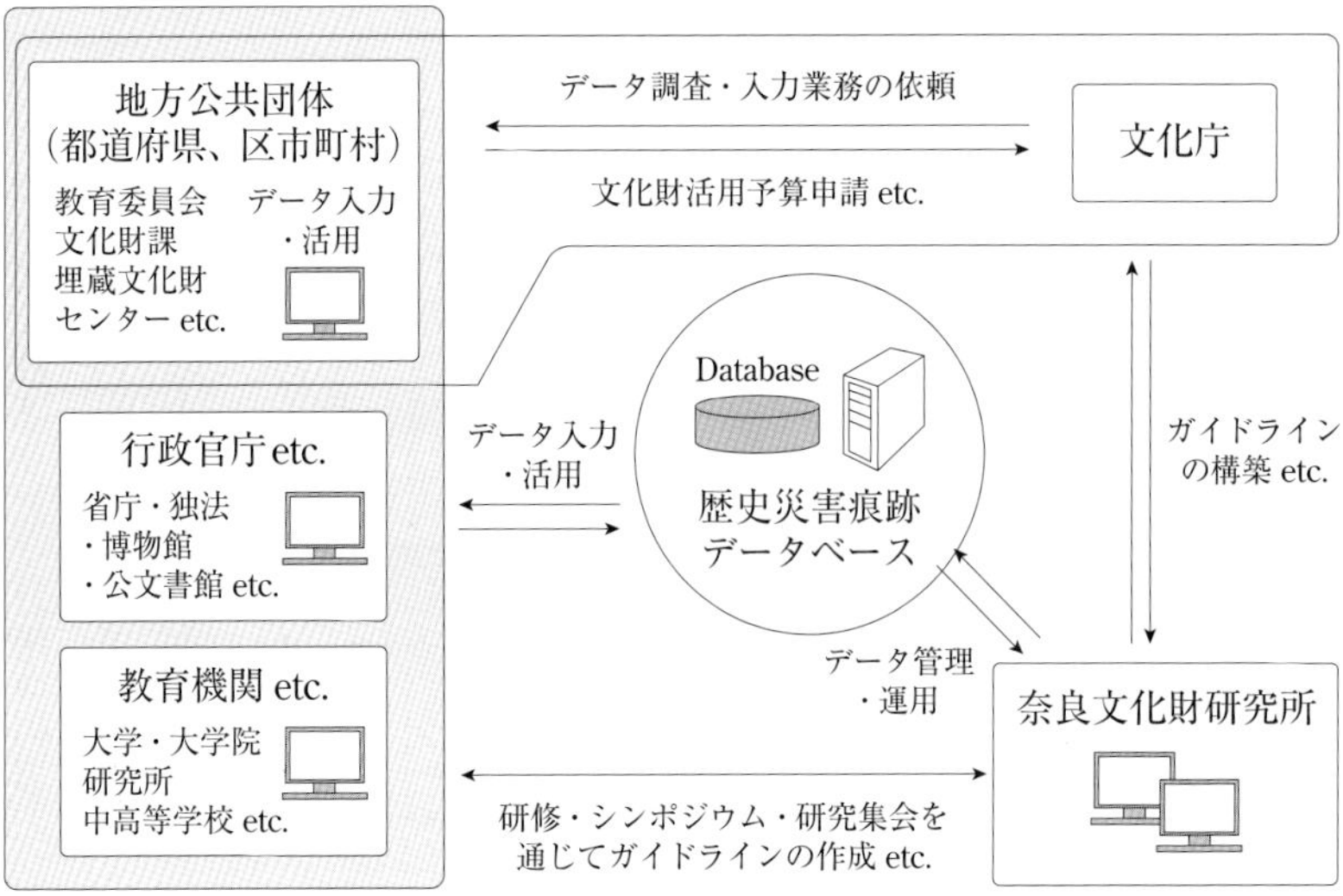

図20　防災・減災をめざす歴史災害痕跡データベース構築への体制づくり

のデータベース化については、その重要性の半面、現実には解決しなければならない複数の課題が存在します。その課題は、①報告書からの災害痕跡情報の調査・収集は、災害痕跡のある場合、ない場合を問わず、現時点で四十五万を超す遺跡群を対象としなければならないこと、②災害痕跡について詳細な情報を抽出するためには一定の判断基準が必要となり、現状では一人の最終的な判断基準に依存しているため作業効率が上がらない、③発掘調査現場での災害痕跡の判定には専門的な知識が必要となりますが、そのような専門家が現状では少なく情報共有が進んでいない、などがあげられます。

これらの課題の克服には、災害痕跡の判定基準の明確化や研究集会などを通して知識の共有化を図るなど、専門家やさまざまな地方公共団体との共同がきわめて重要な鍵になってきます。なによりもさまざまな分野が一堂に会し、共有できる知的土俵を築く必要があり、そのことにより相互に協力しうる取り組みと、体制づくりが課題となっています（図20）。

註

※1　『全国遺跡報告総覧』（http://sitereports.nabunken.go.jp/ja）

参考・引用文献
池田悦夫「東京都心部所在の地震跡」（江戸遺跡研究会編『災害と江戸時代』吉川弘文館、二〇〇九年）。
石井克己『昭和六十一年度黒井峯遺跡発掘調査概報』（子持村文化財調査報告第六集、子持村教育委員会、一九八七年）。
宇佐美龍夫『最新版 日本被害地震総覧』（東京大学出版会、二〇〇三年）。

寒川旭・佃栄吉ほか「滋賀県高島郡今津町の北仰西海道遺跡において認められた地震跡」(『地質ニュース』一九八七年二月号、No.390、一九八七年)。

寒川旭「地震考古学の提唱」(『日本文化財科学会会報』第十六号、一九八八年)。

寒川旭「地震考古学から見た南海トラフの巨大地震」(『GSJ地質　ニュース』Vol.2 No.7、二〇一三年)。

下山覚「シラス台地の遺跡と環境適応—橋牟礼川遺跡の事例を中心として—」(第五十回埋蔵文化財研究会実行委員会編・発行『環境と人間社会』第五十回埋蔵文化財研究集会事務局編・発行『災害と復興の考古学—発掘調査現場からの発信—』(第六十四回埋蔵文化財研究集会発表要旨集、二〇〇一年)。

第六十四回埋蔵文化財研究集会発表要旨、二〇一六年)。

辻康男「大阪湾岸の考古遺跡でみられる地震痕跡」(『災害と復興の考古学—発掘調査現場からの発信—』第六十四回埋蔵文化財研究集会事務局編・発行、二〇一六年)。

能登健・小島敦子「群馬県の水田・畠調査遺跡集成」(群馬県埋蔵文化財調査事業団編・発行『研究紀要』十四、一九九七年)。

日栄智子『前田町屋遺跡発掘調査報告』(三重県埋蔵文化財調査報告一五四、三重県埋蔵文化財センター、一九九七年)。

広瀬和雄・寒川旭ほか「遺跡から発掘された地震跡—東大阪市西鴻池遺跡を中心にして—」(『日本考古学協会第五十四回総会研究発表要旨』一九八八年)。

文化庁文化財部記念物課『埋蔵文化財関係統計資料(解説)』二〇一五年。

堀口萬吉・角田史雄ほか「埼玉県深谷バイパス遺跡で発見された古代の〝噴砂〟について」(『埼玉大学紀要』自然科学編、二十一、一九八五年)。

埋文関係救援連絡会議・埋蔵文化財研究会編・発行『発掘された地震痕跡』一九九六年。

松島榮治『延命寺跡発掘調査報告書—浅間焼けにより埋没した寺院—』(嬬恋村教育委員会編・発行、一九九四年)。

松島義章・伴信夫「糸魚川—静岡構造線の活動によって変位した諏訪湖南東岸の縄文住居址」(『第四紀研究』第十八巻第三号、一九七九年)。

松本哉『寺田寅彦は忘れた頃にやって来る』(集英社新書、二〇〇二年)。

盛岡市遺跡の学び館編・発行『災害の歴史—遺跡に残されたその爪痕—』(第十二回企画展図録、二〇一三年)。

山本正昭ほか『嘉良嶽東貝塚・嘉良嶽東方古墓群』(沖縄県立埋蔵文化財センター調査報告書第五十集、沖縄県立埋蔵文化財センター編、二〇〇九年)。

デジタル技術で魅せる文化財

―奈文研とＩＣＴ―

平成30年4月15日　第1版発行

編　集　独立行政法人 国立文化財機構 奈良文化財研究所

発行者　松田國博

発行所　株式会社 クバプロ

〒102-0072

千代田区飯田橋3-11-15 UEDAビル6F

TEL：03-3238-1689　　FAX：03-3238-1837

E-mail：kuba@kuba.jp

http://www.kuba.co.jp/

ISBN978-4-87805-156-2　C1021

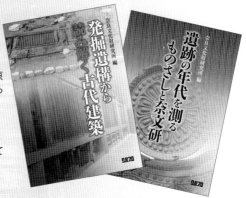

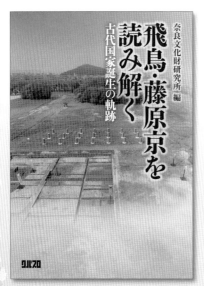